JN041581

井上章一

ヤマトタケルの日本史

女になった英雄たち

中央公論新社

まえがき

ユーディットの物語を、ごぞんじだろうか。ユダヤの民をすくった女性の伝説である。『旧約聖書』の外典である『ユーディット書』に、この話はおさめられている。

紀元前六世紀、もしくはそれ以前のことであったという。ユダヤの民はアッシリアの軍勢にせまられた。この時、ユダヤの寡婦であるユーディットは、侍女をひきつれ敵の陣営へおもむいている。アッシリア軍の総大将であるホロフェルネスを暗殺するためである。

ホロフェルネスと敵陣でむきあったユーディットは、もちろんそのくわだてを語らない。嘘をつく。ここへきたのは、あなたたちの味方になり、道案内をするためだ、と。彼女の美しさに魅了されたホロフェルネスは、この申し出を信用した。のみならず、宴席をもうけ、ユーディットをもてなしてもいる。

深酒におよんだホロフェルネスは、そのまま泥酔した。相手の熟睡をたしかめたユーディットは、彼の首をきりおとす。そして、仲間のところへ帰還した。ホロフェルネスを殺害したあかしとなる首も、たずさえて。

敵将の死を知って、ユダヤの人びとはふるいたつ。戦端をひらき、指導者がいなくなったアッシリア兵を、けちらした。こうして、彼らは安寧を回復したというのが、ユーディット伝の骨子である。

史実ではない。紀元前二世紀ごろに創作された。五百年以上歴史をさかのぼったとおぼしい時代劇である。それでも、ユーディットの名は、民族の英雄として語りつがれてきた。

ユダヤ世界だけの現象ではない。彼女の物語は、キリスト教圏でもしたしまれてきた。『ユーディット書』は正典でこそないが、『聖書』の周辺に位置づけられている。そのため、ヨーロッパでも神話的な女傑伝として、認識されてきた。絵画の画題にもなっている。

ただ、誰もがその英雄性をみとめたわけではない。ヨーロッパとユダヤのあいだには、文化的な溝がある。ユダヤの守護者をあがめる民族精神も、そのままうけいれられはしなかった。

ヨーロッパでは、否定的な見方もうかびあがっている。

ユーディットの伝説は、その身づくろいにも言いおよぶ。いわく、彼女は敵陣へのりこむさい、念入りに化粧をほどこした。美装もまとっている。自分の美貌をきわだたせつつ、ホロフェルネスにむきあった、と。敵の男を女の色香《いろか》で籠絡する意図のあったことが、しのばれる。

そして、そこをとがめる論じ手も、ヨーロッパには少なからずいた。

いわく、ユーディットは「女」を武器につかっている。ひょっとしたら、ホロフェルネスとも寝たのではないか。いずれにせよ、男をだましあやめる女であったことはいなめない、などと。

救国の英雄か、男を手玉にとる悪女か。そんな両論の交錯しあう言説の歴史が、ヨーロッパではくりひろげられた。いわゆるジェンダー分析の好餌《こうじ》となりそうな展開が、そこには見てとれる。じっさい、その読み解きを若桑みどりが、美術を素材としつつまとめている（「女英雄ユーディットの変容」『象徴としての女性像』二〇〇〇年）。

私は、しかしそこにたちいらない。べつの角度から、この問題にはせまりたいと思っている。ユーディットという名前には、ユダヤ人の女性という含みがある。若桑によれば、もっとくだけた「ユダヤ女」というニュアンスも、こめられているらしい（同前）。

前－1　**ユーディット**　グスタフ・クリムト「ユディトⅠ」1901年、ベルヴェデーレ宮殿オーストリア絵画館蔵

じつは、日本の建国伝説にも、似たような名前の女性が登場する。ヤマトヒメである。記紀《きき》では、「倭《ヤマト》比売《ヒメ》」（『古事記』）、「倭姫《ヤマトヒメ》」（『日本書紀』）としるされる。どちらも、倭国の姫、あるいは大和の姫をしめす名前になっている。国や地域を代表する女性名だと言える。そこが、ユーディットという命名につうじあう。

記紀では、第十二代の天皇である景行《けいこう》の妹として、位置づけられている。兄の天皇ともども、彼女が、じっさいにいたかどうかはうたがわしい。同名の別人に、中大兄皇子《なかのおおえのおうじ》の妻となった倭姫《やまとひめ》もいるが、こちらは実在した。架空のユーディットと対比できる伝説上の人物は、景行天皇の妹をおいてほかにない。

このヤマトヒメは、しかし暗殺者にならなかった。色仕掛けで男をたぶらかしたこともない。そもそも、彼女は伊勢神宮の斎宮《さいぐう》である。身をきよめてくらすことが、義務づけられていた。俗世でのヒロイックな活躍は、ありえない。

ただ、彼女の兄である景行天皇には、オウスという皇子がいた。のちに、ヤマトタケルと称される英雄だが、彼はヤマトヒメの甥である。その名を『古事記』は、「倭建《ヤマトタケル》」とあらわした。『日本書紀』は、「日本武《ヤマトタケル》」と表記する。大和、あるいは日本の勇者というほどの意味になる。実在の人物ではない。記紀がつたえる想像上の皇子である。

そして、こちらには、ユーディットと同じような伝説上の実績がある。ヤマトタケルも、敵陣の宴席へのりこみ、色仕掛けでその頭目を暗殺したことになっている。九州でクマソの族長から命をうばうため、皇子はハニートラップにうってでた。酒席の相手を魅了し、ゆだんをさそい酔わせ、剣でさしたのである。

もちろん、両者のあいだには決定的な違いがある。ユーディットは、美しい女であった。「女」を武器にすることも、その覚悟さえあれば、たやすかろう。しかし、ヤマトタケルは男であった。敵の族長を、「女」でたらしこむのは、くらべてむずかしそうである。

周知のように、ヤマトタケルは、この困難をのりこえた。敵の宴席へは、女をよそおいながらもぐりこんでいる。女のふりをし、つまりいつわりの「女」を武器にして、作戦を完了した。女の暗殺者や密偵をつかったりはしていない。男である当人じしんが、その役目をはたしている。

男のくせに、「女」の色香で敵をだしぬいた。そのことへの批判的な声を、日本ではまず聞かない。以前から、美しい皇子のだいたんな行動だと、みなされてきた。今でも、もてはやす人は少なくない。くりかえすが、ヤマトタケルは、日本を代表する英雄なのである。

しかし、その女装を相対化してとらえる人はいる。女になりすました皇子の姿を、ただ美しいと言うだけでは底があさい。ヤマトタケルのまとった女服には、神秘的な力がこめられていた。神々の加護をしめす衣服として、往時の人びとはながめたはずである。そこを見おとせば、上代《じょうだい》の伝説を読みあやまる、と。

女と見まがう艶姿《あですがた》が、すばらしかったのか。それとも、異性装にこめられた霊力こそが特筆されるべきか。日本では、この両論が語られてきた。ユーディットを論じてきたヨーロッパとは、議論のありかたがちがう。だが、あいいれないふたつの見解が併存する点は、かわらない。

敵を自分の色香でまどわし、亡き者とする。そんな英雄伝説が、民族の名をせおった人物に仮託され、語られてきた。ユダヤ＝キリスト教圏ではユーディットの、日本ではヤマトタケルの話として。そして、どちらもそれぞれの文化圏では、多くの人びとに認知されている。

しかし、その同じ役目を『ユーディット書』は、女にわりふった。いっぽう、日本の記紀は、男にあてがっている。男が女のふりをしつつ敵を悩殺する筋立てで、話をまとめあげた。同じく民族的とされる伝説に、それだけの差違がある。このへだたりは、あなどれない。そこには、両文化圏の相違もあずかっていると考える。

建国伝説の一角をになう皇子が、女装で敵をだまし、討ちはたす。そんな話が、千数百年前につくられた。そして、日本人はこの皇子を民族の英雄として語りついでいる。日本文化には、この伝承をささえる何かがあったのだと、いやおうなく思えてくる。

かつて、民俗学者の柳田国男《やなぎたくにお》は言いきった。ヤマトタケルがクマソを誅伐したような話は、世界中にある。「強勢の魔王を征服する手段として、美色を以て其《その》心を蕩《とろ》かした」。これは、「世界のあらゆる民族の共通の昔話で」ある、と（「立烏帽子考」一九二八年『定本柳田國男集第十二巻』一九六九年）。

しかし、私はこの偉大な先学にしたがえない。「美色」で敵の「心を蕩か」す役柄に、記紀は女装の男をあてた。その女装者に、民族が象徴されるかのような名前をあたえている。しかも、日本人は彼を民族的な英雄へと、まつりあげた。こんな事例が「世界のあらゆる民族」に共有されているとは、なかなか思えない。

敵を「美色」でまどわし、殺害する。この役目を、民族の物語は女にまかせるのか、男へたくすのか。そこは、重大な分岐点となる。性別役割をめぐる認識のありかたが、両者のあいだで決定にちがっていると考える。

これからのべるのは、その差違にこだわった、私なりの日本文化論である。

目次

第3章　変奏曲　135

凡例

・引用文では、読みやすさを考慮し、読み仮名をそえ、ひら仮名を漢字へあらためた場合がある。
・〔　〕は著者による補足である。

ヤマトタケルの日本史

女になった英雄たち

第1章　牛若か義経か

1　悲劇の英雄

弁慶とであった時

牛若丸《うしわかまる》、あるいは源《みなもとの》 義経《よしつね》の話からはじめたい。

男が女になりすまし、敵をたぶらかす。そして、自分の色香にまよった相手を殺害する。記紀のヤマトタケル伝には、そんなエピソードがある。

室町時代には、これと同じような話が、ヤマトタケル以外の物語へ伝播しはじめた。ほかの英雄伝にも、女装者のハニートラップというストーリーがおよびだす。義経伝説は、そういう脚色を、おそらく最初にこうむった。これ以降なのである。色仕掛けと殺しの語りが、ほかの人物像にもおよんでいくのは。

日本における女装英雄伝説の核心は、室町時代にある。とりわけ、義経像の変容に、その重大な鍵はひそんでいる。以上のような想定のもとに、まずは義経語りの分析へいどみたい。

義経は、源氏の軍勢をひきいて、勲功をあげた。敵の平家をおいおとした、いちばんの功労者である。だが、兄の源頼朝《よりとも》からはうとまれた。謀叛《むほん》の疑いも、かけられている。奥州の平《ひら》泉《いずみ》までにげのびたが、最終的には自害を余儀なくされた。

悲劇の英雄だと言ってよい。また、そのような人物として、語りつがれてきた。じっさい、義経をテーマにした文芸作品は、数多く書かれている。劇作化も、たびたびなされてきた。牛若丸は、そんな武将の幼名である。

ただ、義経じしんは、牛若丸と言われたことが、たぶんない。古い文献がつたえる元服前の名前は、ただの牛若である。おさない男児を何々丸とよぶのは、室町時代からの習慣であった。平安末期を生きた義経に、丸のつく名前は、まずありえない。以降、この本でも、引用以外の箇所では、その幼名を牛若としつつ話をすすめよう。

さて、源義経だが、その足跡は、ほんとうのところ、あまりよくわかっていない。とりわけ、牛若時代の経歴は謎につつまれている。だが、尾鰭《おひれ》のついた伝説は、たくさんある。

なかでも、よく知られているのは武蔵坊弁慶《むさしぼうべんけい》とであうところであろう。弁慶は、のちに義経の忠実な家来となった。生涯つきしたがい、つくしたことになっている。その弁慶と牛若は、最初に京都の五条橋で遭遇したという。実話ではない。ただ、いわゆる名場面にはなっている。子どもむきの絵本でも、ながらく反復されてきた。そのあらましは、以下のようになる。

荒法師《あらほうし》の弁慶は、毎夜のように五条橋へ出没した。刀や薙刀《なぎなた》を千本あつめる。そう願《がん》をかけたためである。刀剣を所持した通行人へおそいかかり、それらを強奪しつづけた。そのかいもあって、収集の数は九百九十九本になる。あと一本あれば千本というところまで、こぎつけた。

弁慶が牛若とでくわしたのは、ちょうどそんな日の晩である。

少女のような美少年

橋をとおりかかった牛若は、被衣《かずき》をかぶっていた。女のように、よそおっていたのである。

1-1　牛若、五条橋にて　松本楓湖「牛若」明治時代・19世紀

弁慶も、はじめは娘が歩いているのだと、見あやまる。そのまま、橋をわたらせようとした。だが、とちゅうで気づく。少女ではない。あれは少年だ、と。

そう見きわめた弁慶は、相手をよびとめた。そして、恫喝する。刀をそこへ、おいていけ。さもなければ、お前を斬る、と。おどされた少年は、したがわない。きっぱり、はねつけた。そのため、橋の上では両者の対決がはじまっている。

いさかいに勝ったのは、すばしっこい牛若であった。強者《つわもの》の弁慶も、軽やかな相手をとらえられず、降参する。さらに、敗北を余儀なくさせられた相手の少年とは、主従の関係もむすんでいる。もちろん、主《あるじ》は牛若、源義経であり、弁慶はその従者になった。

この話には、ややいぶかしいところがある。夜の追い剝ぎなら、たいてい少女のほうをねらうだろう。物取りとしても、女子を相手にするほうがたやすそうである。なのに、少年だとわかってからおそうのは、どうしてか。武芸者としての自負心が、女児への手出しをためらわせたわけでない。そういうプライドがあれば、成人前の男児も見のがしただろう。

牛若は女の子になりすましていた。その偽装に最初、弁慶は気づけていない。牛若の女装は、それだけ完成度が高かった。つまり、この伝説は女に見まがう美少年として、牛若のことを登場させていたのである。

そんな美童に、弁慶はとびかかった。少女だと思っていたあいだは、やりすごしていたのに。この展開には、弁慶をゲイだったとうたがわせる余地がある。

江戸時代の弁慶は

弁慶が義経にどうつかえたのかは、何もわかっていない。弁慶の名は、鎌倉幕府の公式記録である『吾妻鏡《あづまかがみ》』に、しるされている。だから、実在はしたのだろうと、みなされてきた。だが、その働きぶりは不明である。大半の弁慶にかかわる話は、空想的な物語の域をでない。

1-2　**弁慶と牛若**　森川杜園「能人形 牛若・弁慶」明治時代・19世紀

弁慶が牛若の容色に、まいっていたかどうか。この問いかけも、歴史的な事実をめぐる検証の俎上《そじょう》には、のりえない。弁慶と牛若の伝説は、どう読めるのか。あくまでも、そういう水準の設問であるにとどまる。

そのことをことわったうえで、話をすすめよう。弁慶は、なぜ牛若、義経の家来になったのか。じつは、江戸時代のなかごろから、しばしば言われてきた。牛若の美しさに、ほれこんだせいではないのか、と。

たとえば、『義経知緒記《よしつねちしょき》』という本がある。書き手はわからない。おそくとも、一七〇三（元禄《げんろく》一六）年までには、まとめられたとされている。なかに、こうある。

五条橋の勝負で、弁慶は屈服させられた。だから、忠勤をつくすようになったと、いっぱんには言われている。しかし、べつの説もある。「義経ノ窈窕《ミヤヒヤカ》ナルヲ思ヒテ弁慶随仕シタル共云《トモイヘ》リ」（『軍記物語研究叢書　第四巻』二〇〇五年）。美しくたおやかな姿にしびれ、従属をきめた。そう解されてもいる、と。

つかえた理由は、義経の容姿にあるとも言われる。そう著者は、書いている。著者だけの、とっぴな説ではない。ほかの人も言っているという書きぶりに、なっていた。十八世紀の初頭には、こういう解釈のひろがっていた様子が、読みとれる。

あとひとつ、『麓《ふもと》の色』（飯袋子《はんたいし》撰　一七六八年）も、紹介しておこう。風俗史の著述で、巻五には「男色」という項目がある。そこでは、牛若と弁慶の主従関係が、こう解釈されていた。「牛若丸美少年の名あり、西塔の弁慶これに愛《したい》て、麾下《きか》に属せしといへり」（『近世文芸叢書　第十』一九一一年）。

牛若の指揮下にはいったのは、彼の美少年ぶりを「愛」したせいだという。その認識は、この本でも伝聞説としてしめされた。世間もそう言っているのだ、と。

昔の日本には、男色の文化がいきづいていた。人と人の絆に、男どうしの愛を読む。それも、以前なら、ごくありふれた考えかただったのではないかと、思われようか。

だが、両者の間柄をめぐるこういう説明は、十八世紀になるまで見いだせない。男色の記録じたいは、ずいぶん前からある。室町時代には、少年愛の文芸もひろまっていた。だが、義経にたいする弁慶の愛を論じた言及は、でてこない。私の目にとまった範囲では、『義経知緒記』が最初の例となる。

男色風俗の衰退期

牛若が、鞍馬寺《くらまでら》の僧にかわいがられる稚児《ちご》だったという話は、古くからある。室町時代から、流布している。鞍馬山の天狗に愛されたということも、しばしば語られてきた。やはり、同じように室町時代から。

しかし、弁慶の忠誠心を美少年への執着だとする指摘は、そんなにさかのぼれない。ようやく、十八世紀になってから普及した。けっこう新しい指摘なのである。ならば、どうしてその読み解きは、世にあらわれるのがおくれたのだろう。

日本の男色は、長幼の序や主従の関係に、大きく左右されてきた。愛される美少年は、おおむね格下に位置づけられている。

主《あるじ》が従者である美少年をかわいがる。先輩格の兄貴が弟分の美少年をいつくしむ。それが定型になっている。若い少年のほうが上位へくるパターンは、基本的に存在しなかった。

いや、愛する側のほうが格下となる例だって、さがせばあるかもしれない。ほかにも、上下の関係でくくりきれないケースは、散見するだろう。しかし、それらに類型としての文化的な厚みを見いだすのは、困難である。伝統的な衆道《しゅどう》の文化では、愛される少年のほうが下位へ位置づけられやすかった。従者、もしくは後輩に。

だが、『義経知緒記』や『麓の色』は言う。美しい牛若を見て、弁慶は相手をうやまい主人にまつりあげた。そして、年長の自分は家来におさまっている。まだ若い美童の軍門に下っていた、と。のみならず、世間にもそんな見方はでまわっていたというのである。

ひょっとしたら、江戸中期に伝統的な男色観は、くずれだしていたのかもしれない。牛若のような美童のほうが、リーダーになる。そんな逆転の構図が浮上したのも、かつての男色観が衰退したせいではないか。

江戸時代の性愛事情にくわしい氏家幹人《うじいえみきと》が、こんな男色史の見取図をえがいている。「江戸時代の史料を見るかぎりでは、ほぼ十八世紀（江戸中期）を境に男色風俗が衰えていったという印象は、どうしても拭いきれないのである」（『武士道とエロス』一九九五年）。

主従の主が愛するほうにまわる。年長の兄貴が弟分をめでる。氏家の言う「男色風俗」の「衰え」は、こういう伝統の衰弱もともなっただろう。そのため、江戸中期にはおりめただしい男色のありかたが、ぼやけだす。

「義経ノ窈窕《ミヤヒヤカ》」に弁慶は「随仕」した。「牛若丸美少年」の「麾下に属」してしまう。そんな十八世紀からの弁慶像を、男色文化の隆盛に関連づけるべきではない。事態は、むしろ逆である。正統的な「男色風俗が衰え」たからこそ、そういう解釈もうかんだのだと考える。

同性への恋情を肯定する文化が、こういう弁慶像の浮上する背景になかったとは言わない。しかし、日本の伝統的な男色文化とは、どこかで切れているような気がする。

2　鞍馬のアイドル

五条の橋でであうまで

武蔵坊弁慶は、京都で源義経とであい、対決した。薙刀もつきつけている。だが、義経にはかなわない。負けをみとめた弁慶は、その家来になっている。

こういう話を、比較的はやく書きとめた読み物に、『義経記《ぎけいき》』がある。義経の一代記である。室町時代の初期から中期にかけて、まとめられた。編纂の過程は不明である。十四世紀のなかば以後にととのえられたらしいことしか、わかっていない。

義経は一一五九（平治《へいじ》元）年に生まれ、一一八九（文治《ぶんじ》五）年になくなった。弁慶との出会いは、虚構だが、一一七〇年代あたりとなろう。その百数十年から二百年ほど後に、『義経記』はできている。遭遇と決闘の物語も、それに近い歳月をへてなりたったのだと、みなしうる。

しかし、『義経記』はその場所を五条橋にしていない。べつの舞台を設定した。初対面には五条天神、そしていさかいには清水寺《きよみずでら》をあてている。

どちらも、五条通にある。ただし、今の五条通ではない。豊臣秀吉《とよとみひでよし》の都市改造以前は、現在の松原通こそが五条通であった。そして、五条天神は、今もなお旧五条通である松原通に面し

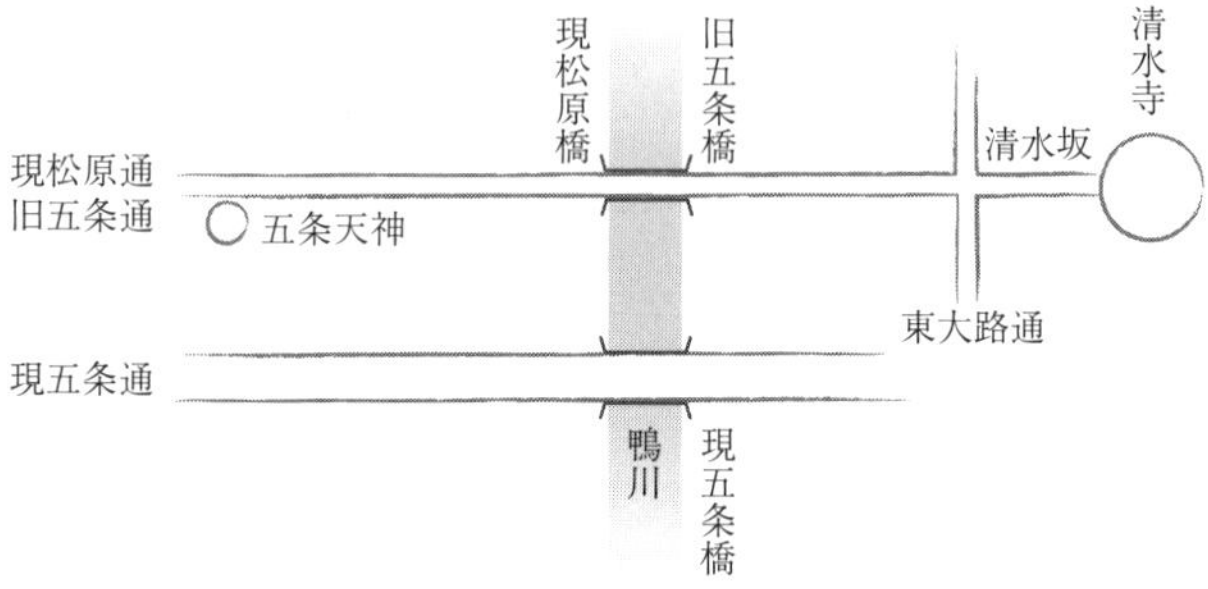

1-3　五条橋
かつての五条通は、今の松原通にほかならない。この五条通を南へうつしたのは豊臣秀吉である。今日、松原通西洞院にある天神社は、それでも五条天神と称される。秀吉以前の地名をたもっているのである。

ている。清水寺も、同じ松原通の延長線上、清水坂の東奥にそびえたつ。

かつての五条橋、つまり今の松原橋は五条天神と清水寺をむすぶ道のなかほどにある。『義経記』がつたえる出会いと対決の場は、五条橋から、ほぼ等距離に立地する。五条橋という後世の伝承は、両者のちょうどまんなかへ、話を集約させたことになる。

弁慶と義経の物語は、御伽草子《おとぎぞうし》の『弁慶物語』にもしるされている。この読み物は、対決の場所を四箇所あげていた。北野天満宮、法勝寺《ほっしょうじ》、清水寺、そして「五条の橋」という四地点である。最終的な決着地とされたのは五条橋であった（『新日本古典文学大系55』一九九二年）。

能の『橋弁慶』は、五条橋以外の決闘地をしめさない。「京の五条の橋の上」と、近代の唱歌はうたいあげている。あの光景は、『橋弁慶』にねざしているようである。

『弁慶物語』や『橋弁慶』の成り立ちも、藪《やぶ》のなかにある。いつ、誰が、どうしあげたのかは、たどれない。室町時代の作品だということだけが、今はわかっている。

後世の文芸は、たたかいの場所を五条橋へかぎるようになっていく。『橋弁慶』の舞台設定ばかりを、語りついでいった。『橋弁慶』は能の演目である。ひんぱんに、上演されてきた。そのつみかさねが、多くの日本人に五条橋を強く印象づけたのかもしれない。

しかし、『義経記』も今にいたるまで、読まれてきた。この物語がしめす清水寺や五条天神も、のちのちまで伝承されて、よかったはずである。にもかかわらず、後へつづく時代は五条橋を特権化していった。この橋が清水寺と五条天神の中間点に位置したことは、やはり大きな意味をもったのか。

あとひとつ、橋という場所そのものが物語を生みやすいことも、あなどれまい。とりわけ、出会いと別れに関するそれは、しばしば橋を舞台にくりひろげられてきた。弁慶と義経に関しても、その象徴的な機能ははたらいたのだと思う。

「かれをなぶって見ん」

さて、『義経記』である。物語の義経は、五条天神で弁慶とであい、武芸のほどを察知した。なかなかの腕前だと、見ぬいている。また、あいつなら家来にしてもいいと考えた。そう想いをめぐらせだした時に、ふたたび清水寺で弁慶を見かけている。

そのすぐ後なのである。義経が、わざわざ女になりすまして、弁慶のそばへ歩みよったのは。

「只今までは男にておはしつるが、女の装束にて衣打被《きぬうちかづ》き居給《ゐたま》ひ」。『義経記』には、そうある（『義経記』岩波文庫　一九三九年）。弁慶をとまどわせる作戦ではあった。あるいは、相手をからかういたずらか。

『橋弁慶』は、五条橋で弁慶とやりあう相手を、牛若の名で登場させた。元服前の少年を、弁慶に対峙させている。その設定は、元服後の義経にむきあわせた『義経記』とくいちがう。ただ、牛若には、以下のとおり女装をさせていた。その点は、『義経記』と、かわらない。

橋の上で、『橋弁慶』の牛若は弁慶を見かけた。そのあとすぐ、「薄衣猶《うすぎぬなお》も引《ひ》き被《かづ》き。傍《かたわら》に寄り添ひ佇《たたず》」んでいる（『謡曲大観　第四巻』一九三一年）。女装をしたまま、弁慶のそばへよりそったという。うろたえる相手をながめながら、牛若はほくそえむ。「かれをなぶつて見ん」、と（同前）。

義経に女装をさせたもの

御伽草子の『弁慶物語』で、両者がはじめて対面したのは北野天満宮である。その時義経は、御曹司《おんぞうし》や牛若としるされた箇所もあるが、やはり女の姿になっていた。「薄衣取つてうちかづ」く姿で、弁慶とは対面しあっている（前掲『新日本古典文学大系　55』）。

ただし、物語の弁慶は、あまり動揺していない。逆に、あれこそ「音に聞く牛若殿にてあるらん」と、気づいている（同前）。その点で、読み物の『義経記』や能の『橋弁慶』とは、ことなるところがある。

しかし、『弁慶物語』も義経を女装者にしたてていた。そして、今紹介した三作品より前に、彼へそんな人物像をあてがった文芸はない。先行する『平家物語』や『源平盛衰記《げんぺいじょうすいき》』は、そういうふうにえがいてこなかった。被衣《かつぎ》、つまり女性の外出着を身につけ、往来を歩く。義経をそんな人物にしてしまったのは、室町時代の物語作者たちなのである。

もっとも、室町期の弁慶は相手の女装でうっとりとは、していない。美貌にときめいたりもしなかった。『義経記』や『橋弁慶』の弁慶は、ただためらっただけである。『弁慶物語』の場合は、とまどう反応さえしめしていない。弁慶は義経の美しさに、魂をうばわれた。そんな解釈が浮上しだすのは、江戸時代のなかごろになってからである。

ねんのため、のべておく。『弁慶物語』には、いくつかの写本がある。それらを、私は読んでいない。ただ、江戸初期のいわゆる元和《げんな》写本は活字化されており、目をとおすことができた。一六二一（元和七）年の写本である。こちらには、室町期の同じ作品と、趣向のちがうところがある。たとえば、弁慶が義経の美しさに賛嘆をおしまぬくだりも、挿入されていた。

「東《アヅマ》の源九郎義経成共、是程いつくしき事は、よもあらし」（『室町時代物語大成　第十二』一九八四年）。あそこに、美しい少年がいる。でも、義経は東国の人である。あんなにかわいいわけがないという。だが、じっさいには、その美少年こそが義経であった。物語は弁慶のひとりごとで、義経の美しさを読み手につたえようとする。

同じ『弁慶物語』が、十七世紀前半の写本では、義経像をかえている。あるいは、弁慶のいだく義経観を、変更させていた。義経の美貌で、強く心をゆさぶられるようになっている。

だが、十七世紀初頭の弁慶は、まだ義経に恋心をいだいていない。そういう感情がとりざたされるのは、もう少しあとになってからである。とはいえ、室町期の義経が、男心をそそらなかったわけでは、けっしてない。『義経記』には、そのことを強くしのばせる記述もある。弁慶との出会いからははなれるが、つぎにそちらへ目をむけよう。

頭を丸める、その時期は

義経がおさないころに鞍馬寺で修行をしたという話は、よく知られる。史実かどうかはわからないが、そういうことになっている。『義経記』も、牛若が鞍馬寺に学んだことは、大きくとりあげた。

寺で牛若の身元をひきうけたのは、東光坊《とうこうぼう》の阿闍梨《あじゃり》である。そして、東光坊は彼の向学心や美貌に感心した。「学問の精《せい》と申し、心ざま眉目《みめ》容類《かたちるゐ》なくおはしければ」、と（前掲文庫）。

そんな牛若も物心がつき、自身の出自を認識するようになっていく。源氏の嫡流《ちゃくりゅう》という自覚もできた。平家打倒の意欲もたかぶらせる。武術の稽古にも、かくれてはげみだした。

気づいた東光坊は、牛若を受戒させ、正式に仏門へいれようとする。あの子を、剣の道へすすませてはいけない。すぐに、頭をそらせよう。同僚の寺僧たちにも、そうふれまわった。

この提案を聞かされ、良智坊《りょうちぼう》は言いかえす。「容顔《ようがん》世に超えておはすれば、今年の受戒《じゅかい》いたはしくこそおはすれ。明年の春の頃剃り参らさせ給へ」、と（同前）。あんな美少年の髪をそってしまうのは、かわいそうだ。せめて、来年の春まで、その時期をのばせないかと、こたえている。だが、東光坊は、この反論をうけいれない。当初の方針どおり、牛若の受戒をいそがせようとする。

ただ、良智坊の応答を、全面的には否定していない。以下のように、いっぽうでは共鳴の意もあらわしている。「誰も御名残《おんなごり》はさこそと思ひ候《そうら》へども」（同前）。美しい牛若の毛をそるのは、たしかにいたわしい。寺の誰もが、そう思っている。そのことをみとめたうえで、なお東光坊は良智坊をさとそうとする。やはり、剃髪はいそがねばならない、と。

みんな、牛若の美貌をおしんでいた。あれほどきれいな子を、今僧侶にするのはもったいないと感じている。この想いは受戒に急な東光坊でさえ、わかちあっていたのである。

天狗の告白

かつての寺院には、女人禁制という戒律があった。そのため、僧侶たちの性愛は寺の稚児へむかいやすくなる。寺がかかえる、髪はまだそらない少年たちを、しばしばその対象にした。

だが、彼らも十歳台のなかばすぎには得度《とくど》する。髪をそり、本格的に僧侶となる途を歩みだす。ただ、容貌にひいでた稚児は、しばしばその時期がおくらされた。美少年の場合は、髪の長

1－4　牛若、大天狗のもとで　渓斎英泉「牛若丸と僧正坊」江戸時代・19世紀

い期間が延長されやすくなる。美しい稚児姿がなごりおしい。もう少しながめていたい、あるいはかわいがりつづけたいという思惑が、優先された。

　こうした事情で受戒の遅延がみとめられた稚児を、大稚児《おおちご》という。そして、『義経記』の牛若には、そうなってほしいという期待がよせられていた。いわゆる男色の、アイドルめいた輿望《よぼう》を、牛若はになっていたのである。

　寺院の少年たちは、しばしば男色の相手をさせられた。師にあたる僧から愛されている。しかし、『義経記』は牛若を、そういう一般的な稚児としてえがかない。愛される度合いがより強い、大稚児の可能性も秘めた美少年として、登場させていた。

　鞍馬山で、牛若は天狗から武術をまなんだとする伝承がある。この話も、室町時代に形成された。もちろん、フィクションである。だが、能や幸若舞《こうわかまい》、そして御伽草子などに、そうしるしたものはある。なかでも、能の『鞍馬天狗』は、両者のかかわりに焦点をあてた作品として知られる。いっぽんには、宮増《みやます》がこしらえたとされている。室町時代を生きた能作者だが、その人となりは不明である。世阿弥が書いたとする説もある。それらの当否はわからない。

興味深いのは、劇中の大天狗が牛若に恋の告白をしているところである。

自分は、もう年老いた。あなたを想うことも、物笑いの種になるだろう。でも、老人だというだけで、邪険にはしてくれるな。まだ、あなたとは、それほどしたしくなれていない。だが、恋心はつのる。それが、くやしい。「馴《な》れはまさらで恋のまさらん悔しさよ」（『謡曲大観　第二巻』一九三〇年）。老天狗は、そう牛若にうちあけていた。

『義経記』では、僧侶たちからあこがれられている。『鞍馬天狗』では、天狗に熱愛をつげられた。室町文芸は、牛若を男色文化の花形へと、つくりかえていく。

この時代が浮上させたのは、女装者としてのキャラクターだけにかぎらない。男色方面でも、新しい人物造形はほどこされていくのである。

3　出っ歯とそしられて

遮那王は平泉へ

『義経記』の牛若は、頭をそれという東光坊の忠告にしたがわない。僧侶にはなりたくないと言う。見かねて、覚日坊《かくにちぼう》の律師《りっし》が、助け船をだす。牛若は自分があずかろう。自分の庵は、同じ鞍馬でもはずれにある。人もあまりこない。のぼせた頭をひやすには、うってつけの場所である。そう寺僧たちにもつげて、牛若をひきとった。

覚日坊のもとで、牛若は遮那王《しゃなおう》と名前をかえている。しかし、いちどめざめた少年の野望は、なくならない。あいかわらず、平家の打倒を念じつづけることになる。

そんな遮那王を鞍馬で見かけて、吉次信高《きちじのぶたか》という京都の商人はおどろいた。のちには、金売り吉次と通称される人物だが、衝撃をうけている。なんて美しい稚児なんだ。どなたのお子様だろう、と。「あら美《うつく》しの御児《おんちご》や、如何《いか》なる人の君達《きんだち》やらん」（前掲文庫）。『義経記』には、吉次の感銘ぶりが、そうしるされている。

この吉次に、遮那王は身の上をつげた。自分は源義朝《よしとも》の子である、と。聞かされ、吉次は考えをめぐらせた。以前より、奥州平泉の藤原秀衡《ふじわらのひでひら》から、たのまれている。源氏の嫡流となる子弟の、知遇をえたい。いい人材がいれば紹介してくれ、と。そして、遮那王は源氏の直系であるという。ちょうどいい。この子を秀衡にあわせようと、もくろみだす。

奥州藤原氏のもとへ、いっしょにいかないか。そう吉次からさそわれ、遮那王はとびついた。彼らとの連携が、平家打倒への第一歩になるかもしれないと、考えたせいである。

こうして、遮那王は鞍馬を出奔した。吉次につれられ、東国へむかっていく。そのとちゅう、瀬田《せた》の唐橋《からはし》をこえたところで、彼らは宿をとる。遊女たちもすまう、鏡《かがみ》の宿《しゅく》というところに投宿した。宿の主人は遮那王の美しさにおどろき、吉次へつげている。

あなたは、よくここへとまってくれる。だが、「これほど美《いつく》しき児《ちご》具《ぐ》し奉《たてまつ》りたる事、これぞ初なる」（同前）。これほどきれいな子といっしょにたちよったのは、はじめてだ。あれは、いったい誰なのか。そういぶかしがっている。

1-5　瀬田の位置
瀬田は琵琶湖の最南端に位置している。古い文献には勢多とある。東日本と西日本をむすぶ要衝でもある。瀬田川にかかる橋は、壬申の乱をはじめいくたの内乱で攻防の対象となった。瀬田をすぎれば、もう東国へむけて第一歩をふみだしたことになったのだろう。鏡の宿は、今の竜王町あたり。

　このように、『義経記』は、随所で牛若、遮那王の美貌を書きたてた。なかでも、きわだつのは、鏡の宿で盗賊におそわれた時の描写である。吉次一行の滞在は、あたりの野盗をざわつかせた。金目の品々を、たくさんもちはこんでいるとみなされたからである。盗賊たちはチームをつくり、夜陰にまぎれ宿のなかへおしいった。

寝ている遮那王のそばも、とおっている。だが、この少年はおそわない。彼らは遮那王を、吉次一行のひとりだと思わなかった。たいそう美しかったので、宿の遊女だと判断したのである。窃盗団の脳裏へ、その時うかんだ想いを、『義経記』はつぎのように表現する。

「玄宗皇帝の代《よ》なりせば、楊貴妃《ようきひ》とも謂《いひ》つべし。漢の武帝の時ならば、李夫人《りふじん》かとも疑ふべし。傾城《けいせい》と心得て、屏風に押纏《おしまと》ひてぞ通りける」（同前）。楊貴妃など中国を代表する歴史上の美女に、彼らは目前の少年をなぞらえた。そのうえで、遊女のひとりだと見あやまり、寝たままにさせておく。

ほかにも、彼らは松浦佐用姫《まつらさよひめ》へ、想いをはせている。『万葉集』にうたわれた美しい姿を、脳裏へよぎらせた。野盗にしては教養のありすぎるところが、やや気になる。しかし、そこは問うまい。とにかく、彼らは和漢の代表的な美女たちを、遮那王の寝姿で想起した。

ヤマトタケルの再来か

女のふりをして、強盗たちをゆだんさせよう。そんな計画を、はじめから遮那王がいだいていたわけではない。だが、結果的にその美しさは、彼らの気をゆるませている。相手の警戒心をとくことに、一定の効果をおさめていた。

自分を遊女だと誤認して、その場を通過する。そんな侵入者たちに、遮那王はおそいかかっている。みごとな剣さばきも披露した。斬りかかられた相手の頭目も、思わず口走っている。「女かと思ひたれば、世に剛なる人にてありける」か、と(同前)。

けっきょく、遮那王は盗賊の首領を斬りすてた。副将格の男も、たおしている。意図的な女装作戦で、勝利をつかんだわけではない。しかし、その決着は、敵に女だと誤認される過程をへたうえで、もたらされた。

事件の後、遮那王は元服し源義経となる。そして、平泉へでかけ、ふたたび京都にもどり、清水寺で弁慶と遭遇した。そのさいは、作為的に女装をこころみ、弁慶をやりこめている。鏡の宿で、女となることの効用を、ぐうぜん発見した。そこでついた知恵を、弁慶とのいさかいにも応用したのだと、『義経記』は書いていない。しかし、武闘の前に女と思わせる姿を見せている点で、ふたつのエピソードはつうじあう。対弁慶戦までに、義経は女装作戦も辞さない戦士へと変貌した。そう読みとく余地はある。

少年が女になりすまし、敵と対峙する。女装で、相手が注意をおこたるようにしむけ、寝首をかく。そんな若い英雄の話は、記紀にも書きとめられている。クマソの族長を亡き者としたヤマトタケルの物語が、それである。

『義紀記』の牛若語りには、記紀のヤマトタケル伝説とひびきあうところがある。一種の変化形めいた一面が、ないではない。そのことは、のちにヤマトタケルを論じるところで、あらためてふりかえる。

その前に、今いちど『義経記』の記述を検討しておこう。この作品は、物語のそこかしこで、主人公を美化していた。とりわけ、その前半でさまざまな登場人物に、言わせている。牛若はきれいだ。遮那王には、うっとりさせられる、と。楊貴妃をしのばせる少年としてさえ、えがいていた。だが、物語の後半には、そんな人物設定をうらぎる叙述も、顔をだす。

出っ歯の義経

武勲のある義経を、兄の源頼朝はうたがった。謀叛をおこすかもしれない、と。のみならず、その追討にもふみきった。各地の関所へは、その人相がしめされた手配書をとどけている。『義経記』によれば、愛発《あらち》の山でも関所の小屋がこしらえられたという。そして、関守《せきもり》たちはあやしい通行者を、かたっぱしからひっとらえた。人相書のつたえる「色も白く、向歯《むかは》の反《そ》りたる」者たちを、捕縛している（同前）。

向歯という言葉は、上の前歯をさしていた。それが「反《そ》りたる」男は、うたがわしい。義経である可能性がある。そう手配書にはしるされていた。つまり、義経は出っ歯だったというのである。話の前半では、圧倒的な美少年だったはずなのに。

色白だが、歯はでていた。この書きぶりは、『義経記』より古い軍記物に、よく見かける。たとえば、『平家物語』にもそうある。

平家は、一一八五（文治元）年に壇ノ浦の合戦で、義経がひきいた軍勢に敗北した。そのクライマックスをむかえる前に、平家の将兵は語りあっている。敵の源氏をひきいる義経は、どんなやつなんだ、と。そのおりに、義経の評判を知る越中《えっちゅうの》次郎兵衛《じろうびょうえ》は、こう同僚へつたえていた。

「色しろう、せいちいさきが、むかばのことにさし出でて、しるかんなるぞ」（『平家物語（四）』岩波文庫　一九九九年）。色白で背はひくく、出っ歯がひどくて、すぐわかる、と。『平家物語』は、これ以外のところで、義経の容姿に言及していない。「むかば」が「ことにさし出て」いる。この古典は、以上のようにしか義経の顔立ちを語らなかった。

『源平盛衰記』にも、越中次郎兵衛の発言は、おさめられている。「面《おもて》長うして身短く、色白うして歯出でたり」、と（『新定源平盛衰記　第六巻』一九九一年）。同じように、出っ歯であったという。『義経記』に先行する軍記の代表的な二編は、どちらもそう書いている。

矛盾する義経像

『源平盛衰記』には、「容貌優美にして、進退優なり」という義経評もあった。一一八三（寿《じゅ》永《えい》二）年一〇月の記述が、そうなっている。しかし、このくだりはほめるいっぽうで、反対にくさしてもいた。「平家の中に選《え》り屑《くづ》といひし人にだにも及ばねば」（同前　第五巻　一九九一年）。義経にエレガンスはない。平家のいちばんクズより、見おとりがする、と。

『平治物語』に、出っ歯うんぬんという記述はない。それでも、父の源義朝を知るという陸奥の女から、義経はつげられた。「故左馬頭《さまのかみ》殿を、幼き目にも、よき男かなと見たてまつりしが、似悪《にわろ》くおはす」。角川ソフィア文庫の『平治物語』には、そうある（二〇一六年）。自分はハンサムだったお前の父と、おさないころにあっている。だが、お前はその父親に似ていない、と。

そのすぐあとに、『平治物語』は、やや肯定的な義経評もおさめている。初対面の藤原秀衡からは、こう言われてもいたという。「見目よき冠者《かんじゃ》殿なれば」、と（同前）。

なお、『平治物語』の異本には、顔立ちが父と比較されるくだりのないものもある。『日本古典文学大系』や岩波文庫のそれには、おさめられていない。おそらく、古いテクストには収録されていなかったのだろう。あとになって、つけくわえられた部分だと考える。

いずれにせよ、『平治物語』も義経を圧倒的な美形としては、位置づけていない。ルックスでは並、よくても並の上ぐらいに、とらえている。『平家物語』や『源平盛衰記』などは、もっとランクを下げていた。色白だが出っ歯というのが、とおり相場になっている。なかでも『平家物語』が、ひどい出っ歯だと書いていたことは、すでにのべた。

あとで成立した『義経記』も、物語の後半にこれらをとりいれたと考える。手配書がしめす「色も白く向歯の反りたる」人相は、『平家物語』などを典拠としていたろう。

だが、同時に『義経記』の前半は、まだ若い義経を超越的な美少年にしたててもいた。あまりに美しいので、盗賊たちも女だと見あやまる。楊貴妃や李夫人に匹敵する美形の持ち主としても、登場させていたのである。

出っ歯が、本質的に美しくないと、言いたいわけではない。だが、『義経記』の書き手は物語の後半で義経の容姿を、まちがいなくおとしめた。その叙述は、前半の楊貴妃なみという形容をうらぎっている。じっさい、楊貴妃を出っ歯だったとする記録は皆無である。そして、このくいちがいと正面からむきあった国文学の研究は、あまりない。私の目にとまったのは、角《かど》川源義《かわげんよし》の解説だけである。

角川は言う。『義経記』は先行する諸文献をあつめて、なりたった。だが、編集はうまくいっていない。たがいに矛盾する話をならべてしまう「不手ぎわ」が、見てとれる。「美男子化を急ぐ義経物語とそうでない義経物語」が、「同居」したのはそのためだ、と（角川源義　高田実『源義経』一九六六年）。

そういうところは、あったのかもしれない。かたいっぽうで美形だと書き、もういっぽうで出っ歯だと言ってしまう。描写のずれが、解消されていない。そのまま放置されている。編集上の「不手ぎわ」は指摘されても、しようがないだろう。しかし、はたしてそれだけか。

4　幸若舞の美童たち

美少年に演じられ

平安時代の末期を生きた源義経が、どんな顔立ちをしていたのかはわからない。ただ、室町時代にはいってから、彼を美貌の人としてえがく読み物は、ふえていく。今なお義経像は、このイメージとともにある。

美しさゆえに、寺の僧侶たちから愛された。天狗からも、恋を告白されている。女装のにあう人でもあった。そんな設定の文芸が、ひろく普及する。今なお義経像は、この室町時代がふくらませたイメージとともにある。

義経を美男であったとうらづける同時代の記録はない。鎌倉時代にできた『平家物語』などは、出っ歯だったと書いていた。にもかかわらず、今は美形説が幅をきかせている。室町文芸のつくりだした虚像を、語りついできた。これは、いったいどういうことなのか。

江戸風俗の考証で知られる三田村鳶魚《みたむらえんぎょ》がおもしろい解釈をほどこしている。鳶魚は言う。義経をとりあげる芸能の多くは、幸若舞の演目になっていた。その幸若舞をささえたのは、室町時代の稚児である。寺僧たちにかわいがられた寵童、美少年がにない手となっていた。義経らが美化されたのは、そのためである、と。

義経は大きな功績があったのに、不幸な最期をとげた。彼の悲劇的な人生をあわれみ、共感をよせる者は少なくない。そんな精神のありようを、いっぱんに判官《ほうがん》びいきとよぶ。

義経は、都で検非違使《けびいし》の尉《じょう》という役職についている。つまり判官になったことがある。義経への同情が判官びいきと言われるのは、そのためである。なお、この言葉は義経個人への好意をこえて、つかわれることもある。弱い立場の人びとを応援したくなる気持ちまでふくめ、そうよばれるようになった。

この言いまわしは、国語のなかにとけこんでいる。判官びいきを、一種の民族的な感情だと考える人も、いなくはない。そんな心のうごきをも、鳶魚はつぎのように説明する。

「判官贔屓《びいき》も、稚児（牛若）に対する愛着の延長と見るべきもののように考えられる」（「幸若舞の見物」一九二五年　『三田村鳶魚全集　第二十一巻』一九七七年）

はじめに、悲運の英雄へよせる共鳴があったのではない。幸若舞の舞台では、義経の役を美童が演じている。のちの国民感情も最初は、彼らの美しさにたいする憧憬《しょうけい》からはじまった。そんな土台の上に、判官びいきの感情ははぐくまれたのだという。

能の研究者として知られる増田正造《ますだしょうぞう》も、似たようなことをのべている。「謡曲の義経」という座談会で、そのことを語っていた。ただし、幸若舞ではなく、能が義経を美しくしたのだ、と。

判官びいきの精神を「生んだのは、お能ではないか」。司会をつとめる半藤《はんどう》一利《かずとし》のそんな問いかけに、増田はこうこたえている。「中世は美少年愛好の時代でした。美少年が舞台に出ることが大いに好まれたでしょうからね〔中略〕義経を美少年にやらせたから、判官びいきが生まれたんじゃないでしょうかね（笑）」（半藤一利編著『歴史探偵団がゆく　日本史が楽しい』一九九七年）。

鳶魚と増田の見解には、ずれがある。かたほうは幸若舞の美しい演者が、義経像を美しくしたという。もういっぽうは、能役者の美少年が、義経のイメージをかえたとする。その点では一致していない。

だが、どちらも同じ見取図をしめしている。室町時代の芸能は、多く美少年たちによって演じられてきた。舞台の義経も、そんな彼らのはまり役になっている。そのため、義経像は美しくぬりかえられた。やがては、その美貌が判官びいきという民族精神さえ、よびさますようになる。そうのべているところは、つうじあう。

アカデミックな芸能史研究は、こういう解釈をどう評価しているのか。その現状を、私はよく知らない。たぶん、古典芸能の演者を今の少年アイドルなみにとらえる点は、反発を買うと思う。興味本位に語るな、と。しかし、鳶魚や増田がしめした歴史の見取図は、検討にあたいする。

義経の容姿が美しくえがかれだすのは、室町時代からであった。そして、室町期に成立した能や幸若舞は、美少年の演じ手を数多くかかえている。さらに、義経を登場させる演目も、たくさんつくっていた。義経の美化を室町芸能へ関連づける把握には、一定の説得力があると考える。

幸若舞の牛若像

ねんのため、義経、牛若をとりあげたいくつかの室町芸能を見ておこう。とくに、幸若舞のほうは、ていねいに検討しておきたい。

幸若舞は室町時代のおわりごろから、武士のあいだで流行した。たとえば、織田信長《おだのぶなが》は桶狭間《おけはざま》の合戦へのぞむ前に、『敦盛《あつもり》』を舞ったという（一五六〇年）。「人間五十年……」というくだりを、家来の前で披露したらしい。戦国史のひいき筋なら、誰もが知る名場面である。あの『敦盛』も、幸若舞のひとつにほかならない。

話をもとへもどす。幸若舞に『未来記』という演目がある。鞍馬山の奥で、天狗が牛若へその未来をつたえるという筋立てになっている。いずれ義経と名のるだろう相手へ、天狗はこんな予言を聞かせていた。

「金容を現し、箕裘《ききゅう》の家を継ぐべきなり」（『新日本古典文学大系　59』一九九四年）。あなたは、神々しいまでに美しい顔立ちをあらわし、父の遺業をつぐはずだ、と。

『烏帽子折《えぼしおり》』という曲も、牛若の美貌を特筆した。たとえば、商人の吉次に牛若との同伴を、こうためらわせている。「御身がやうになまめひたる若き人を、徒歩《かち》にて路次《ろし》を連れむずるが大事」（同前）。あなたのような若々しく、品もある人をつれ歩くのは問題だ、と。また、牛若の笛を聴いた浜千鳥《はまちどり》の局《つぼね》にも、語らせていた。牛若は「眉目《みめ》もいつくしい者、笛も上手」だ、と（同前）。笛も容姿も、すばらしかったというのである。

だが、人相書の義経は

しかし、すべての幸若舞が、義経を美しい人だとしていたわけではない。『未来記』や『烏帽子折』は、その美貌をみとめていた。だが、それとは逆の義経像をあらわす曲目もある。たとえば、『富樫《とがし》』や『笈捜《おいさがし》』に登場する義経は、けっして美しくない。むしろ、みにくくえがかれている。

どちらも、義経の逃避行をテーマとする作品である。舞台の義経は、北陸へにげるおたずね者になっていた。『富樫』は、追手側のしるした人相書を、山道の童児にしゃべらせている。「向歯反《むかふばそ》つて、猿眼《さるまなこ》、小鬢《こびん》の髪の縮むで」、と（同前）。

『平家物語』と同じで、出っ歯を強調している。猿眼は、猿のように目がくぼんでいる状態をさす。現代語の奥目にあたる言葉である。あるいは、赤く血走った目を猿眼とよぶこともあった。どちらにしろ、いい意味ではない。義経は出っ歯で奥目か赤目、さらにちぢれ毛と、容姿を見くびられている。少なくとも、当時の人びとは、これを美形の描写と思うまい。

『笈捜』で、義経らは越後の浜辺に宿をとっている。宿の主人である直江《なおえ》太郎は、一行のひとりを義経かと、うたがった。ここに、太郎が義経へ言いはなった文句をひいておく。
「判官殿と申《もうす》は〔中略〕向歯そつて猿眼、赤髭《あかひげ》にましますと承り候が〔中略〕御坊の形相、ちつとも違ひ申さず。判官殿にをゐては、疑ふ所なし。早〱御出《おいで》候へ。鎌倉へ御供《おとも》申さむ」（同前）

義経のことは、出っ歯の猿眼、さらに赤髭だと聞いている。そう当人の前で、宿の主人はつげていた。『富樫』のしるす「髪の縮」みが、「赤髭」となっている点に、両者のちがいはある。しかし、当時の書き手が容貌をむごくえがいているところは、かわらない。

おまけに、主人は義経の前で言いきった。出っ歯、猿眼、赤髭という伝聞が、自分にはとどいている。そして、その風評とあなたは、「ちつとも違」わない。あなたこそ、義経であろう、と。『笈捜』は出っ歯や猿眼などといった特徴を、手配書や風説だけの伝聞情報にしていない。目前の当人じしんにもあてはまることを、明示した。

美少年も、やがては

義経を美しい武将にしたてたのは幸若舞である。舞で義経を演じる美少年たちが、彼を美しくかがやかせていった。そう三田村鳶魚は言う。だが、幸若舞にも、義経をちがう姿でえがいた演目はあった。鳶魚の見方は、まちがっていたのだろうか。

美形と言いがたい義経がでてくるのは、奥州へむかう脱出劇の部分にかぎられる。元服前後までの若い義経、牛若を登場させる幸若舞は、彼の美化につくしていた。そう言えば、『義経記』が出っ歯説にくみしたのも、逃亡の場面だけである。少年時代については、ひたすら美貌ぶりを強調した。

幸若舞が美少年たちへ、義経の全生涯にわたる役柄をあてがったわけではないだろう。美童たちへゆだねた配役は、元服してまもないころまでの義経にかぎられた。弁慶とであうあたりまでの義経役は、もっぱら彼らにまかされたのだと思う。

鳶魚の指摘は、だから若いころの義経像についてなら、あてはまりうる。少年義経に関するかぎり、彼の言うようなことがあった可能性は高い。ただ、義経を美化する幸若舞のからくりは、晩年の彼をおきざりにした。『平家物語』の出っ歯説が、逃走譚のほうへまわされたのも、そのためではないか。

義経が奥州をめざし、北陸へにげたのは一一八六（文治二）年の末ごろからである。一一五九（平治元）年生まれの義経は、三十歳近くになっていた。平安末期なら、いや室町後期でも、りっぱな中年である。もう、少年美がうんぬんされるような年ではない。その役柄が、幸若舞のスター的な美童へまわってくることは、なかったろう。

『義経記』も少年時代の義経だけを、美しくあらわした。奥州へにげようとする義経には、出っ歯という面貌をあてはめている。若い義経と三十手前の義経には、ルックスの一貫性がない。前にものべたが、編集上の「不手ぎわ」はあったのだと思う。

しかし、『義経記』の書き手にも、幸若舞の演出家と同じ想いはあったろう。ヒーローである義経の元服前後は、なんとしても美貌の少年としてえがきたい。だが、大人となり中年をむかえたころの義経にたいしては、その意欲がわかなかった。

この差も、三十歳をむかえだす時期と、十歳台なかばまでの表現をわけただろう。編集上の失敗は、そんな事情もあって生じたのではないか。幸若舞の『烏帽子折』と『笈捜』は、義経の容貌描写で分断されている。前者の美形像と後者の「向歯そって猿眼」は、両立させにくい。あいだに横たわる溝は、『義経記』の前半と後半をもへだてたと考える。

1-6　**二宮金次郎**　伊藤幾久造「二宮金次郎」1944年

時代は新しくなるが、あえて書く。多くの日本人は二宮金次郎を、かわいい少年であったと想いやすい。絵本やブロンズの金次郎像も、たいてい愛らしく表現されている。しかし、大人の二宮尊徳に美しくあってほしいというねがいは、いだかない。牛若、義経をめぐっても、想像力が同じように分散して作動したのではないか。

さて、能である。能にも義経をとりあげた作品は、たくさんある。『橋弁慶』をはじめ、美少年としての牛若像をおしだす演目も、少なくない。増田正造も言うとおり、能の義経像もイメージの美化には貢献しただろう。

また、能には出っ歯や猿眼の義経を前面へおしだす曲が、見あたらない。こちらは、中年の義経もふくめ、悪くはえがいてこなかったようである。

5　歴史か文学か

かわいい出っ歯

『弁慶物語』は室町時代の御伽草子だが、やはり弁慶と義経をであわせている。そして、弁慶がいだいた初対面の印象を、こうあらわした。
「弁慶、又思ふやう、こゝなる男の尋常に気高《けたか》さよ。これや此音に聞く牛若殿にてあるらん〔中略〕御曹子の風情を見ければ〔中略〕板歯《むかば》少しそり出でて、色白くて気高くこそまし〳〵けれ」（前掲『新日本古典文学大系　55』）
この独白は、牛若時代の様子をとらえている。にもかかわらず、「板歯少しそり出でて」とある。少し出っ歯だったという。出っ歯説を、三十歳前の時期におくらせ設定した『義経記』とは、あつかいがちがう。幸若舞とも、かさならない。『弁慶物語』は、出っ歯という顔相を、まだ若い「牛若殿」にあてていた。

しかし、けなすようには、書いていない。「気高」く見えると、容姿の全体像はほめている。出っ歯のぐあいも、「少しそり出でて」としるすにとどめていた。

『平家物語』の記述を、くりかえす。この軍記物は義経の出っ歯ぶりを、こうあらわした。「むかばのことにさし出でて、しるかんなるぞ」、と。前歯がとくにとびだしており、はっきりわかるというのである。

出っ歯がひどい。先行する『平家物語』のそんな書きっぷりを、『弁慶物語』はうすめている。「少しそり出」ているというていどに、おさめていた。

『弁慶物語』は室町時代の文芸である。若年の義経を美少年にしてしまう時流は、とうぜんおよんでいた。だが、物語の書き手は、出っ歯という『平家物語』の義経評も、知っている。美少年として登場させたいが、出っ歯説もないがしろにはできない。書き手は、その両方におりあいをつけようとする。

歯は少しでているが、けだかくもあった。これは、出っ歯説と美少年説のあいだで妥協をはかった表記に、ほかならない。『義経記』などは、両説を少年時代と中年期にわけて、配置した。それを『弁慶物語』は、牛若時代の叙述部分に併存させ、融和をはかったのである。

こういう手だては、現代の歴史小説作家も、しばしばこうじてきた。たとえば、司馬遼太郎《しばりょうたろう》の『義経』（一九六八年）に、その典型例がある。作家は奥州の平泉で、少年義経にある少女とであわせた。そして、義経の「反っ歯《そっぱ》」を見た娘に、「可愛い」と感じさせている（『義経上』文春文庫　一九七七年）。出っ歯だが魅力はあるという線で、ことをおさめていた。

宮尾登美子《みやおとみこ》の『平家物語』にも、似たような処理がある。義経は木曽義仲《きそよしなか》をうつため、一一八四（寿永三）年に入京した。そんな義経にとびかう街の評判を、宮尾はこうあらわす。「ちょっと反っ歯でおすわな。愛嬌あってかいらしな」、と（『宮尾本　平家物語　四　玄武之巻』文春文庫　二〇〇九年）。

出っ歯がチャーム・ポイントになっている。こういう肯定的な出っ歯評の源流は、『弁慶物語』にある。ただ、『弁慶物語』以後、これをうけついだ文芸は、まず見ない。現代の歴史作家がこころみだすまで、まったく出現しなかった。少なくとも、私の見わたした範囲では。

花のような美少年

『弁慶物語』よりあとの文芸で多数をしめるのは、少年義経の美貌説である。『平家物語』の出っ歯説からは、目をそむける。時代が下るにしたがい、そんな傾向は強くなる。

『浄瑠璃御前物語《じょうるりごぜんものがたり》』は十五世紀の古浄瑠璃である。義経の美少年ぶりを、高らかにうたっている。たとえば、「御曹司の花の姿」に女たちのうっとりする場面がある。「牛若君と申は、そも三国一の少人とうけ給りて候」という記述もある（『新日本古典文学大系　90』一九九九年）。

三国一、つまり朝鮮や中国、あるいはインドまでふくめても、ならびたつ者はいない。世界一の美少年だというのである。なお、引用文の「少人」は子ども、少年のことをさしている。

つづいて、義経が登場する江戸時代の文芸を、いくつかのぞいてみよう。

まずは、近松門左衛門《ちかまつもんざえもん》の『十二段』から。浄瑠璃の語り物で、初演は一六九〇（元禄三）年だったという。今、紹介した『浄瑠璃御前物語』を骨子として、話はくみたてられている。

作中、女たちは「うし若」を見て、ほれぼれする。「美しさ尋常さ絵にも及ばぬ御風情〔中略〕いとあてやかなる御容《かたち》〔中略〕世界の器量を一つにして〔中略〕も、いつかな〳〵届くまじ」（『近松全集　第三巻』一九二五年）。絵にもかけないほど美しく、またりっぱである。世界中の美形をあつめ、ひとつにしても、牛若ほどのことはないという。

女たちだけが、ときめいたわけではない。鞍馬山の天狗も、この美少年には悩殺されている。近松は天狗の口から、つぎのような告白を牛若へつげさせていた。「君が色香《いろか》に魔道《まどう》を失ひ衆道の巷《ちまた》に迷ひし故」（同前）。自分が男色におぼれだしたのは、あなたのあでやかな容色にまいったせいである、と。

江島其磧《えじまきせき》の浮世草子である『鬼一法眼虎《きいちほうげんとら》の巻《まき》』（一七三三年）も、見てみよう。鬼一はいわゆる軍師だが、娘の皆鶴姫《みなつるひめ》は牛若を一目で好きになる。「美童の形類《たぐひ》なければ、皆鶴姫心をうつされ」と、作者は事情を説明する（『其磧自笑傑作集　下巻』一八九四年）。群をぬく美少年であったというのである。

滝沢馬琴《たきざわばきん》も『俊寛僧都島物語《しゅんかんそうずしまものがたり》』（一八〇八年）という読本で、牛若の美貌を書きたてた。女に見まがう、女にしてみたいと、随所でのべている。「花の精」にたとえられた美少女の舞鶴《まいつる》となんでも、見おとりはしない。そんな牛若の様子を、馬琴はこう描写する。
「御曹子はまた〔中略〕女にして見まほしきに、立ちならびては、花の傍《かたへ》なる花になん、劣らず勝らず見え給ふ」（『古典叢書　滝沢馬琴集　Ⅲ　第四巻』一九八九年）
舞鶴は、花のように美しい。牛若もまた、花のようである。いずれがアヤメか、カキツバタ、と言わんばかりの文章になっている。

美少年の代名詞

馬琴には、『近世説美少年録《きんせせつびしょうねんろく》』という読本もある。続編の『新局玉石童子訓《しんきょくぎょくせきどうじくん》』もふくめ、一八二九（文政《ぶんせい》一二）年から二十年ほどかけて出版された。とくに、義経が登場する作品ではない。だが、作中のあちらこちらで、義経の美貌をひきあいにだしている。
たとえば、その続編にえがかれた剣術競技の場面が、そうである（第四十一回）。試合の会場では、ふたりの美剣士が対決する。東側からは悪役の末朱之介晴賢《すえあけのすけはるかた》、そして西側からは善玉の大江杜四郎《おおえもりしろう》が、あらわれた。両者を、とくにその美貌を、馬琴はそれぞれつぎのように表現する。
「一箇《ひとり》は是白面の美少年〔中略〕女子《をなご》にして見まほしき、昔鞍馬の御曹司も、かくやと思ふ可《ばかり》なるに」（『新編日本古典文学全集　85』二〇〇一年）
「容止《かほばせ》の馨《にほ》やかなる〔中略〕『是なん牛若御曹司の後身《のちのみ》としもいふべけれ』とて、心ある者は

評しける」（同前）

あの人は牛若だ。いや、この人こそが牛若である。そんな想いが、また声も会場ではわきたったという。牛若は、若くて美しい武人を代表する、歴史上の象徴的な人物になっている。また、読者もこの牛若像をうけいれるはずだと、馬琴は考えていた。

ついでに、代表作の『南総里見八犬伝《なんそうさとみはっけんでん》』（一八一四―四二年）からもひいておく。その第七十九回で、馬琴は八犬士のひとり、犬坂毛野《いぬさかけの》に物乞いへ身をやつさせた。だが、どれほどみすぼらしくよそおっても、美少年ぶりは表へでてしまう。

その点を、路上の仲間はいぶかしがる。どうして、お前は「宿なし」になったのか。「鞍馬《くらま》で遮那王《しやなわう》、僧正坊《そうぜうばう》でも弁慶《べんけい》でも。視紊《みまが》ふ標致《きりやう》をもちながら」（『南総里見八犬伝（四）』岩波文庫一九九〇年）。鞍馬の僧侶や弁慶でも、遮那王と見まちがうほどの容姿が、お前にはあるのに。そうたずねている。

これ以上の引用はひかえる。とにかく、義経をとりあげる江戸文芸は、彼を圧倒的な美貌の人にする。美少年を作中へ登場させるさいには、義経のようなという比喩が、ままもちいられた。出っ歯うんぬんという否定的な文句を、江戸文芸で見かけることは、ほとんどない。

でも、歴史家は

じつは、江戸時代の公式的な歴史書も、しばしば義経の容姿に言及した。なかには、文芸とことなり、出っ歯説を、わざわざ書きたてた史籍もある。

たとえば、『本朝通鑑《ほんちょうつがん》』である。これは、林羅山《はやしらざん》の草稿に、息子の林鵞峯《がほう》が手をいれ、一六七〇(寛文《かんぶん》一〇)年に成立した。江戸幕府が林家に命じて編纂させた歴史書である。その続編、『続本朝通鑑』の巻第七十五に、義経の記録がのっている。義経を知る者は、こう言っていたという形で、掲載されていた。すなわち、「長面短身色白反歯《ソレルハアリ》」、と(『本朝通鑑 第九』一九一九年)。

出っ歯であったという。こういう話を、わざわざ公的な歴史書に、書きとめる必要はあったのか。その点は、いぶかしく思う。しかし、とにかく出っ歯説も、歴史書にはのこっていた。江戸期になくなったわけでは、けっしてない。

水戸藩の史書である『大日本史』にも、同じような記述はある。巻百八十七の列伝四に、それはのっている。「軀幹短小、白晳反歯〔中略〕源平盛衰記、平家物語」、と(『大日本史〔七〕』一九二九年)。『平家物語』や『源平盛衰記』から、出っ歯説がみちびきだされている。

いっぱんに、学術的な歴史研究は、歴史的な人物の容姿を論じない。美形か否かにこだわることは、まれである。それでも、『本朝通鑑』や『大日本史』は、義経のルックスを書ききった。いちばん古い記録である『平家物語』などは、出っ歯説をとっているのだ、と。

江戸期の文芸が、義経の美形説へ傾斜していたせいだろう。庶民の読み物や稗史《はいし》類は、一方的に美貌の義経像をあおっていた。おりめただしい歴史家としては、釘をさしておく必要がある。そんな思惑もあって、『本朝通鑑』などは、出っ歯説を記入したのかもしれない。

『平家物語』にはじまる出っ歯説は、まず大人の義経を語るところに延命した。北陸からの脱出をあつから幸若舞や、『義経記』の後半に、姿をとどめた時期がある。だが、江戸の文芸は、それをほとんど一掃した。美形説ばかりをはやすように、なっていく。

そうして、文芸から追放された出っ歯説は、公的な歴史叙述に生きのびた。文学や芸能は美貌説にかたむき、幕府や水戸藩の歴史が出っ歯説をたもたせる。両説のそういうすみわけが、江戸時代にはできていたようである。

かつては、義経の年齢におうじ、文芸のなかで分配されたこともあった。少年期と中年期へわけて。それが、読み物のジャンルべつに再配置されたということか。エンタメと歴史書に。

しかし、『平家物語』の出っ歯説が正しいというわけでは、けっしてない。この軍記物は鎌倉時代の前半に、形をととのえた。義経が生きた時代の、同時代な記録ではない。後世の編纂物である。出っ歯説も、事後的に増幅されている可能性は、けっこうある。

義経は出っ歯であるという。この指摘が『平家物語』で語られるのは、壇ノ浦海戦の直前にあたる部分である。ほろびゆく平家への挽歌をかなでる。入水《じゅすい》する安徳《あんとく》天皇の可憐さ、美しさをうたいあげる。その前触れめいた箇所に、義経の品定めは挿入されていた。

おかげで、敵軍をひきいる義経の容貌評価は、割をくったかもしれない。美化されるべき平家や安徳帝の、そのひきたて役があてがわれたようにも思える。真理をうがっていそうに見える出っ歯説も、うのみにはできないと言うしかない。

6　もうひとりの義経は

山本義経の発見

山本義経《やまもとよしつね》という武将を、ごぞんじだろうか。源平合戦の時代を生きた、実在の人物である。近江を拠点として、平家に叛旗をひるがえした。源氏の武人として、参戦してもいる。

この義経は、源義光《よしみつ》より以後五代の跡をつぐ武将であった。その意味では、源義経とよんでもかまわない。じじつ、現行の『国史大辞典』は彼のことを「源義経」として、登録させている（第十三巻　一九九二年）。ただし、この本では「山本義経」と表記する。

源義経の容姿については、美形説と出っ歯説のふたつが、語られてきた。ひょっとしたら、そのどちらかは山本義経だったのかもしれない。美しい義経と出っ歯の義経は、別人だったんじゃあないか。江戸時代のなかごろには、そう考える人もあらわれた。たとえば、『義経知緒記』に別人説の、こんな指摘がある。

山本義経の「ムカ歯指出《サシイデ》タルヲ同名ナレハ太夫判官義経ト云誤《イヒアヤマレ》タルニヤ」（前掲『軍記物語研究叢書　第四巻』）。歯がでていたのは、山本義経のほうであろう。だが、その評判は同姓同名の源義経へ、飛火した。おかげで、牛若の義経は、出っ歯説のまきぞえをくらったのかもしれない。

そう書きつつ、『義経知緒記』は源義経の美形説を温存する。「義経ハ云伝如《イヒツタフゴト》ク美男ノ若キ人也」（同前）。いろいろな伝承の言うとおりで、若い美男子だったときめつけた。この美男説を死守するために、出っ歯という評判を山本義経へおしつけたのである。

源義経と山本義経の人物像に、後世からとりちがえられた部分は、あったかもしれない。しかし、美しかったのは源義経のほうだったときめつけるのは、不公平である。

山本義経こそが、絶世の美男であった。そちらの可能性もある。彼の評判は、同姓同名の源義経にまでおよび、そのイメージをかえていく。源義経は、山本のお相伴にあずかるような形で、美化されていった。その筋道も、ぜったいにありえないとは、言いきれないのである。

弁慶が源義経の下についたのは、その美貌にほれこんだせいかもしれない。そんな解釈を、はじめて世に知らせたのも『義経知緒記』であった。そして、この本は山本義経を出っ歯の当事者とする点でも、ほかの著作に先行する。そもそも、史料のなかから、はじめて山本義経をひろいだしたのはこれなのである。

どちらも「九郎」

『義経勲功記』という本が一七一二（正徳《しょうとく》二）年にまとめられている。あらわしたのは、通俗軍記の著者として知られる馬場信意《ばばのぶのり》である。この読み物も、源義経の出っ歯説を否定した。そして、そうしりぞけるくだりで、山本義経に言いおよんでいる。つぎのように。

源義経には出っ歯だという噂があった。『平家物語』や『源平盛衰記』に登場する越中次郎兵衛も、仲間へそうつたえている。しかし、この人物評は「大ナル人違ヘニテ候。其《ソレ》ハ近江源氏ノ。山本九郎義経ニテ候」、と（同前）。出っ歯だったのは、山本義経である。越中らは、人ちがいをしている。そう馬場信意は書ききった。

一箇所だけではない。『義経勲功記』は著作のそこかしこで、この話をむしかえす。「向《ムカ》フ歯《バ》ノ指出タル」は、「山本九郎義経ナルコト明ラケシ」（同前）。出っ歯は、あきらかに山本義経のほうだと、断言してもいた。先行する『義経知緒記』は、山本義経だったろうと言うにとどめていたのだが。

また、『義経勲功記』は山本義経のことを、「山本九郎義経」と表記した。この点については、『義経知緒記』も同じ書きかたをしている。どちらも、九郎義経の「九郎」を、山本の名前におぎなった。しかし、じっさいに山本義経が「九郎」だったのかどうかは、わからない。

山本義経の名は、九条兼実《くじょうかねざね》の『玉葉《ぎょくよう》』という日記にでてくる。鎌倉幕府の公式記録である『吾妻鏡』にも、その名はのっている。だが、どちらも「九郎」とはしるしていない。

彼の名に「九郎」をそえたのは、『義経知緒記』の書き手である。牛若と山本はともに源氏の源義経であり、混同されやすい。そのまぎらわしさを、『義経知緒記』はよりいっそう印象づけたかった。そのため、山本義経まで「九郎」にしてしまったのだと考える。そして、『義経勲功記』も、この詐術を踏襲したのだろう。

江戸時代の後期を生きた文人に、志賀忍《しがしのぶ》という人がいた。幕臣でもあったが、一八三七（天保八《てんぽう》）年に『理斎随筆《りさいずいひつ》』という文集をだしている。なかに、源義経の容姿へ言及したくだりがある。やはり、出っ歯は山本義経で、源義経だとするのは人ちがいであると、書いていた。

さらに、こうつづけてもいる。「判官も源氏山本も源氏彼も九郎是も九郎彼もよし経《つね》是もよし経」、と（『日本随筆全集　第十二巻』一九二九年）。どちらも、「源氏」の「義経」であり、「九郎」であった。だから、両者がとりちがえられるのも、無理はないという。

幕末の『傍廂《かたびさし》』（一八五三年）という文集にも、同じ指摘がある。いわく、源義経を出っ歯だとするのは、「大なる誤」である。それは、「山本九郎義経の事」であった。「両人同時にて、九郎義経なれば紛ひしなり」と、誤解の原因を説明する（『日本随筆大成　第三期１』一九七六年）。なお、これを書いたのは国学者の斎藤彦麿《さいとうひこまろ》である。

やはり、山本義経は「九郎」だとするこじつけを、『傍廂』も信じている。『義経知緒記』がしかけた罠に、ひっかかっていた。この本は後世の文人たちを、けっこう手玉にとったようである。

山本にはお気の毒

もちろん、出っ歯は山本義経とする見方に、なびかなかった者もいる。博識で知られる喜多《きた》村信節《むらのぶよ》が、そちらへくみする人びとを批判した。幕末期にだした『筠庭雑録《いんていざつろく》』で、学者らしく彼らのことをたしなめている。

出っ歯を「山本兵衛尉義経の事也といへるは、拠《より》ところなき不稽《ふけい》の説なるべし」。『平家物語』などは、源義経の「向歯そりたることをいへり」（『続燕石十種　第二巻』一九二七年）。山本義経の出っ歯説に、根拠はない。源義経こそ出っ歯だったと、『平家物語』はのべている。そう書いて、山本義経は出っ歯だったとする世評を、しりぞけたのである。

江戸期の文芸は、源義経を美しい英雄の代表として、まつりあげた。『平家物語』の出っ歯説などは、うけいれなくなっている。だが、公的な歴史書は出っ歯説を堅持した。美形説を文芸、そして出っ歯説を歴史書がささえる時代に、江戸期はなっている。

しかし、歴史を語る文人のなかに、文芸よりの論じ手が、いなかったわけではない。彼らは、史料のなかから山本義経を見つけだす。そして、出っ歯の役割を彼にになわせようとした。かたがた、源義経の美形説を、歴史語りのなかでもたもたせようとする。この時代が、源義経は美しかったと思いたがった、その執着ぶりを読みとれよう。

山本義経には、なんとも気の毒な事態である。彼の容貌をしめす歴史的な記録は、ひとつもない。なのに、江戸中期からは、しばしば出っ歯だと書きたてられた。英雄源義経の美形説を、なんとしても延命させたい。そんな期待の餌食となり、悪評の代役をになわされたのである。

団十郎の義経は色黒に

さきほど、『傍廂』という文集が、山本義経の出っ歯説に加担したことを書いた。その『傍廂』に、たいへんおもしろい記述がある。著者の斎藤彦麿はおさないころ、源義経にかかわる子どもの俗謡を、しばしば耳にした。山本義経の出っ歯説にくみしたのは、その童謡を否定するためであったという。よく聞かされたというのは、こんな唄であったらしい。

「我幼き頃、京都より伊勢、尾、参、遠あたりの小児らが言いぐさに、源九郎義経は、脊低く、色黒く、向歯反て、猿眼と謡ひしなり」（前掲『日本随筆大成　第三期1』）。京都から東海道ぞいの子どもたちは、よくうたっていた。源義経は背が低く、色黒、出っ歯の奥目であった、と。

これらの文句は、幸若舞の『富樫』や『笈捜』に源流がある。追手からのがれようとする源義経を、両演目は出っ歯や奥目ときめつけた。それが、江戸末期の子どもたちにとどいている。市中では、すっかり下火になった幸若舞の文句が、形をかえ生きのびていた。この芸能には、意外な生命力があったようである。

ただ、「向歯反つて、猿眼」という『富樫』は、同時に「色の白き」もうたっている（前掲『新日本古典文学大系　59』）。『笈捜』も、「背小さく、色白く、向歯そつて猿眼」としていた

1－7　市川団十郎　月岡芳年「武蔵坊弁慶 九代目　市川団十郎」1887年

（同前）。これが、斎藤の耳になじんだ俗謡では「色黒く」へ、かえられている。

幸若舞の『富樫』などがうたう顔の色に関する文句は、わすれられたらしい。出っ歯や奥目と、子どもたちはうたってきた。そして、それらの悪口にひきよせられたのだろう。子どもたちは、顔の「色白」まで、「色黒」にしてしまったようである。

江戸文芸は、『平家物語』や幸若舞の出っ歯説に目をそむけた。ひらすら、美形説でおしきっている。私はそうのべてきた。たしかに、文字化された文芸を読むかぎり、出っ歯説は影をひそめている。しかし、文字になりづらい子どもの口承世界は、醜形説を語りついでいた。ジャイアント馬場を知らない今の子どもが、遊びで「馬場チョップ」をするように。

江戸時代のなかごろには、『笈捜』の出っ歯や猿眼がわすれられている。義経の伝説に関する大著をあらわした島津《しまづ》久基《ひさもと》は、そうのべた（『義経伝説と文学』一九三五年）。しかし、かならずしもそうではなかったことを、書きそえたい。

明治期に、歌舞伎の九代目市川団十郎は、史実にそくした芝居をこころみようとした。義経の役も、「色黒く其上出歯《そのうえ》」の役者にやらせようとしたらしい。「女形」や「優形《やさ》の俳優」が演じるこれまでの常套は、くつがえすつもりであったという（『東京日日新聞』一八八五年五月一一日付）。

どうやら、当時の団十郎は思いこんでいたようである。平安時代末期を生きた義経は、「色黒」の「出歯」であった、と。

団十郎の義経像も、幸若舞の『富樫』などに由来する。これを、幕末の子どもたちが、顔の色だけは反転させた評価に、ねざしていた。「色黒」とある以上、団十郎の脳裏をよぎったのは、そういう像だったと言うしかない。『傍廂』の斎藤彦麿が聞いた俗謡も、一八八〇年代ごろまでは、生きていたようである。

醜形にすれば、歴史の真相へせまれる。そう団十郎は思ってしまったのだろうか。いずれにせよ、「色黒」と「出歯」の義経像は、ひろがらない。歌舞伎にかぎらず、芸能や文芸のキャラクター設定は、美形の一方向へながれていく。九代目のころまでとどいていた「色黒」も、二十世紀以後は雲散霧消するのである。

7 人を斬る美少年

五条橋の千人斬り

弁慶には、刀剣類を千本あつめようとする野望があった。この夢を源義経、牛若がうちくだく。

多くの人が想いうかべるふたりの物語は、そういうドラマからはじまる。そして、弁慶は市中のおいはぎめいた悪人にされてきた。読み物のみならず、映画やテレビの時代劇などでも。この型をこしらえたのは室町時代の物語作者たちであった。しかし同じ時代の文芸や芸能には、べつのパターンでできた例もある。

たとえば、能の演目である『橋弁慶』を、もういちどとりあげたい。この作品では、牛若のほうに残忍な性格があてはめられている。作中の牛若は、毎夜五条橋をゆきかう人に斬りかかっていた。無差別殺傷者、いわゆる人斬りという役柄をわりあてられている。

ある日、弁慶は自分の従者から、五条橋についての噂を聞かされる。あの橋には、「十二三ばかりなる幼き者」が、出没する。「小太刀《こだち》にて斬つて廻」るらしい。その様子は、「さながら蝶鳥の如」くであるという（前掲『謡曲大観　第四巻』）。

つづく場面には、都の男たちがふたりあらわれる。そのやりとりで、五条橋の人斬りを解説するしかけになっている。両者の会話は、こうつづく。なお、語り合うオモとアドは、それぞれ間《あい》狂言のシテとその相手役をさしている。

オモ　五条の橋へ来たれば。女か若衆か見え分かなんだが。十二三ばかりの幼い者が〔中略〕切つてかゝるによつて〔中略〕逃げ延びたが、まづあれは何者であらうぞ。

アド　鞍馬に居られた牛若殿が。千人斬りを召さるゝと聞いたが。定めて牛若殿であらう。

（同前）

『橋弁慶』で語られる牛若は、「千人斬り」におよんでいる。なんともおぞましい。『義経記』の弁慶は、ただ牛若の太刀を所望しただけであった。くらべれば、悪漢としても、ひかえ目にうつる。そして、人斬りの牛若は「女か若衆」かが見わけがたい少年として、えがかれた。

つぎの段では、その牛若が「薄衣《うすぎぬ》を引きかづき」、つまり女装をして舞台にあらわれる。そして、モノローグを披露する。「母の仰せの重ければ。『明けなば寺へ登るべし』と」（同前）。そ母の常盤《ときわ》は、牛若の悪逆非道な振舞いを、きびしくたしなめた。しかられた牛若は、夜があければ寺へもどろう、人斬りもやめようと決意する。この能は、その経緯も独白で観客へしらせていた。

ただし、その晩は、まだ鞍馬へかえらない。人斬りは今夜を最後にしよう。牛若は自らにそう言い聞かせ、五条橋へむかっていく。「今宵ばかりの名残《なごり》なれば」と、人斬りへおもむく心境も、独白でつげている（同前）。母のいさめがなければ、もっとつづけたい。そんな欲望もいだくあぶなっかしい少年に、この能で牛若はなっていた。

さて、弁慶は従者から人斬りの評判を聞いている。そして、興味をもった。また、自分の手で退治をしてやろうとも思いたつ。そのうえで、夜ふけに五条橋へでかけている。

橋には、人斬りの少年がたっていた。だが、弁慶の目には男児とうつらない。「見れば女の姿なり」とうけとめた。そして、とおりすぎようとする。そんな弁慶に、「かれをなぶつて見ん」とする牛若のほうから、手をだした。橋上の剣戟《けんげき》は、こうしてはじまったのである。

やりあううちに、弁慶は自分の薙刀をはたきおとされた。深手こそおわなかったが、敗北をみとめている。また、自分をうちまかした相手が、源氏の御曹司であることも知らされた。けっきょく、弁慶は牛若の家来となる。そのあと、両者が牛若の館へむかうところで、話はとじられる。

女装のにあう美少年という設定は、『義経記』とかわらない。しかし、『橋弁慶』では、牛若のほうが悪漢になっている。「千人斬り」をこころざす殺人者として、登場する。これは、そんな悪人が良き家来を獲得して、大団円をむかえる話なのである。

『橋弁慶』は、室町時代に御伽草子の読み物としても、まとめられた。こちらでも、「うしわかまる」は人斬りとして、あらわれる。「ち、よしともの十三ねんき」に、「平家のやつはらを、千人きり」たおす（『室町時代物語大成　第十』一九八二年）。父、源義朝の十三回忌に、平家を千人殺して供養する。牛若には、そんな大望があったとされている。

凶行におよんだ場所は、やはり五条橋であった。そのため、「千人はかりのしがいを、河原おもてに、かさね」る光景も出現する（同前）。河原には、千体ほどの死骸が横たわっていたという。この読み物は死屍累々《ししるいるい》たる様子を、ドラマの背景にえがいたのである。

ただ、平家への復讐という動機が、御伽草子の『橋弁慶』ではしめされた。父の十三回忌にという言い分も、そえられている。能の牛若とちがい、愉快犯めいた印象はうすめられた。現代人には、こちらのほうがうけいれやすかろう。

能の『橋弁慶』で、牛若は母の常盤にせめられ、人斬りの続行をあきらめた。ただ、母からその非をたしなめられる場面が、この演目にはない。母がしかるシーンは、『笛之巻《ふえのまき》』というべつの能に、おさめられている。

『笛之巻』で常盤は、亡夫源義朝の旧臣から、息子である牛若の所業を聞かされる。おどろいた母は、牛若をきびしく叱責した。「夜な夜な五条の橋に出で。人を失ふ由を聞くぞとよ。真《まこと》さやうにあるならば。母と思ふな子とも又　地『思ふまじ』」（前掲『謡曲大観　第四巻』）。お前は五条橋で、毎夜人をあやめていると聞く。もし、そうなら、もう母子の縁はきる、と。

とがめられ、牛若は反省する。母の膝許へ歩みより、「許し給へと泣きゐる」たった（同前）。これが、『笛之巻』の山場になっている。『橋弁橋』は、その続編にほかならない。

人斬りの伝説がきえるまで

牛若を殺戮の徒として位置づける。この牛若像は、江戸時代の前半ごろまでたもたれた。もちろん、弁慶のほうを武器強奪の悪人とする構図も、なくならない。ふたつの見方が、どちらも、ある時期までは並行して語りつたえられた。

江戸時代に、人斬りとしての牛若像を語ったのは浄瑠璃である。たとえば、『うしわか虎之巻』（一六七六年）に、それをしめす場面がある。そこでは、牛若をさがす弁慶が、ある城の前で、こう声をはりあげた。

「此城にうしわか子のおはするか〔中略〕五条のはしの上にて千人きりをなされし時しゆじゆうのけいやく申たる〔中略〕弁慶にてさふらふぞや」（『古浄瑠璃正本集加賀掾編　第一』一九八九年）。五条橋で人斬りをなさった牛若様は、ここにおられるか。あの時、主従の契りをむすんだ弁慶がまいりましたぞ、と。

弁慶は「千人きり」の過去を、人前でかくすべきだと思っていない。城内へむかい、むしろほこらしげにつたえている。

文字どおり、『牛若千人切』（一六七九年）と題された浄瑠璃もある。この作品でも、牛若が千人斬りの願をたてたのは、父義朝を供養するためだとされた。十三回忌の追善にという動機が、はっきりしめされている。その点は、御伽草子の『橋弁慶』とつうじあう。おそらく、この先行作を下敷にしたのであろう。

なお、『牛若千人切』の弁慶は、京都で「おいはぎ」をおこなっていた。衣類などを、「九百九十九こしうばひ」と、作中にある（同前）。「こし」は「腰」で、帯などをかぞえる助数詞である。この浄瑠璃は、牛若もむごければ、弁慶もひどいという設定になっていた。一種の悪漢物語、ピカレスクロマンだったということか。

しかし、時代が下ると牛若の人斬りを語る文芸は、少なくなっていく。私の目にとまった範囲では、江島其磧の『鬼一法眼虎の巻』が最後の例となる。一七三三（享保《きょうほう》一八）年に発刊された読み物だが、「千人斬」の理由は、こうしるされた。

「源の牛若丸、亡父の十三回忌の孝養に、千人斬を思ひたち、夜な々々毎に（中略）老若貴賤僧俗の差別《わかち》なく、往き遇ふ者を斬り給へば」（前掲『其磧自笑傑作集　下巻』）

これが、殺人鬼としての牛若像をつたえる最終例だと、言いきる自信はない。だが、こういう牛若語りにくみする文芸は、江戸中期以後、へっていく。あとには、弁慶を刀剣千本の強盗とする筋立てだけが、生きのびる。

新撰組の沖田総司

一七一五（正徳五）年に、『広益俗説弁《こうえきぞくせつべん》』という本が刊行された。世にはびこる歴史上の俗説を、実証的に批判する著作である。考証家として知られる井沢長秀《いざわながひで》（蟠竜《ばんりゅう》）が、これをまと

1-8　**五条橋の義経**　月岡芳年「五条橋の月」1880年代

めている。
その「巻十二」が、義経の千人斬りをとりあげ、否定した。こんな振舞いは亡父の追善になりえない。むしろ、追悪である。人さえ斬れば武人として、りっぱに見える。そういうあさはかな考えで「義経の武勇を称せんとて、跡《あと》かたなき事を妄作し」たのだ、と（『東洋文庫　５０３』一九八九年）。

太平の世をむかえた江戸中期には、戦国の遺風がきらわれだす。武ばった侍は、古めかしくうつるようになってきた。そんな時勢のなかで、英雄・義経の千人斬りという話も、きらわれだしたのだろうか。

しかし、どうだろう。室町期以後、少なくない文芸が義経、牛若を人殺しとしてえがいてきた。それは、ただ「武勇」を誇張するためだけの虚構だったと、言えるのか。室町文芸は牛若、若い義経を、特権的な美少年にしたてあげた。女と見まちがわれる人物像を、こしらえている。この美貌幻想もまた、テロリズムへの期待をあおったのではないか。

幕末に新撰組ではたらいた沖田総司《おきたそうじ》は、人斬りの冷酷な侍であったという。であるからこそ、美貌の剣士であったとする後世の思いこみも、強くなる。それとにたような想像力のからくりが、義経、牛若にも作動したのだろうか。

ぶさいくな男たちは、あまりこういう空想をかきたてない。美しい男子こそが、殺人の常習者にふさわしい人物として、想いえがかれる。あるいは、むごい振舞いも美形ならゆるせると、考えられたのかもしれない。少なくとも物語、虚構の世界では。

どうやら、無慈悲で美しい殺人者の系譜を、さぐっていかねばならないようである。女になりすます殺人者の物語へ、これからは光をあてていく。義経以外の残酷な、そして時に性をこえる英雄伝説の系譜へ、目をむけたい。日本の文芸史が、新しい角度からながめわたせれば、さいわいである。

第2章　ヤマトタケル

1　ヤマトタケルを名のるまで

『古事記』と『日本書紀』

男の身でありながら女になりすます。のみならず、絶世の美女と見まちがわれるまでに、よそおいきる。その艶姿にゆだんをした敵の男たちへ女装者は斬りかかり、うちはたしてしまう。源義経の物語は以上のように脚色され、室町時代からひろがった。

義経が生きた平安末期に、彼が女をよそおったとする記録はない。少年期の御曹司を女装のにあう美童にしたてたのは、室町時代の文芸作者であった。この時代にそういう物語をよろこぶ傾向があったことは、うたがえない。しかし、女となって敵をたおす英雄の話じたいは、もっと昔からある。奈良時代のはじめごろから、語られてきた。

言うまでもない。ヤマトタケルの物語がそれである。ヤマトタケルは女のふりをして、敵であるクマソ一族の宴席へもぐりこんでいる。その美貌にうっとりしたクマソの族長をうちとった。八世紀初頭の『古事記』や『日本書紀』には、そういう話がおさめられている。

室町時代だけが、女装する英雄像を好んだわけではない。上代の歴史語りもまた、同じ筋立てでできた話をふくんでいた。まだ、能楽や幸若舞のように美少年をめでる芸能が、一般化してはいない。そんな古い時代から、女装の殺人者は物語のなかに登場していた。

こういう人物造形は、時代をこえて好まれたのかもしれない。だとすれば、室町時代の事情を語るだけで、ことをすますわけにはいかなくなる。超時代的に通用する魅力の正体にも、せまっていかなければならないだろう。

だが、その前に『古事記』や『日本書紀』の具体的な記述へ、目をむけたい。上代を代表するふたつの歴史叙述は、同じようにヤマトタケルの女装をえがいている。しかし、叙述ぶりは、かならずしも一致しない。ここでは、両者の差違にも気をくばりながら、話をすすめよう。

ヤマトタケルは、景行天皇の皇子であったということになっている。実在したとは、みなされていない。架空の人物であろうと、考えられている。

いっぽう、景行天皇は、第十二代目の天皇として登録されてきた。一般的には、こちらも架空の人物だとされている。だが、この天皇はほんとうに、即位していたかもしれない。奈良の纏向《まきむく》で、四世紀ごろに君臨していた可能性はある。ねんのため、書きそえる。

記紀の景行は、皇子のヤマトタケルを各地へおくりこんでいる。王権にしたがわない地方勢力を、平定するためである。クマソを征討するさいに、皇子は女装で彼らを籠絡した。この逸話も、景行から命じられた九州遠征をのべるくだりに、おさめられている。

なお、この皇子は、もともとオウスノミコトと名づけられていた。クマソの前では、ヤマトオグナ、つまりヤマトの男子だと名のる場面もある。いずれせよ、ヤマトタケルと、皇子がはじめから命名されていたわけではない。それは彼があやめたクマソの族長から、あとでもらったよび名である。

ある日、景行はオウスに、九州へいってクマソを成敗するよう言いつける。命じられ、『日本書紀』のオウスは、そのままクマソへ旅立った。『古事記』の皇子は、遠征へおもむく前に、叔母のヤマトヒメとあっている。伊勢神宮の斎宮でもある彼女からは、その衣服をもらっていた。

『古事記』では、叔母からゆずられたこの衣裳を身にまとい、クマソの宴席へもぐりこむ。いっぽう、『日本書紀』に、叔母の衣類うんぬんという記述はない。こちらは、ただ、女の格好をして宴会の場へもぐりこんだと、しるすのみである。女物の衣服をどう調達したのかについては、なにも書いていない。この違いは、あとでも問題にする。おぼえておいてほしい。

たわむれ、まさぐる

さて、『日本書紀』である。この記録で、クマソの族長はトロシカヤ、あるいは川上タケルという名前になっていた。ここでは、ヤマトタケル命名譚とのかねあいもあり、川上タケルで統一する。

オウスが、クマソの本拠へ近づいて間もないころのことである。川上タケルは、一族の者をあつめ宴会をひらいていた。新築の祝いであったという。

その場へ、オウスは少女のようによそおい、潜入する。族長・川上タケルのいる部屋へも、はいっていった。『日本書紀』の記述は、こうつづく。オウスが、川上タケルを懐剣《かいけん》でさすまでの描写である。

「川上梟帥《タケル》、其《そ》の童女《をとめ》の容姿《かほよき》に感《め》でて、則《すなは》ち手を携《たづさ》へて席《しきゐ》を同《とも》にして、坏《さかづき》を挙《あ》げて飲《さけの》ましめつつ、戯《たはぶ》れ弄《まさぐ》る。時《とき》に、更深《よふ》け、人闌《うすら》ぎぬ」（『日本書紀（二）』岩波文庫　一九九四年）

川上タケルは、皇子がなりすました偽少女の顔立ちに、ときめいた。手をとり、同席させ、酒もくみかわしあっている。のみならず、たわむれまさぐった。しかも、夜がふけて、人影がまばらになっていくまで。

「席を同に」するという「席」は、寝床であったかもしれない。いっしょに寝ながらのペッティングだったのだろうか。ともかくも、川上タケルはオウスを「戯れ弄」った。だが、そういうことをすれば、すぐ相手は男だとわかったはずである。にもかかわらず、川上タケルは夜ふけまで、愛撫をつづけている。

川上タケルには、少年愛の性癖もあった。だから、男だと気がついたあとも、女装のにあう少年にじゃれつづける。と、そう『日本書紀』が、書ききっているわけではない。だが、以上のように読みこむ余地は、じゅうぶんある。

ざんねんながら、この箇所に深くわけいった国文学の研究は、あまりない。つつしみ深い学徒たちは、見て見ぬふりをしているのだろうか。私も、今のべた読みときにこだわるつもりはない。しかし、この解釈も否定しきれないことは、ひとこととわっておこう。

深夜にいたり、川上タケルは酩酊してしまう。あたりには、もう人がいない。ころあいを見はからって、オウスはかくしもった剣をとりだした。そして、川上タケルの胸をさしている。女装の皇子は、こうして自分の「容姿」におぼれた敵を、うちはたす。

2-1　川上タケルの胸をさしぬくオウスノミコト
月岡芳年「芳年武者无類　日本武尊・川上梟帥」1883年

絶命する前に、川上タケルはたずねている。あなたは誰なのか、と。問われてオウスは、愛撫をつづけた族長につたえた。自分は景行天皇の皇子、ヤマトオグナだ、と。

感じいった川上タケルは、皇子につげている。あなたのような人とは、はじめてあった。ぜひ、私の名である「タケル」をさしあげたい。うけとってくれ、と。この申し出を皇子は受諾した。その直後に、より深く族長の胸をつき、とどめをさしている。

ヤマトオグナと名のったオウスは、ヤマトタケルとよばれている。それは、川上タケルとの約束に由来する。敵将のタケルという名を、ヤマトの皇子がひきつぎ、その名になった。以上のように『日本書紀』は書いている。

たわむれあった美少年に、自分の名前を進呈する。臨終のまぎわに、同じ名を名のってほしいと、たのみこむ。私はそこに、同性愛的な情熱の高揚を感じなくもない。しかし、そう論じた学界報告は少なかろう。私も、きめつけることはひかえたい。

ふたりの男に愛されて

こんどは、『古事記』のほうを紹介しておこう。クマソが新築の宴をひらいた点は、『日本書紀』とかわらない。オウスが、女装姿でその宴席へのりこむ点も、同じである。ただ、その装束が叔母のものだと明示された点は、前述のとおりちがっていた。

『古事記』にでてくるクマソのリーダーは、川上タケルを名のらない。クマソタケルと称していた。また、族長がふたりの男、兄弟になっている点も、『日本書紀』とはちがう。クマソタケルの、かたほうは兄であり、もういっぽうはその弟だとされていた。

女になりすまし宴の場へあらわれたオウスは、兄弟の間にすわらされている。『古事記』には、こうある。「熊曽《クマソ》建《タケル》兄弟《あにおと》二人、その嬢子《をとめ》を見感《みめ》でて、己《おの》が中に坐《ま》せて盛《さか》りに楽《うたげ》しつ」（『古事記』岩波文庫　一九六三年）。やはり、女装をした皇子の美貌にそそられ、兄弟はオウスノミコトをよびよせた。ふたりは、「その嬢子」をはさみつつ、宴をたのしんでいる。

そんな宴会の最中に、皇子は懐剣をぬき、まず兄の胸をさしぬいた。おどろいた弟は、その場からとびのき、階段の近くまでにげのびる。だが、うしろからせまったオウスノミコトに、背中をつかまれた。さらに、剣を尻へさしとおされてしまう。

尻をつらぬかれた弟は、剣の静止を要請し、相手の正体をたずねている。ヤマトの皇子、ヤマトオグナだと聞かされ、彼は自分たちの名前を贈呈した。これからは、あなたのことをヤマトタケルとよびたたえよう。そう皇子にはつげて、絶命する。

ここでも、タケルの名は今際《いまわ》のきわに、おくられた。しかも、剣が尻をさしている、その時に。この場面は、『日本書紀』のそれ以上に、同性愛のたかぶりをしめしていないだろうか。

オウスは、女をよそおい宴席へまぎれこんでいる。クマソの族長兄弟からは、その「嬢子《をとめ》」ぶりがめでられ、そばへひきよせられた。この段階で、男だと発覚した形跡はうかがえない。兄弟殺害の直前まで、ふたりは皇子を女の子だと、思いこんでいる。

あえて、同性愛の文脈におとしこめば、オウスはかわいがられる側にいた。「受け」の役へ、まわっていたことになる。だが、弟の殺害にさいしては、剣を尻へつきたてた。「責め」る役へと、立場をかえている。しかも、かなりとうとつに。

主人公が「受け」から「責め」へと、役割をかえていく。こういう転換をおもしろがる読者が、八世紀初頭にいたと言いきる自信はない。また、書き手がそういう効果をねらっていたときめつけることも、できないだろう。ここでは、その可能性をしめすだけにとどめたい。

なお、尻へ剣をさす話については、性的な読みときをこころみた学者もいる。上代文学を専攻する畠山篤《はたけやまあつし》が、こう書いていた。「男色の性的交渉をうかがわせる。それも女役になるべき美少年が男役の大人を痛烈に犯す形をとっている」、と（「ヤマトタケルの女装——歴史のなかの女装」、下川耿史《しもかわこうし》他著『女装の民俗学』一九九四年）。

学界のなかにも、きとくな人はいるということか。じっさい、こういうことを書きとめた人は、ほかにひとりも見つけられなかった。

しかし、せっかくの指摘だが、私は「男色」という言葉づかいに、なじめない。それは、美少年が年長者をうけいれる場合にこそ、ふさわしい語彙である。そして、この話ではヤマトタケルのほうが若い。また、美しくもある。

年長者の尻に、美少年のほうが剣をさす。この展開は、だから因習的な男色というカテゴリーにおさまらない。その枠をこえている。記紀の時代には、まだ男色の年齢秩序が定着していなかった可能性もある。私としては、彼らの交渉を、よりひろい同性愛という概念のなかで、とらえたい。

いずれにしろ、ヤマトタケルは美少年としてえがかれた。女と見まがう色香で敵をゆだんさせ、ほうむりさっている。クマソの前へあらわれた皇子は、女装の殺戮者にほかならない。室町時代には、牛若＝遮那王像も同じような脚色をほどこされた。奈良時代のヤマトタケル像は、その先駆的な表象として位置づけたい。

2　英雄時代の物語

中国の英雄像

女のふりをして、敵を籠絡する。美貌と色香で相手に近づき、殺害してしまう。そんなヤマトタケルの話が、日本では英雄伝説のひとこまになっている。これをどう思うかと、私は留学生のつどいで問いかけたことがある。

おもしろかったのは、中国からやってきた学生たちの反応である。彼らは、ほぼ異口同音に、こう私へ言いかえした。女になりすましてのだましうちなんて、英雄のすることではない。そういう人物が、中国でうやまわれることはないだろう、と。

彼らの脳裏をよぎる英雄は、たいてい髭面であるらしい。男装の、ムーランを典型とするような女性も、英雄群像のなかにはいりうる。だが、女装の美少年は、その範疇からはずれるという。おおしさやりりしさが、あまり感じられないせいか。

もちろん、中国にも女装者はいる。そのことで歴史に名前をのこした男たちが、いないわけではない。彼らのことは、たとえば中国文学を研究する武田雅哉《たけだまさや》が、一冊の本にまとめている（『楊貴妃になりたかった男たち』二〇〇七年）。ただ、彼らのなかに英雄として語りつがれる人物は、ひとりもいない。

中国に『三国志演義』という歴史小説がある。三世紀の三国時代を舞台とする、一種の戦国絵巻である。おおよそ千百年後の元末明初に、羅貫中《らかんちゅう》という作家がまとめあげた。そこに、おもしろい逸話がのっている（第百三回）。

ある時、諸葛亮《しょかつりょう》と司馬懿《しばい》は、たがいに軍勢をひきい対峙した。諸葛亮は、いっきに野戦で決着をつけようとする。しかし、司馬懿はひたすら防御をかため、陣地からでてこない。しびれをきらした諸葛亮は、敵陣の司馬懿に手紙をおくっている。おまえは、女のようなやつだ。「男子の気概があるというの」なら「対決されよ」、と。そして、手紙には女性用の髪かざりと喪服も、そえていた（『三国志演義　7』井波律子《いなみりつこ》訳　ちくま文庫　二〇〇三年）。

女物の衣裳と装飾品が、相手をあなどる小道具になっている。いくじなしと見下すために、それらはとどけられた。おまえには、これがお似あいだというメッセージも、こめて。もちろん、実話ではない。羅貫中が、『三国志演義』に挿入した創話である。

これらのことだけから、すべてを判断するのは、ひかえるべきだろう。しかし、日本と中国では、英雄像のありかたが、ずいぶんちがうと思う。日本のヤマトタケルは女装姿で敵将を魅了し、隙をついて殺害した。だが、そういう物語を、中国の人びとが英雄伝として語りつぐことは、ありえない。かりに、似たような物語があったとしても。

英雄時代論争でも

かつて、日本の学界では、いわゆる英雄時代をめぐる論争がくりひろげられた。敗戦後の一九四〇年代末に、それははじまっている。一九五〇年代のなかごろまでは、つづけられたろうか。そして、ヤマトタケルをどう位置づけるかという問題も、論戦をつうじ議論の的になった。

ひとつの民族が原始的な呪術の世界からぬけだし、統一的な国家を形成する。英雄時代だとされたのは、そこへいたる過渡期である。まだ、国家的な権力機構は整備されていない。だから、各地の豪族が民族の形成へむけて、英雄的な活動をくりひろげうる。その可能性がありえた時代だと、当時はしばしば語られた。

提唱者の石母田正《いしもだしょう》は、『古事記』のヤマトタケルを代表的な英雄にあげている。「英雄ではあつたが孤立した英雄であつた」。「浪漫的英雄である」。そんな評価を、「古代貴族の英雄時代――古事記の一考察」という論文で、下している（『論集史学』一九四八年）。

石母田の議論は、ヘーゲルの美学やマルクス主義の範疇論に、およんでいる。戦後左翼の政治闘争とも、深くかかわる。その全体を、過不足なく解説するのは、私の手にあまる。だから、くわしい説明ははぶく。ここでは、ヤマトタケルが英雄時代の象徴とされたことだけを、確認しておこう。

もちろん、石母田には反論もよせられた。ヤマトタケルに関しては、彼を王権側の走狗《そうく》とみなす批判が提出されている。ヤマトタケルは国家形成以前の混沌を、生きていない。権力機構の側にくみする人物であり、英雄時代の英雄ではなかった。以上のような否定説が、論じられている。

ただ、ヤマトタケルの女装にかかわる反発は、おこらなかった。クマソの前で女になりすます。それが、英雄にふさわしい振舞いであったとは、思えない。あんなのを英雄だともちあげることはやめよう。そういった趣旨の反論は、論争中にただのひとつも浮上していない。

私のであった中国からの留学生は、口をそろえ言っていた。女装で敵をとりこにする男が英雄だなんて、とんでもない。そんなのは、まっとうな人間のとる途《みち》じゃあない、と。

しかし、こういう言辞を、石母田への批判者は、誰ひとり口にしていない。英雄視を否定する論客は、みな女装以外の理由をあげていた。ヤマトタケルは天皇制の側にくみしている。そもそも、四、五世紀の日本に民族的な英雄像はうかびあがるはずがない、などなどと。

石母田も、女装が英雄あつかいのさまたげになるとは、考えていなかった。この点は、石母田に賛同した学者たちもかわらない。

ヤマトタケルには女装譚がある。英雄とみなすには、その点がひっかかる。しかし、ヒロイックな事跡も、たくさんある。このさい、女装には目をつぶろう。やはり、英雄であったということにしておきたい。以上のように話をすすめた論客も、まったくいなかった。けっきょく、日本の研究者たちはヤマトタケルの女装譚を、きらっていない。英雄として語りつがれるにふさわしくない逸話だと、強くは思っていなかった。女装でのだましうちが、英雄の名をけがす汚点になるとは、考えなかったのである。

2-2　英雄・ヤマトタケル　青木繁「日本武尊」1906年

英雄時代論争をふりかえる文章は、たくさんある。さまざまな研究者がそれぞれの立場で、論争の経緯をおいかけてきた。だが、彼らもまた、この問題にふれようとは、していない。ヤマトタケルの女装を、あの論争は問題にしなかった。と、そう書きとめた論争史の読み物だって、ひとつもない。

中国的な価値観にたてば、その点はいぶかしがられてしかるべきだろう。女装者を民族の英雄にしてもいいのか。しかも、その女装者は同性の男をたぶらかしている、と。だが、日本の学界は、そこを気にとめない。議論への参加者が、女装の英雄に違和感をいだくことは、なかったのである。

日本は、中国から多くの文化をうけとった。同種同文、一衣帯水と、たがいの近さをはやす評語もある。だが、英雄観のありようは、ずいぶんちがう。女になりすまし敵をゆだんさせ、息の根をとめる。かたほうは、そういう行動に、英雄としての瑕疵《かし》をみとめない。しかし、もういっぽうには、重大な欠陥を見てとる傾向がある。

子どももよろこぶ英雄伝

一九四〇年代末からの英雄時代論争は、しばしばヤマトタケルに言及した。その活動が英雄的であったのか否かも、論じあっている。とはいえ、ヤマトタケルを英雄だと言いだした者は、もっと前からいた。この論争がはじめてもたらした評価ではない。

たとえば、民俗学者の柳田国男に「昔話の英雄」（一九三五―三六年）という文章がある。民衆が語りついだ英雄と、文献をとおしてひろがったそれを、柳田はここでわけている。そして、後者の典型例にヤマトタケルをあげた。「日本武尊《ヤマトタケル》やヘラクレス一流の英雄物語」、と（『定本柳田國男集 第六巻』一九六八年）。

江戸歌舞伎の『和国五翠殿《わこくごすいでん》』（一七〇〇年）に、「英雄日本武《やまとたけ》」という台詞がある（『日本国語大辞典 第二版 第二巻』二〇〇一年）。しかし、これが初出かどうかは不明である。ただ、ヤマトタケルを英雄の代表格にあげる指摘は、めずらしくもなんともない。ごく、ありふれている。戦後の英雄時代論争より、ずっと前からくりかえされてきた。

それらのなかから、歴史家の中村孝也《なかむらこうや》がのこした指摘を紹介しておこう。彼は「日本武尊説話」という一文を、一九三五（昭和一〇）年に書いている（『歴史と趣味』九月号）。その書きだしは、こうなっていた。「日本武尊は古代史上における神的英雄でいらせられる〔中略〕また国民的英雄として仰ぎたてまつられるのである」。

さらに、中村は女装でのクマソ征伐譚へも、言いおよぶ。『古事記』の叙述ぶりを、つぎのようにほめていた。「微笑ましき智謀が加へられて、女装の麗人の姿を以て強豪熊襲建《くまそたける》兄弟を殪《たお》す場合を説いて来るのであるが、そのお伽噺らしい英雄譚は、正しく児童心理に適合せる教材たる素質を備へてゐる」。

女のふりをしてクマソの懐にとびこみ、さしころす。そんなヤマトタケルの手口を、「智謀」と評価する。「麗人」になったまま相手をたおしたことも、「英雄譚」として位置づけた。メルヘンのようなところがあり、子ども用の「教材」にもふさわしいとさえ、言いそえて。

戦後になって、やはり歴史家の米沢康《よねざわやすし》が、ヤマトタケルの女装に言及した。「ヤマトタケルノ命の物語り――その歴史的基底について」（一九五六年）で、のべている。これまでの、以下に紹介するような見方はあらためたい、と。

「ここに注意されるのが命《ミコト》の女装ということである。『英雄』にふさわしい機智と呼ばれ、物語的興味と指摘されてきているが」（『日本古代の神話と歴史』一九九二年）女装を英雄的な機智という説明でかたづけてしまっても、かまわないのか。物語としておもしろいとするだけで、ことたりるのか。そういう読みときでは、「女装ということの古代的な意義が考えられ」なくなる。女装が「私には〔中略〕ヤマトタケルノ命の本質にもかかわるものと思われる」（同前）。米沢はこの論文で、以上のように力説する。

戦前の中村は、女装に英雄らしい機略を見た。メルヘンにもつうじる興味を、感じている。こういう説明をはじめて披露したのが、中村だったかどうかはわからない。ただ、古典を読む人たちのあいだでは、この解釈が共有されていた。そのままでいいのかと、米沢が問いただすぐらいには、浸透していたのである。

また、米沢も女装が英雄らしくないと、そう言いだしたわけではない。女になりすますヤマトタケルが英雄であることじたいは、みとめている。ただ、「機智」や「興味」の彼方に、「古代的な意義」をさぐりたいというだけである。なお、米沢のいう「意義」については、またあとでふれることにする。

けっきょく、日本の人文学はヤマトタケルを英雄の典型だと、みなしてきた。女にばけて、男をたぶらかすこともふくめ、そうとらえてきたのである。卑劣な振舞いであり、唾棄《だき》すべき行動だと、私の知る中国からの留学生たちは言っていた。だが、日本の学界は、そんなふうにとらえてこなかったのである。

もっとも、二十一世紀にはいってからは、日本でも新しい見方がうかびだしている。われわれのヤマトタケル理解にも、変化のきざしはある。いくらかは、中国風になりだしているのだが、これも終章で論じたい。

3　霊験譚の可能性

アマテラスにまもられて

ヤマトタケルは、クマソ征伐にさいし女装をした。美しい少女となって、敵のリーダーをとりこにしている。のみならず、うちはたしもした。相手が自分の魅力でのぼせた、その隙をついて、凶行におよんだのである。

八世紀はじめごろの『古事記』や『日本書紀』に、この話はのっている。どちらも、皇室の歴史をことほぐべき史書である。そこに、皇子の女装譚はおさめられていた。八世紀の書き手や語部《かたりべ》は、この話が皇室の歴史をかがやかせると考えたのだろうか。女になりすまして、敵をあやめる。なんてすばらしい話なんだ、と。

『古事記』が、ヤマトの皇子を女装の暗殺者として登場させている。この点をめぐっては、上代文学を研究する学者たちのあいだに、いくつかの議論がある。なかでも有力なのは、神の加護を強調するための設定だったとする説である。

あらかじめ、ことわっておこう。私は現在の学界が定説とするこの見方を、信じない。全否定まではしないが、ピントのずれた解釈だと思っている。だが、その難点をあげつらうのは、あとにしよう。その前に、今の学者たちがとなえる読み解きのあらましを、説明しておきたい。

オウスノミコト、つまりのちのヤマトタケルは、父の景行天皇から言いわたされた。クマソをたいらげよ、と。命じられた皇子はヤマトヒメから、女物の衣服をもらっている。「姨倭比《おばやまとひ》売命《めのみこと》の御衣御裳《みそみも》を給はり」と、『古事記』にはある（前掲文庫）。どうやら、「衣」と「裳」の二着を、わたされたようである。ツーピースの女服であったということか。

このくだりを、岩波文庫版の『古事記』は、脚注でつぎのように解説した。「倭比売の御衣裳を頂かれたことは、天照大神の御加護を賜わる意である」（同前）。ヤマトヒメから衣裳がわたされる。それは、アマテラスオオミカミの加護がさずけられたことを、しめしている、と。

ヤマトヒメは景行の妹、つまりオウスの叔母であった。そして、伊勢神宮の斎宮でもある。アマテラスをまつる神社へ、天皇からつかわされた皇女であり、巫女《みこ》にほかならない。神宮につかえるそんな女性から、オウスは衣服をあたえられていた。のみならず、衣服にこめられた神秘の力もうけとったと、この脚注はみなしたのである。

なお、同じ箇所を、『日本思想大系』版の『古事記』も、頭注でこう説明する。「伊勢大神宮を拝祭する倭比売命の御衣御裳を受けるのは、天照大神の神威を借りることになる」（『日本思想大系　1』一九八二年）。アマテラスの神威を、オウスは借用したという読解である。アマテラスにまもられたからクマソの殺害もうまくいったと、これらはのべている。

右派も左派も本居宣長に

こういう解釈は、江戸時代のなかばすぎに浮上した。最初に言いだしたのは、国学者の本居《もとおり》宣長《のりなが》である。『古事記伝』（一七九〇―一八二二年）という著作で宣長は、こうのべている。

ヤマトヒメは、「伊勢大御神の、御杖代《ミツエシロ》」である。伊勢の神をささえる、杖がわりのような存在にほかならない。そんな斎宮から、オウス、すなわちヤマトタケルは衣裳をたまわった。この贈与は、伊勢の「御威《ミイキホヒ》御霊《ミタマ》を仮賜《カリタマ》はむの御心なりけむかし」（『本居宣長全集　第十一巻』一九六九年）。衣類とともに、伊勢の威光と神霊も、さずけるつもりだったのだろうという。

そう推理をすすめつつ、宣長は以下のような説明もおぎなった。もし、神威の伝授などなかったというのなら、わざわざ斎宮の衣類をもらう必要はない。「女人の衣服なりとも、新《アラタ》に裁《タチ》縫《ヌヒ》てこそ用ひたまふべけれ」、と（同前）。

ただ、世俗的な女装をするだけなら、ふつうに女服をあつらえれば、ことはすむ。しかし、ヤマトタケルは伊勢の斎宮からそれをもらいうけた。巫女からゆずられた服を身につけ、敵をほろぼしている。やはり、伊勢の神やヤマトヒメの神威には霊験がある。そのあらたかさをしめすための物語だという読み解きに、なっている。

今日の代表的な『古事記』の註釈書は、たいていこれを肯定する。たとえば、倉野憲司《くらのけんじ》の

『古事記全註釈』は宣長の読みを、まるごとひいている。そして、「これは卓見である」と、わざわざ書きそえた（第六巻　中巻篇〔下〕一九七九年）

さらに、叔母からあたえられた衣裳を、こう位置づける。「天照大神の御加護を具象化したものに他ならない」。アマテラスによる霊的な防御力が、そこでは服装という形であらわされている。女装じたいも、「天照大神の御加護を念じての」振舞いであったと、結論づけた（同前）。

あとひとつ、西郷信綱《さいごうのぶつな》の『古事記注釈』も、紹介しておこう。ヤマトタケルがヤマトヒメから、女の装束をゆずりうける。このくだりを西郷は、つぎのように説明する。「記伝にいうとおりそれは、伊勢斎宮であるかの女の霊威を借り」たのだ、と（第三巻　一九八八年）。「記伝にいうとおり」の「記伝」は、宣長の『古事記伝』をさしている。そして、西郷もヤマトヒメは、衣服をつうじ甥に霊威をあたえたと解釈する。その点は、宣長が『古事記伝』にのべたとおりであると、書きそえてもいた。

じっさい、宣長以後、その読解に異をとなえたものは、ほとんどいない。多くの論者が、同じような指摘をくりかえしてきた。たとえば、作家の幸田露伴《こうだろはん》が、一九二八（昭和三）年に書いている。ヤマトタケルは叔母をつうじて、アマテラスの「威霊を仮《か》りたまふ」たのだろう、と（「日本武尊」『露伴全集　第十七巻』一九四九年）。

ヤマトタケルの征討は、「必ず天照大神の御意志を、その背後に負ふて」いた。それは「ヤマトヒメより賜りしものによつて、成功し得たのである」。そうのべたのは、歴史家の肥後和男《ひごかずお》であった（『日本神話研究』一九三八年）。これも宣長説をひきつぐ解釈のひとつにほかならない。

戦前の尊皇思想が、論者を皇祖崇拝へなびかせたと思われようか。だが、かならずしもそうではない。敗戦後の左翼的な書き手も、しばしば似たような見解をあらわした。二十世紀なかばに共産党の歴史観を指導した藤間生大《とうませいた》の読みも、その点はかわらない。少年少女へむけて書いた本を例に、その論述ぶりを披露しておこう。

「神につかえているオバサンから貰った衣裳を、とくにつけたということは、神のまもりを心に信じているからです。ひとたび露顕すれば敵中ただ一人、相手を殺すどころか、あっさり敵にとらわれて、なぶり殺しになるのがせいぜいです。悲壮な決心は、神のまもりを求めたわけです」（『日本武尊』一九五三年）

単身で敵陣へのりこむ。そのあやうさが、皇子を神にすがらせた。神につかえる叔母から衣裳をもらったのは、そのためだという。藤間はヤマトタケルの内面もおしはかったうえで、宣長の説を継承した。神の加護を強調する語りは、左翼の側にも共有されていたのである。

巫女の霊威か神宮か

ただ、一九五〇年代のなかばごろから、学界の様子はかわりだす。論調に変化のきざしが見えはじめる。論じ方が、ふたつの方向へわかれていくようになった。

口火を切ったのは、歴史家の水野祐《みずのゆう》であったろう。水野もヤマトタケルが霊威をさずかったことは、否定しない。ヤマトヒメのあたえた女の装束が霊的な力となり、ヤマトタケルを英雄たらしめた。この解釈は、みとめている。それは、『古事記』の「伝承を読む何人も承認する所」だとさえ、言いきった（「倭建命と倭武天皇」『史観』一九五五年三月）。

ただし、ヤマトヒメを伊勢の斎王だと強調しすぎるのは、まちがっているという。「未婚の皇女の巫的霊威を明らかにするだけで充分」だと、水野は判断した（同前）。『古事記』は、まだ伊勢神宮の権威が確立される前の価値観で、書かれている。だから、神宮の神威などという話を、もちだす必要はないと考えた。

その四年後に、やはり歴史家の直木孝次郎《なおきこうじろう》が正反対の意見をのべている。ヤマトタケルは、女装をすることで、「伊勢大神の宗教的威力を身につけ」た。クマソ征討の物語は、「伊勢大神の霊験談」になっている。そう書きたてた（「ヤマトタケル伝説と伊勢神宮」『国史論集　創立五十年記念　一』一九五九年）。

もともとの女装説話に神宮の関与があったと、言っているわけではない。ただ、『古事記』があまれるころには、神宮の威光もヤマトへおよんでいた。あるいは、ヤマトも神官とのかかわりを強めている。だから、「伊勢神宮関係者による改作、脚色」がありえたと、直木はおしはかる（同前）。

はたして、ヤマトタケルの女装譚は、どのような物語だったのか。皇女であり巫女でもあるヤマトヒメが、霊力をあたえる話である。そう、水野は言う。いっぽう、直木はちがう側面を強調した。伊勢神宮じたいの神威が、ヤマトタケルをまもるところに力点はおかれている、と。

では、どちらの要素が『古事記』の女装譚には、より強くこめられていたのだろう。

のちの学者たちは、この点をめぐり甲論乙駁《こうろんおつばく》を繰りひろげた。霊力や神威の、よってきたる根は何なのか。ヤマトヒメじしんか、その背後にある伊勢神宮か。そんなやりとりを、二十一世紀にはいってもつづけている。

くりかえすが、神威説を最初に言いだしたのは、江戸時代の宣長である。彼の『古事記伝』から、宗教的な読解ははじまった。だが、宣長はヤマトヒメと伊勢神宮の両者に、優劣をつけていない。悪く言えば、その点はあいまいにしている。

あるいは、両者を一体的にとらえていたと言うべきか。ヤマトヒメの霊威と神宮の神威は、あえてわけるまでもない。どちらも、同じ呪力の両面だと、考えていた可能性はある。この点では、後世のほうが分析的でありすぎるのかもしれない。

ヤマトタケルはヤマトヒメから「御衣御裳を給は」った。『古事記』には、そう書いてある。しかし、どこでそれをてわたされたかについては、記述がない。皇子がわざわざ伊勢まででかけて、もらったのか。それとも、たまたまヤマトに滞在していた叔母から、うけとったのか。その点は不明である。

ヤマトタケルは、「伊勢神宮に参向した、と考えてよかろう」。神宮の霊験を強調したい直木は、そうのべる（同前）。

しかし、『古事記』の当該部分から以上のように読みきることは、困難である。直木説に批判的な、たとえば星山真理子も、この点を見すごさない。「伊勢に参向した」と「考えるべきなのであろうか」（「『倭男具那命』考」『国文学研究　第五十八集』一九七六年）。そう疑問をなげかけている。

いっぽう、直木説にしたがう守屋《もりや》俊彦《としひこ》は、こうのべた。「常識的には〔中略〕伊勢に行って会ったとするのが穏当なところであろう」、と（「倭建命の征討物語──原話への接近」『日本書紀研究　第十三冊』一九八五年）。

伊勢の神威を強く印象づけたい論じ手は、皇子が伊勢まででむいたと言う。神宮のウエイトを軽んじようとする立場の人たちは、これにしたがわない。皇子の伊勢訪問をしめす直接的な記述はないと、言いたてる。

なお、宣長の『古事記伝』は、この点についての白黒もつけていない。ぼやかしたまま、議論をすすめている。理解しきれないところは、無理にさぐらないということか。

ただ、ヤマトタケルの女装に神威や霊威を読む見方は、すっかり定着した。その呪的な力が何に由来するのかをめぐっては、意見がわかれる。しかし、そこに世俗をこえた何かが読めるとする点では、かわらない。

4　フェイクガールの物語

偽りの女として

ヤマトタケルの作戦は、伊勢神宮や皇族巫女の神威につつまれ成就した。『古事記』の女装譚は、そういう霊験のありがたさをしめすために、書かれている。宗教的な物語である。以上のように上代文学をあつかう研究者たちは、となえてきた。それが、本居宣長いらいの定説となっている。

しかし、私には納得できないところがある。まず、第一点は『日本書紀』とのちがいである。ヤマトタケルが女をよそおって、クマソの殺害におよぶ。この話は、『日本書紀』にもおさめられている。だが、こちらのヤマトタケルはクマソ遠征の前に、ヤマトヒメと面会していない。もちろん、ヤマトヒメから女の衣裳をゆずりうけたりもしなかった。

クマソの宴席へもぐりこむ前のヤマトタケルを、『日本書紀』はこうあらわす。「日本武尊、髪を解きて童女《をとめ》の姿と作《な》りて、密《ひそか》に川上梟帥《たける》が宴の時を伺《うかが》ふ」、と（前掲文庫）。どこで、どう、女物の衣服を入手したのかについては、記述がない。手近なところであつらえたのだとしか思えない書きかたに、なっている。

『古事記』の、ヤマトタケルは、伊勢の斎宮から女の装束をおくられていた。読みよういかんでは、神威や霊験の関与もうかがえる文章になっている。だが、『日本書紀』の女装場面に、そううけとめうる記載は、いっさいない。ここでのヤマトタケルは、ただ「童女の姿」になっただけである。

いったい、なぜか。神威をおびたくて、『古事記』のヤマトタケルは、女装におよんだという。ならば、どうして『日本書紀』の同一人物は、神の加護をもとめなかったのだろう。女装で敵をとりこにし、ほうむりさるだけでことをおえたのは、なぜなのか。この問いに、『古事記』を神霊説で語る専門家は、誰もこたえない。

『日本書紀』で、クマソの族長はヤマトタケルの女装姿にときめいた。「童女《をとめ》の容姿《かほよき》に感《め》でて」、ヤマトタケルをよびよせている。そこに、神威や霊験のかかわる余地はない。ヤマトタケルは、族長への接近を、一《いち》女装者として勝ちとっている。

『日本書紀』のヤマトタケルは、神にまもられていなかった。敵をうちはたすことができたのは、「容姿」のおかげである。フェイクガールとしての高い資質こそが、皇子に成功をもたらした。

『古事記』の当該部分にも、こうある。クマソの兄弟は、ヤマトタケルのなりすました「嬢子《をとめ》を見感《みめ》でて」、そばにすわらせた、と。このくだりを読むかぎり、事態は『日本書紀』とちがわない。『古事記』のヤマトタケルも、美しいフェイクガールとして、族長たちにちかづいた。

『古事記』がえがいたのも、『日本書紀』と同じ話だったのかもしれない。美少女に変身した皇子が、ルックスで敵をひきつけ、ゆだんにつけこみ殺害する。そういうくノ一《くのいち》めいた女装者の活劇を、『古事記』もあらわしていたのではないか。

だが、その可能性を上代文学の研究者たちは、考えようとしない。『古事記』で女装をしたヤマトタケルは、神威をおびていた。皇子のクマソ殺害は、聖なるものの霊験譚となっている。以上のように、神秘めかした語りばかりをくりかえしてきた。

『古事記』のヤマトタケルは斎宮のヤマトヒメから、衣裳をもらっている。アマテラスに奉仕する巫女からさずかった装束で、少女のようによそおった。この一点にすがり、研究者たちは超自然的な力だけを読みとってきたのである。神の加護をたまわる話だ、と。

フェイクガールの話はしたくない

『国文学　解釈と鑑賞』という雑誌が、かつてあった。文学研究にたずさわる人たちの月刊誌である。その一九六一（昭和三六）年四月特集増大号に、「倭建命」（尾畑喜一郎《おばたきいちろう》）という文章が、のっている。

この一文も、ヤマトタケルのクマソ征伐に言及した。『日本書紀』がえがく女装の場面を、読みといている。それが、以下のような解説になっていた。

「紀の伝えでは川上梟師《ママ》が命に酒を飲ませながら戯れまさぐつたとある。それにも拘わらず男性であることを見破られなかつたというのも、畢竟するに姨倭比売命の守護霊が完全に発揮されたことを意味する」

クマソの川上タケルは、ヤマトタケルを女だと見あやまり愛撫する。しかし、相手が男であることには、気づけなかった。それは、ヤマトヒメの霊威がヤマトタケルをまもっていたからだと、著者は言う。

『日本書紀』のヤマトタケルは、夜がふけるまで川上タケルからまさぐられた。にもかかわらず、その女装が発覚しなかったのは、どうしてか。この問題へいどんだ研究はないと、前に私は書いている。今、紹介した一文は例外的な指摘だと、言えなくもない。

しかし、ヤマトヒメの守護霊をもちだす読解に、私はあきれている。じっさい、『日本書紀』のクマソ遠征譚に、ヤマトヒメはでてこない。こちらのヤマトタケルは、自分で女装用の衣服をととのえている。ヤマトヒメの力はかりていない。『日本書紀』に関するかぎり、斎宮の霊威という話はなりたたないのである。

アマテラスの神威うんぬんが語りうるのは、『古事記』にかぎられる。こちらでは、女装用の衣類が、たしかに巫女からヤマトタケルへゆずられた。神の加護をことほぐ物語であったと読みとく余地が、ないわけではない。

だが、『日本書紀』のほうは、美しい女装者が敵をたらしこんで殺す話になっている。ただ、それだけの、宗教とは関係がない話なのである。この世俗的な物語を、著者は霊的に解釈しようとした。まるで、『古事記』の同じくだりを読みとこうとするかのように。

ヤマトタケルの女装は、なるべく霊的に読解しておこう。女装者としての美しさを強調することは、できるだけひかえたい。今、引用した一文は、学界にそんな気配のただよう現実を、はしなくもしめしている。

『日本書紀』の女装まで、ヤマトヒメの加護をうけたそれとして、うけとめる。『古事記』に関する定説を応用するかのような形で、位置づけてしまう。そういう文章を、『国文学　解釈と鑑賞』は、そのまま収録した。当該部分への修正は、せまらずに。フェイクガールの話をいやがる学界の姿勢は、そんなところにも読みとれよう。

なぜ女物なのか

宣長いらいの定説になじめぬ、二番目の理由を書く。

ヤマトヒメは、神威もこめた女の装束をヤマトタケルにあたえていた。通説は、そうきめつける。ヤマトタケルは、その衣裳ごしにアマテラスの加護をうけた。だから、クマソ征伐もうまくいったという霊験譚を、『古事記』はえがいている。以上のように、論じてきた。

ならば、どうしてその衣服は女物でなければならなかったのか。ヤマトヒメのさずける衣裳には、神威がたくされていたという話をくみたてる。『古事記』は、そういう構想のもとに書かれていたと、かりにみとめよう。しかし、そうした場合でも、男の装束に神威をこめる手はあったはずである。

たとえば、ヤマトヒメが手製の男子服をヤマトタケルへ、遠征の餞別にてわたす。もちろん、その服は神威につつまれていた。ヤマトタケルは、どうどうたる戦士として、クマソにたちむかう。そして、アマテラスにまもられつつ、みごとにクマソを撃破した。そんな筋立てでも、かまわなかったはずである。むしろ、こちらのほうが、よりわかりやすい霊験譚になったろう。

クマソ遠征をおえたヤマトタケルは景行天皇から、あらたに東国征討を命じられている。これにしたがい、皇子は東海、そして関東を平定していった。だが、ヤマトへの凱旋はかなわない。美濃と近江の境にそびえる伊吹山《いぶきやま》で発病し、まもなく命をおとしている。

このいわゆる東征にさきだち、ヤマトタケルは伊勢神宮へたちよった。のみならず、その神宮で、叔母のヤマトヒメとあっている。『古事記』と『日本書紀』のあいだに、その点をめぐる差違はない。どちらも、西征の場合とはちがい、東征をそういう筋立てにしたてている。また、斎宮のヤマトヒメは、餞《はなむけ》の品々をヤマトタケルへさずけていた。

『古事記』では、火打石《ひうちいし》のはいった袋と草薙剣《クサナギノツルギ》をてわたしている。それらは、両方とも神威をおびた品として、えがかれた。その点は、クマソ遠征でゆずられた女の装束とちがい、はっきりしている。

東征へおもむいたヤマトタケルは、敵地で火攻めをしかけられた。だが、それも袋におさめられた火打石と草薙剣で、しりぞけている。お守りとしてもらった贈り物のおかげで、一命をとりとめた。この場面は、まちがいなく霊験譚になっている。

『日本書紀』のヤマトタケルがうけとったのは、草薙剣だけである。だが、こちらも、火攻めにたいしてはマジカルな力を発揮した。剣はかってに皇子の手元からとびだし、あたりの草をなぎたおす。おかげで、火の海に退路がうかびあがり、ヤマトタケルはにげおおせることができた。『日本書紀』には、そんな逸話ものっている。これも、霊験譚だとみなしてよい。

伊吹山でかかった病によりヤマトタケルは息たえたと、さきほど書いた。死因のひとつは、草薙剣を携帯しわすれたことにある。剣をもたない皇子は神の加護がえられず、落命した。『古事記』も『日本書紀』も、そういう構成になっている。どちらも、剣の霊的なありがたさを語る話になっているのである。

おわかりだろうか。神威のとうとさを強調する。そのために物語のなかへもちこむ小道具は、剣や火打石でもかまわない。じじつ、東征伝説ではそれらがつかわれた。ヤマトヒメからさずけられる品は、女の装束でなくてもよかったのである。

にもかかわらず、クマソ遠征にさいし『古事記』の斎宮は、女物の服装をあたえていた。おおしい戦士の服ではなく、少女のよそおいをさずけている。やはり、女装者によるくノ一めいた暗殺のシーンが、ほしかったからだろう。神威や霊威による解釈を語るだけで、ことをすますわけにはいかないと考える。

5　伊勢神宮と、女装の物語

ヤマトタケルは、クマソ征伐のおりに女装をした。この時、皇子は神の加護をうけながらたたかっている。『古事記』の女装譚は、そう解釈されてきた。伊勢神宮の神通力を強調する読みもある。

伊勢神宮の袋をどう読むか

だが、神宮の古い記録は、女装を神威と関連づけてこなかった。どうだ、神宮の霊験はすごいだろう。と、そんなふうにこの神社が、古くから自慢をしてきた形跡はない。

たとえば、『皇太神宮儀式帳《こうたいじんぐうぎしきちょう》』である。この記録は、八〇四（延暦《えんりゃく》二三）年に朝廷へ献上された。神宮の内宮《ないくう》をめぐる、最古の文献である。祭礼のありかたなどが、そこにはくわしくしるされている。ヤマトヒメとアマテラスのかかわりについても、記述はある。

だが、ヤマトタケルのあつかいは、ちがう。そこに、この皇子は、まったく登場しない。クマソ平定も、関東や東海への遠征も、記述からははぶかれている。そもそも、ヤマトタケルという名前じたいがでてこない。その別称であるオウスノミコトやヤマトオグナの名も、見いだせないのである。

神への供物に「嚢《ふくろ》二口」のあったことを、『皇太神宮儀式帳』はしるしている（『群書類従

第一輯　神祇部』一九二九年）。ここには、ヤマトタケルとのかかわりが、少ししのべなくもない。

『古事記』のヤマトタケルは、東征のさいにヤマトヒメから「御嚢《みふくろ》」をもらっていた。火打石のはいった袋である。その火打石で、ヤマトタケルは窮地を脱したことがある。相武《さがむ》では、火攻めからにげのびた。物語のなかで、神威がこめられた品のひとつではあったろう。

2-3　**ヤマトタケルの東征**　国造の火攻めを草薙剣でふせぐ

『古事記』にでてくる「御嚢」は、『皇太神宮儀式帳』の「嚢」と同じなのか。もし、いっしょであるのなら、こう推測する余地はある。ヤマトタケルをたすけた袋は、神にささげられていた。やはり、皇子をまもった品は、神宮でもそれなりにあつかわれていたのだ、と。

ただ、この袋がどのようなものであったのかは、わからない。東征へおもむくヤマトタケルにあたえられたものと、つうじあうのかどうかは不明である。

かりに、同種の袋であったとしても、両者の通底性には、あいまいな点がのこる。とにかく、『皇太神宮儀式帳』は、ふたつの「嚢」が同じだと書かなかった。神宮にある袋を、ヤマトタケルが相武でたよった袋と同一視する記述は、どこにもない。この文献は、そこが特筆にあたいすると、みとめていなかった。もちろん、両者はまったく別物だったのかもしれないが。

神宮最古の記録は、くりかえすがヤマトタケルにふれていない。かろうじて接点がありそうな「嚢」も、ヤマトタケルとの関係はおぼろげである。はっきりとは、させていない。『皇太神宮儀式帳』に、そこをうたいあげる意図がなかったことは明白である。

ましてや、クマソ遠征前のおくりものである女服については、まったく記載がない。それらは、神前へそなえられるようなものではなかったと、みなしうる。

通説は言う。『古事記』の書き手や語部は、ヤマトタケルの女装に神威を投影していた、と。その可能性がないとは言わない。だが、かんじんの伊勢神宮は、そう考えていなかった。『古事記』の編者は、考えたかもしれない。しかし、神宮側は眼中にもいれていなかった。

『古事記』は、七一二（和銅五）年にまとめられている。『皇太神宮儀式帳』は、その九十二年後に朝廷へ提出された。七二〇（養老四）年に編纂された『日本書紀』とくらべれば、八十四年後の献本ということになる。

『古事記』や『日本書紀』には、ヤマトタケルの話がのっていた。東征伝説のほうは、伊勢神宮とも関係のある話として、両書におさめられている。にもかかわらず、『皇太神宮儀式帳』は、ヤマトタケルへ言いおよんでいない。八、九十年後の記録だが、記紀のあらわしたヤマトタケルには、見むきもしなかった。

かりに、ヤマトタケルの物語が、神宮の宗教的な価値をうたいあげているのだとしたら。その場合は、神宮側の記録にも、なんらかの言及がありそうなものである。皇子の伝承を、ことごとしくとりあげてしかるべきところだろう。だが、九世紀初頭の神宮は、皇子の伝説を黙殺したのである。

神宮につたわる物語

『日本書紀』の研究で知られる横田健一《よこたけんいち》が、興味深い指摘をのこしている。いわく、伊勢神宮には神宮独自の伝承があった。『皇太神宮儀式帳』も、もっぱらそれらにのっとり、まとめられている。記紀は、参照されていない。だから、ヤマトタケルの話も収録されなかったのではないか、と。
以下に、横田の言葉を、直接ひいておく。それぞれ、かみしめるべき重要な指摘だと考える。
「伊勢神宮自体の独自の所伝の中には、ヤマトタケルに関する伝承を持っていなかったのではないだろうか」（「『皇太神宮儀式帳』と『日本書紀』――倭姫命説話と月夜見命神話を中心として」『日本書紀研究　第十一冊』一九七九年）
「『延暦儀式帳』は、これら記紀の史料となった諸氏族伝承のもつヤマトタケル説話と、それに含まれる倭姫《ヤマトヒメ》命説話には没交渉であったように思われる」（同前）

文中の『延暦儀式帳』は、『皇太神宮儀式帳』をふくんでいる。同じ八〇四（延暦二三）年にあまれた『止由気宮《とゆけぐう》儀式帳』とあわせ、そう通称されてきた。前者は内宮《ないくう》の記録だが、後者は外宮《げくう》のそれをさしている。

神宮そのものには、ヤマトタケルやヤマトヒメの説話がつたわっていなかった。記紀のデータとなった伝承とは、ちがう話が、語りつがれている。そして、『皇太神宮儀式帳』は、記紀やその素材と無関係にととのえられた。神宮じたいの伝承にしたがい、ヤマトタケルは登場しない記録として、しあげられている。横田は、以上のような仮説を提示したのである。

くりかえす。かつて、直木孝次郎はヤマトタケルの女装伝説を、神宮の霊験譚であると主張した。斎宮からてわたされた衣裳を身にまとい、クマソをうちほろぼす。この『古事記』がおさめる物語は、神宮の神威を知らせるために書かれている、と。そこには、神宮関係者の脚色さえおよんでいただろうとも、のべそえて。

この直木説を、横田は批判していない。だが、ふたりの論旨は、たがいにそっぽをむいている。かたほうは、神宮が『古事記』のヤマトタケル像を、神宮むきにねじまげたと言う。そして、もういっぽうは、神宮にヤマトタケルの伝承など存在しないと、考えた。

私は横田の言っていることに、共感をいだく。もともと、神宮はヤマトタケルにさしたる関心を、よせてこなかった。『皇太神宮儀式帳』の記述からそうおしはかる横田説は、筋がとおっていると判断する。

　直木説にくみする人びとは、横田見解への対応を考えねばならなくなった。ならなくなったはずだと、私は思う。だが、今にいたるまで、それらしい応答を彼らはしめしていない。直木じしん、横田の見解が公表された後になっても、こう書いている。

「熊曽を倒すための重要な手段となる女装の衣裳を、伊勢神宮の神聖な女性から得たという伝承は、伊勢神宮の関与によって生れたと考えられる。この説話によって、伊勢神宮の神威の高いことが語られているのである」(「日本武尊伝説の成立」一九九〇年『直木孝次郎　古代を語る3』二〇〇八年)

　あいかわらず、神宮の霊験譚という読みで、おしきっている。神宮側の人たちが、ヤマトタケルの女装伝説に、そういう色づけをもちんだ。この見取図をたもっている。

　さきほどものべたが、横田は直木を、直接標的にしていない。直木批判の想いもこめていたのだろうとおしはかれる文章を、書いてはいる。しかし、そう明示はしなかった。ヤマトタケルの解釈をめぐる応酬に、参入するつもりはなかったのだろうか。直木説側の人びとも、反論をせまられているとは、考えなかったのかもしれない。

公認されない物語

　さて、伊勢神宮には『倭《やまと》姫《ひめの》命《みこと》世《せい》記《き》』という文献もある。ヤマトヒメの事跡をとおして、神道の教義をくりひろげようとした著述である。書かれたのは、奈良時代後期、七六八(神護《じんご》景雲《けいうん》二）年だという体裁になっている。じっさいには、鎌倉時代の初期から中期、十三世紀前半の著作であるという。

『皇太神宮儀式帳』の場合とちがい、ここにはヤマトタケルが顔をだす。ヤマトヒメとヤマトタケルのやりとりも、えがかれている。九世紀初頭には、記紀のヤマトタケル伝説をうけいれなかった。そんな神宮も、十三世紀にはこれを受容したということか。

ただし、『倭姫命世記』はヤマトタケルのことを「日本武尊」とあらわした。この表記は『日本書紀』のそれにしたがっている。「倭建命」と書いた『古事記』には、ならっていない。また、物語の展開じたいも、基本的には『日本書紀』の筋立てを、なぞっている。女装に関しては、神威などにおわせもしなかった『日本書紀』を、踏襲したのである。

東征へおもむく前に、ヤマトタケルは伊勢神宮へたちよった。そして、叔母のヤマトヒメから草薙剣を、さずかっている。その場面を『倭姫命世記』は、こうえがく。

「倭姫命、草薙剣ヲ取り、日本武尊ニ授けて宣たまはく、『慎《ツツシ》メ、莫怠《ナヲコタリ》ソ』と」（『日本思想大系 19 中世神道論』一九七七年）

これにあたるところを、こんどは『日本書紀』からひいておく。両者を読みくらべてほしい。『倭姫命世記』が『日本書紀』の記述を、ほぼそのまままとりいれたことは、あきらかである。

「倭姫命、草薙剣を取りて、日本武尊に授《さづ》けて曰《のたま》はく、『慎め。な怠りそ』とのたまふ」（前掲文庫）

『倭姫命世記』のヤマトタケルは、その後駿河で火攻めをしかけられた。ここも『日本書紀』と同じ設定になっている。ちなみに、『古事記』はその場所を相武にもうけていた。

この攻撃からヤマトタケルをまもったのは、草薙剣である。剣はヤマトタケルの手元から勝手にぬけだし、あたりの草をきりはらった。それで火の勢いを弱め、持ち主に急場をしのがせている。このくだりは、『日本書紀』に収録されたある説話を、下じきとしていた。

いずれにせよ、話は霊験譚になっている。ヤマトヒメからわたされた剣には、霊力がある。その力で、ヤマトタケルはすくわれた。剣をさずけたヤマトヒメの存在はありがたい。神宮の祭神であるアマテラスの神威も、あらたかであった。そんな話として、くみたてられている。

しかし、その『倭姫命世記』に西征伝説はおさめられていない。クマソの前で女装におよんだ話は、はぶかれている。もちろん、ヤマトヒメがヤマトタケルへ女服をわたすシーンもない。女装をつうじたアマテラスの加護などは、まったく読みとれない叙述になっている。

九世紀初頭に、伊勢神宮は、ヤマトタケルの物語をとりいれなかった。だが、十三世紀には『日本書紀』のそれを、くみこんでいる。のみならず、東征伝説に関しては霊験譚として活用した。

にもかかわらず、ヤマトヒメを顕彰すべきこの文献は、甥の女装に言及していない。ヤマトヒメのさずけた女服は、神威につつまれている。その神通力は、凶暴なクマソをも打倒する。以上のような形では、ヤマトヒメやアマテラスを賛美しようとしなかった。

けっきょく、伊勢神宮はヤマトタケルの女服に神威など、みとめていない。おそらく、皇子が女になりすます記紀の話を読んだ神官も、はやくからいただろう。しかし、女装の話が神宮やヤマトヒメの霊験譚にふさわしいとは、みなされなかった。皇子が女のふりをして敵をうつ話としてしか、感じとれなかったのではないか。

私は、これらの点からも通説をうたがっている。

6 顕現するアマテラス

神武天皇をたすけるアマテラス

アマテラスオオミカミは、記紀神話の最高神である。太陽神であり、皇室の祖先神として位置づけられてきた。

神々の活躍をしるす古い記録では、主役の座をあたえられている。『古事記』の上《うわ》つ巻や『日本書紀』の神代《かみよ》は、彼女をヒロインとしてあつかった。ただ、人の世がはじまってからの記述に、あまりその出番はない。神武《じんむ》天皇の登場以後は、表舞台で躍動する場面がなくなっている。

とはいえ、さすがに神話の最高神である。神代の話がおわったそのあとでも、アマテラスは人界との接点をたもっている。じっさい、『古事記』の「中つ巻」には二箇所、女神の健在ぶりをしめすところがある。

直接、人前に顔をだしてはいない。そのあらわれかたは、やや消極的である。夢をつうじて、人びとに指針をあたえる。あるいは、神懸りとなった人物の口をかりて、指図をする。そんな形で、天上界から人びとをみちびくに、とどまった。

また、アマテラスの助言が最終的にとどいたのは、皇統上の人びとにかぎられる。ほかの者は、伝達役にしかなっていない。じっさい、アドバイスをもらったのは、神武天皇と神功《じんぐう》皇后のふたりだけであった。

2-4　**アマテラス**　三代豊国「岩戸神楽ノ起顕」1856年

まず、前者のほうから説明をしておこう。

神武は、伝説上の初代天皇である。日向《ひむか》から大和地方へ軍勢をおしすすめ、橿原《かしはら》で即位をしたことになっている。だが、大和盆地へはいる前に紀伊の国、和歌山の新宮あたりで病をわずらった。横たわっての療養を、余儀なくされている。

その病床を、現地のタカクラジという男がおとずれた。見舞いの品として、一本の刀を贈呈してもいる。ゆずられた神武は、健康を回復した。刀には治療の効能もそなわっていたのである。タカクラジはそんな刀の由来を、こう神武に語っている。

自分は夢でアマテラスを見た。夢にあらわれた女神は、タカギノカミとタケミカヅチノカミもともなっていたという。さらに、彼らは語りかけてきた。この刀を、神武にさしだせ、と。また、夢のなかでタカギノカミは、こうもつげていた。神武には、天上からヤタガラスをつかわす。今後はその案内にしたがい、つきすすめ、と。

神武は、タカクラジが夢で聞いた刀をうけとり、元気をとりもどす。また、あとでやってきたヤタガラスの指示にしたがい、橿原での即位を勝ちとった。

アマテラスひとりが、神武をすくったわけではない。ほかの神々も、神武をたすける輪にくわわっていた。うまく道がきりひらけるよう、彼らは知恵をかしている。そして、その力ぞえは、神武のもくろみを成就させた。このくだりは、アマテラスもふくむ神々の加護が、神武に成功をもたらす話となっている。

神功皇后もみちびいて

つづいて、後者、神功皇后のほうへ話をうつす。第十四代天皇である仲哀《ちゅうあい》の皇妃だが、その行動に目をむけたい。

夫の天皇が、九州北部へ巡幸をした時のことである。同行した皇后は、神懸りを体験する。彼女によりついた神は、朝鮮への出兵をうながした。新羅《しらぎ》の国をせめろ、と。

この神託から耳をそむけた仲哀天皇は、時をおかずになくなった。おどろいた大臣の武内《たけのうちの》宿禰《すくね》は、あらためて神おろしの場へでかけている。そこで神の声を聞きながら、問いただした。あなたは、誰なのか、と。たずねられた神は、こたえている。「こは天照大神の御心ぞ」、と（前掲文庫）。

神託の意図は、アマテラスの志にねざしているという。その指示にしたがって、神功皇后は海をこえ軍をひきい、新羅へみずからのりこんだ。また、彼国を占領してもいる。これも、ア

2-5　神功皇后と武内宿禰　歌川国貞「御誂座敷幟ノ内 神功皇后と武内大臣」1829年

マテラスの神通力を、かがやかしくえがいたくだりだと言ってよい。

以上のように、『古事記』は中つ巻でもアマテラスの名をあげている。神武天皇や神功皇后の指南役めいた役目を、彼女にはあたえていた。神威を発揮する女神としての位置づけは、たもたせたのである。

『古事記』の編者も、それなりに考えたのだろう。神武の快癒という話から、アマテラスの助言ははぶけない。神功皇后が新羅遠征を決断する場面でも、女神の意志表示は不可欠のエピソードになる。どちらの成果も、彼女の神慮にもとづくことは、はっきりしめさなければならない、と。「天照大神」の名を明示したのも、そのためであろう。

だが、ヤマトタケルには

さて、『古事記』のえがくヤマトタケルのクマソ遠征である。この物語は、景行天皇の事績をしるすところに、おさめられている。第十二代の天皇で、年代的には、神武のそれより新しい。神功皇后とくらべれば、古いところに位置している。いずれにせよ、中つ巻にふくまれる物語のひとつとなっている。

しかし、そこにアマテラスの名はでてこない。女神が夢告《むこく》や神託をつうじて、ヤマトタケルに語りかける。あるいは、叔母であるヤマトヒメへ、メッセージをつたえる。そういうアマテラスから言葉がとどく展開には、なっていない。『古事記』の字面をなぞるかぎり、話は女神とかかわりなくすすめられている。

ヤマトタケルがクマソ征伐に利用した女装用の装束は、ヤマトヒメからゆずられていた。そして、ヤマトヒメは伊勢神宮で斎宮になっている。アマテラスをまつる神社で、巫女の役目をになっていた。そんな叔母からおくられた衣裳には、女神の想いもこめられている。以上のようにおしはかることも、不可能だとは言いきれない。

くりかえすが、『古事記』の読み手たちは本居宣長以後、そう解釈しつづけた。ヤマトタケルのはおった女服は、アマテラスの神威につつまれている。その加護をうけて、皇子はクマソをだしぬくことに成功した。『古事記』の当該箇所は、その霊験譚になっている、と。

だが、どうだろう。『古事記』の編者は、アマテラスをことほぐべきくだりになれば、その名をだしていた。「天照大神」と明記しつつ、女神の霊力をしめしている。女神が神武天皇や神功皇后の活動をあとおしした時の叙述は、そうなっていた。

そして、『古事記』はヤマトタケルのクマソ征討譚に、「天照大神」の名をしるさない。だから、どうしても疑問をいだいてしまう。ほんとうに、そこで編者はアマテラスの威光を、あらわすつもりだったのか、と。女神の神通力なら、その名は書かなくても読み手につたわる。そう書き手が見きわめたと断定できる根拠は、どこにあるというのだろう。

何度も書くが、女装の衣服はアマテラスにつかえる巫女からさずけられた。そこに、女神の神威をうかがう余地はある。しかし、その霊験を『古事記』が明白にしめしたとは、言いがたい。少なくとも、「天照大神の御心」を明記した箇所とくらべれば、あいまいになっている。それでも、神威のまわりくどい暗示は考えられていたのかもしれない。衣服の贈与という迂回路をたどって、女神の霊力をほのめかす。そういう婉曲表現、読み手ににおわせる叙述が、たくまれた可能性はある。

かりに、今のべたような思惑を、『古事記』の編者がいだいていたとしてみよう。女装譚の裏面には、アマテラスの力を、こっそりしのばせる意図があったのだ、と。しかし、そう仮定してもなお、私は通説にたいする違和感がおさえきれない。

深読みにおちいって

ヤマトタケルが女になりすまして、敵の陣地へもぐりこみ、敵将を殺害する。この物語を読んで、誰が服装の由来に、まず気をまわすだろう。さすがは、ヤマトヒメからのおくりもの。そこにこめられたアマテラスの霊力は、はかりしれないなと、想いをめぐらせる。そんな読者を書き手は、はたしてどれほど見こめたのか。

なるほど、宣長は今のべたように読みとった。『古事記』の完成から千年以上たって、見ぬいたことになっている。そこでは、伊勢の神、アマテラスの威光がしめされているのだ、と。

しかし、宣長は生涯を『古事記』の解読についやした学者である。ていねいに、またくりかえし、この古典を読みつづけた。そんな宣長だからこそ、女装譚の背後にも神威が感じられたのだろう。あるいは、過剰な深読みにおちいったと言うべきか。たいていの読者は、そういうところに気をまわさない。ヤマトタケルは女に変装し、敵をだまそうとする。はたして、最後までばれずに、この作戦を遂行することはできるのか。そのなりゆきと結末にはらはらするのが、ふつうの読みとりであろう。サスペンスとして読むべき展開に、ここはなっていると考える。

その意味で、宣長は例外的な読者だったと言うしかない。じっさい、『古事記』ができてから、誰も宣長のようには読んでこなかった。千年の時をへるまで、ひとりも想いつけていない。そんな解釈を宣長はひねりだしていたのである。

こういう読まれかたを『古事記』の編者が、あらかじめ想定しえたかどうか。その点は、はなはだうたがわしい。

女装用の衣裳は、ヤマトヒメからヤマトタケルへおくられている。『古事記』には、ちゃんとそう書いておいた。だから、皇子が、ただの女装者だとみなされる心配はない。誰もが、ヤマトヒメやアマテラスの霊験譚だと、無理なく読みとるだろう。このくだりをしるした編者が、そう安心しきっていたとは思えないのである。

女装のヤマトタケルは、アマテラスの霊的な加護につつまれていた。ヤマトヒメの霊力にも、まもられている。そう読者に読んでもらいたいのなら、書き手には一工夫あってしかるべきだったろう。

たとえば、ヤマトヒメに神懸りをさせる手がある。アマテラスのクマソ征伐によせる期待を、神託としてヤマトタケルへつたえる。そういう段取りをふませても、よかったろう。あるいは、ヤマトヒメにアマテラスの夢を見させても、かまわない。女神と皇子を、直接交信させる手立てだって、講じうる。

何も細工をしなければ、誰もヤマトタケルの変装に神威など感じない。ほうっておけば、女装のおもしろさだけがきわだちかねない話なのである。アマテラスらの神慮を強調したいのなら、それなりの説明をおぎなわねばならない。ただの女装とはちがう。霊的なそれなのだと、わかりやすく直截《ちょくせつ》簡明に。

『古事記』は、神武天皇や神功皇后の叙述に、神威の直接的な描写をくみこんでいた。しかし、ヤマトタケルの女装に関しては、まったくそれが見あたらない。だから、おのずと判断せざるをえなくなる。このくだりで、『古事記』は霊験を読者へうったえかけることなど、ねらっていなかった。手に汗にぎる波瀾の物語をこそ、えがきたかったのだ、と。

とはいえ、さきにものべたとおり、神威説が全否定できるわけではない。『古事記』はヤマトタケルのクマソ遠征に、アマテラスらの宗教的な力を投影していた。その推測を、私も実証的にくつがえしきったわけではない。理詰めで、ありえないと論じるに、とどまっている。

ただし、たしかな証拠がないのは、宣長の側も同じである。宣長説を反復する今日の学界にしても、決定的なデータを見いだしたわけではない。神威だ、霊験だという人たちは、そう信じたがっているだけである。あるいは、本居宣長の『古事記伝』という権威に、追従していると言うべきか。

けっきょくのところ、宣長の解釈や、それにもとづく学界の定説は、まちがっている。私はそう考える。クマソ殺害の物語は、女装者が暗殺をする話として、すなおにうけとめたい。

7　女装にためらう学究たち

日陰者の物語

『古事記』や『日本書紀』は、八世紀のはじめごろにまとめられた。今日までつたわる、日本で最初の歴史書である。ヤマトタケルの話は、それらが景行天皇の記録をのべたところに、収録されている。

ヤマトタケルは景行の皇子であった。父から命じられ、二回にわたる遠征を余儀なくされている。ひとつは、九州までおもむいた西征であり、いまひとつは関東までおよんだ東征である。そのどちらについても、記紀はくわしくのべている。クマソの族長を女装の詐術でたおした話は、西征伝説にふくまれる。そして、もちろんこちらにも多くの言葉をついやした。

だが、のちの歴史書は皇子の西征を、あまり大きくとりあげない。とりわけ、女装に関しては、言及をさける傾向がある。

ためしに、『古語拾遺《こごしゅうい》』という史書を、ひもといてみよう。斎部広成《いんべのひろなり》という朝廷祭祀をてがける廷臣が、八〇七（大同《だいどう》二）年にまとめあげた。平安時代初期の書き物である。同じ立場にあった中臣《なかとみ》氏とはりあうべく、これを編纂したのだと言われている。

そこに、東征の話はある。景行が「日本武命をして東《あづま》の夷《えみし》を征討《う》た」しめたと、記載されている（『古語拾遺』岩波文庫　一九八五年）。しかし、西征については、ひとことも書かれていない。対クマソ戦略で女装にふみきった話も、はぶかれている。

『先代旧事本紀《せんだいくじほんぎ》』は、おそくとも平安時代のはじめごろまでにととのえられた。神代から推古天皇までの事績をならべた、これも歴史書である。物部《もののべ》氏についての記述が多く、同氏とのかかわりで注目をあつめてきた。

この本には、西征への言及がある。ただし、そのあつかいは、いたって小さい。景行が「日本武尊」をつかわし、クマソをおそわせた時、皇子は「十六歳」だった（『新訂増補国史大系第七巻』一九六六年）。ただ、そのことだけを書いている。女装の話には、いっさいふれていない。

とはいえ、この本は東征のことも限定的にしか、とりあげなかった。西征だけを軽んじたわけではない。ヤマトタケルの遠征総体を、小さくあつかっている。

鎌倉時代の『倭姫命世記』は、前にも紹介した。伊勢神宮の神道書である。その神祇観を、歴史叙述のなかでくりひろげたところに、特徴がある。すでにのべたが、この読み物は西征を黙殺した。東征だけをとりあげている。

また、『倭姫命世記』は東征につかわれた草薙剣を特筆した。その霊験を強調する度合いは、『古語拾遺』より、よほど強くなっている。そして、このころから草薙剣じたいを神々しくえがく文献が、ふえていく。思想史家の磯前順一《いそまえじゅんいち》が、その趨勢と天皇制のかかわりを論じている（『記紀神話のメタヒストリー』一九九八年）。

いっぽう、鎌倉時代以後に、西征の記述がふくらむきざしはない。東征と草薙剣は、脚光をあびるようになった。なのに、歴史語りのなかで、西征の叙述がふくらまされていく兆候は、うかがえない。草薙剣の物語とくらべれば、ヤマトタケルの女装譚は、日陰者でありつづけることとなる。

ためらう歴史家たち

江戸幕府が『本朝通鑑』（一六七〇年）という歴史書を編纂させたことは、すでにのべた。源義経＝牛若は出っ歯だったときめつけた史籍であることも、紹介ずみである。その『本朝通鑑』も巻一で、やはり西征より東征を大きくとりあげた。ヤマトタケルの女装については、言及がない。

水戸藩がてがけた『大日本史』も、あつかいは同じである。本編である巻二では、記述のウエイトを東征においている。やはり、義経の出っ歯説に加担した史書だが、女装の話は歯牙にもかけていない。各論にあたる巻八十六の列伝一は、西征のあったことを記載しているが。

すべての歴史家が、東征のほうを重んじたとは言わない。たとえば、新井白石《あらいはくせき》の『読史余論《とくしよろん》』（一七一二年）は、東西の両遠征を互角にとりあげた。なるほど、白石は西征の女装作戦を論じていない。しかし、同時に東征でつかわれた草薙剣への言及も、ひかえている。あつかいはイーブンであったと言うしかない。

だが、多くの歴史叙述は東征に重きをおいてきた。西征のほうが、より強調された史書は、ほとんどない。女装譚をあらわして、草薙剣から目をそむける通史の読み物は、存在しないと思う。その逆は、けっこうありうるが。

『神皇正統記《じんのうしょうとうき》』（一三三九年）という歴史書がある。南北朝時代に南朝をささえた北畠親房《きたばたけちかふさ》が、書きあげた。のちに、南朝正統説をはぐくんだ文献のひとつとして、よく知られる。

北畠もヤマトタケルの遠征に関する叙述では、東征のほうに力をこめていた。草薙剣についても、その神威をうやうやしくのべている。そこに、西征を語る部分がないわけではない。かんたんな説明を、ほどこしてはいる。

ただ、女装という手段がとられたことは、かくしていた。クマソの族長へは「奇謀ヲモテ」あたり、「殺給《ころしたまふ》」と書くにとどめている（『日本古典文学大系　87』一九六五年）。トリッキーな計略で、殺害したというのである。

うたがいようもなく、北畠はヤマトタケルの女装作戦を知っていた。女になりすまして敵をおとしいれたことは、了解していたはずである。だが、クマソの族長に女装でむきあったとは、書いていない。「奇謀」という表現で、女装の話をあいまいにしている。

この文面からは、北畠のためらいが見てとれる。景行天皇の皇子を、女スパイ風の手段にうってでた女装者としては書きたくない。そう書いてしまえば、尊皇精神をうらぎることになる。クマソ征伐の戦術は、オブラートにつつんでおこう。以上のような逡巡が、「奇謀」という言葉をえらばせたのだと考える。

通史をしるした読み物は、西征より東征に光をあてやすくなる。クマソの族長へしかけた女装という手立てからは、目をそむけがちであった。こういう傾向の背後には、北畠の配慮ともつうじあう価値観があったろう。女装の話は、淫靡な印象を読者にあたえかねない。書くのをはばかる。かくしておこうという気づかいは、ほかの歴史家もいだいていたにちがいない。

もちろん、草薙剣を重視する王権神話の普及も、東征叙述のウエイトを強めたろう。西征はその趨勢下に、後景へしりぞきやすくなったのかもしれない。だが、私はそれとともに、女装の話が忌避されたことだって、あなどれないと考える。

漢心にとらわれて

『古語拾遺』をはじめ、多くの歴史書は漢文で書かれている。書き手は、みな中国的な教養を身につけた男たちであった。

女装のだましうちで敵をほろぼすヤマトタケルが、日本では国民的な英雄になっている。そのことが中国人留学生からは、いちようにおどろかれると、前に書いた。敵をたおすため、女装という手段にうってでる。そんな男の、どこが英雄的なのか。ずるくて、いやらしいだけじゃないか。彼らは、そう否定的にヤマトタケルの振舞いを、とらえやすい。

この中国的な考え方を、日本でも歴史書の著者や編者は、古くから共有していたのだろう。少なくとも、漢文で歴史をつづるような人たちは、わかちあっていたのだと考える。

ただ、八世紀初頭の日本には、まだこの観念がとどいていなかった。じじつ、記紀はヤマトタケルの女装を、どうどうと書いている。

だが、九世紀のはじめごろには、状況がかわりだす。『古語拾遺』などの書きぶりを、ふりかえってほしい。女装の話は、隠蔽《いんぺい》されるようになっている。

編者たちも、考えたのではないか。なるほど、記紀には、景行の皇子が女をよそおい、敵をあやめたと書いてある。景行の時代には、そういうことがあったのかもしれない。しかし、こんな話は、わざわざ公開しなくてもいいだろう。記載はつつしんだほうがいい、と。平安時代には、女装をいとう漢心《からごころ》がひろがりはじめたということか。

これ以後、ヤマトタケルの女装伝説は、歴史の表舞台からしりぞくようになる。通史の叙述からはははぶかれることが、一般化していった。

漢文になじんだ学者は、女装の意味を問いただださない。まず、けがらわしいと感じてしまう。女になりすます作戦そのものに正面からむきあう心のゆとりは、誰もいだけなかった。

国学者の本居宣長は、『古事記伝』でヤマトタケルの女装を読みといている。『古事記』のクマソ遠征は、伊勢神宮の神や斎宮の力をことほぐ話になっている、と。

私はこの読解を、うけつけない。しかし、ヤマトタケル伝説の解釈史において、画期的な指摘であったとは、思っている。これより前に、女装の謎へせまろうとした人は、いなかったのだから。皇子が女になりすました話など、わざわざとりあげるまでもない。見すごしておけば、それですむ。そういう漢心から、宣長はときはなたれていたと言うべきか。

ただし、その宣長も、女装譚そのもののおもしろさからは目をそむけた。ヤマトタケルは、どう化けおおせたのだろう。その女っぷりは、いかがであったのか。往古の人びとがそこに興じたろう可能性は、見ようとしていない。

宣長はヤマトタケルの女装を、宗教的にのみ、とらえようとしている。神秘説にかたよった把握を、こころみた。そこに私は、学者くさい限界を感じる。スコラ的なさかしらにとらわれた構えを、見てしまう。これもまた、形をかえた漢心ではなかったか。

とはいえ、宣長説で女装の場面が学問の枠におさまったことは、いなめない。宣長はこの問題を学術の俎上にのせやすくする、その糸口をこしらえた。宣長説をよりどころとすれば、女装そのものは論じなくてもすむようになる。ヤマトの神観念だけを問うことができる。女装から目をそむけたい漢心の学者へ、議論に参入しうる手がかりをあたえたのである。

おそらく、その安心感もあずかってのことだろう。宣長の見解は、今の研究者からも高く評価されている。ながらく、定説だとされてきた。卓見であったとほめる声も、耳にする。高尚ぶりたい研究者には、女装より宗教のほうが語りやすいということか。

英雄時代再考

前に英雄時代論争をふりかえった。一九四〇年代末から五〇年代のなかばまでつづいたやりとりを、とりあげている。ヤマトタケルの英雄性も、論点のひとつとなった論争を。

そのさいもふれたが、論争でヤマトタケルの英雄性を否定した者は、けっこういた。だが、誰も彼の女装歴を、ネガティブな評価の理由にはあげていない。女になりすます英雄なんてありえないだろうという声は、ひとつもおこらなかった。

このことから、私はある判定をくだしている。日本の学界は、女装のだましうちを英雄像にふさわしくないと、みなさない。それだけ、女装には好意的だったのだ、と。だが、そうきめつける前に、あとひとつ言葉をおぎなうべきであったろう。

日本の研究者たちは、女装の背後、あるいは深層に、神の加護を読んでいた。だから、彼らはヤマトタケルの振舞いを、純粋な女装者のそれとしてうけとらない。神威をまとった勇者の行動として理解する。英雄としての資質をそこなう要素だと感じなかったのは、そのためでもある。このことを、私は書きそびれた。言葉たらずであったと思う。

英雄時代論争の時期に、藤間生大はヤマトタケルの傑出性をうたいあげた。と同時に、ヤマトヒメからもらった衣服の聖性も、力強く語っている。これをまとったからこそ、ヤマトタケルは「神のまもりを心に信じ」られたのだ、と（前掲『日本武尊』）。

ヤマトタケルの、トランスヴェスタイト（異性装者）的な側面には、興味をそそがない。サイキックパワー（心霊力）が身についた戦士像を、もっぱらおしだそうとする。この読みかえをとおして、藤間は心おきなく、その英雄性を語りえた。宣長は、ヤマトタケルの女装にたいする評価を、それだけ大きくかえたのである。

とはいえ、私がここでくりひろげたのは、あくまでも学者たちの話である。おりめただしく、日本の歴史をあらわそうとする。そういう立場の人たちが、どうヤマトタケルをあつかってきたか。そこへ焦点をしぼり、議論をすすめてきた。

視野を庶民いっぱんへひろげると、こういう筋立てではおさまりがつかなくなる。ヤマトタケルもふくむ日本女装史は、まったくことなる相貌のもとに浮上する。これからは、その広大な領野へのりだすつもりである。

第3章　変奏曲

1　聖剣伝説のかたすみに

草薙剣の物語

草薙剣《クサナギノツルギ》は、皇位の継承におすみつきをあたえる宝物のひとつである。八咫鏡《ヤタノカガミ》や八尺瓊曲玉《ヤサカニノマガタマ》とともに、三種の神器と称される。

記紀神話によれば、もともとこの剣はヤマタノオロチという大蛇の尾にひそんでいた。それをスサノオノミコトが出雲《いずも》で退治し、体内からとりだしたことになっている。

剣を手にいれたスサノオは、これを姉でもあるアマテラスオオミカミに贈呈した。ゆずられた女神は、鏡と曲玉もそえて、孫であるニニギノミコトにたくしている。そして、それらをたずさえ地上へおりたニニギは、天皇家の祖となった。天皇位の継承儀礼でつかわれる神器の三点セットは、この神話に由来する。

ただ、のちに剣と鏡は、伊勢神宮へ別置された。その神宝となっている。神宮に奉仕するヤマトヒメは、そんな秘蔵の宝剣を甥のヤマトタケルへあたえていた。東征におもむく皇子への餞《はなむけ》として。

話が脇へそれるが、私はこのくだりに違和感をいだく。草薙剣は神宮の宝物である。その宝を、彼女の一存で甥への餞別にしてしまってもいいのか。しかも、その甥は、これから東国へ出征するという。戦いに負ければ、剣は現地で放置されるかもしれない。じっさい、それは尾《お》張《わり》でおきざりにされた。やはり、贈与など思いとどまるべきではなかったか。

また、ヤマトヒメは神宮につかえる斎宮である。男子禁制を余儀なくされる立場に、その身をおいていた。男性との面会は、肉親の者もふくめ、ゆるされなかったはずである。ヤマトタケルとの面会も、つつしむべきであったろう。

なにか、とくべつな事情があって、皇子との対面や剣の恵与はゆるされたのか。しかし、記紀の記述に、それがまかりとおった理由の説明はない。斎宮とその甥が、神宮のしきたりを軽んじた。そう読みとられかねない文章が、なんのわだかまりもなく書かれている。

この点で、記紀は神宮を、あなどっていたような気がする。神宮のならわしに、配慮をしていたとは思えない。こういう物語を、神宮側はきらったろう。前にも書いたが、もういちど強調しておきたい。記紀のヤマトタケル説話と神宮のあいだには、深い溝がある、と。ましてや、それが神宮をことほぐ霊験譚であったとは、とうてい思えないのである。

話をもとへもどす。剣をヤマトヒメからもらったヤマトタケルは、これを東国戦線へともなった。そして、大和へかえるとちゅうに、尾張の熱田《あつた》でおきわすれている。そのため、命をおとすこととなった。この地にのこされた草薙剣を御神体として成立したのが、熱田神宮である。

スサノオが出雲で見いだし、最後はヤマトタケルの遺品として熱田にまつられる。この伝説は、さまざまな変形をともない、後世の文芸にうけつがれた。

たとえば、『平家物語』や『源平盛衰記』が、草薙剣の物語を反復している。これらが主題とした源平合戦は、壇ノ浦の海戦で終了した。その時、この剣は海中深くしずんでいる。剣の由来が、あらためてかえりみられるようになったのは、そのためだろう。その喪失こそが、『平家物語』などに、剣のいわれを語らせたのだと考える。

『太平記』もまた、剣の来歴をくわしく語っている。この物語は皇統が分裂した時代を、えがいていた。天皇制のゆらぎをあつかう文芸でもある。剣の伝説が挿入されたのも、そのためであったろう。そして、これらの軍記物は、剣を語る便宜のために、ヤマトタケルへ言及した。

ヤマトタケルとスサノオと

室町時代には、草薙剣と熱田神宮に焦点をしぼった文芸も浮上する。能楽の『草薙』や『源《げん》太夫《だゆう》』が、その例にあげられる。御伽草子として読まれた『熱田の神秘』も、それらのひとつだと言ってよい。つぎに、それぞれのあらましを、かんたんに説明しておこう。

平安時代に、恵心僧都《えしんそうず》とよばれる天台僧がいた。『草薙』は、その恵心が熱田神宮をおとずれる話になっている。神社の境内で、恵心は花売りの年老いた男女とでくわした。聞けば、彼らは草薙剣をまもる夫婦であるという。そして、クライマックスにいたり、男は自分の素性をうちあけた。

「我はこれ景行天皇第三の皇子。日本武の尊《やまとたけるみこと》」である、と。さらに、そこへ地謡《じうたい》の文句が、こうつづく。「神剣を守る神となる。これ素盞嗚《そさのを》の神霊なり」、と（『謡曲大観 第二巻』一九三〇年）。自分はスサノオの霊であり、ヤマトタケルでもある。今は剣をまもる神になったと言うのである。

『源太夫』でも、同じように一組の夫婦が熱田神宮へあらわれる。年おいた彼らはそこで、朝廷からやってきた勅使《ちょくし》に、熱田の由来を聞かせている。熱田の宮は出雲大社につうじあうのだ、と。以下に、そのいわれへ言いおよぶ夫婦の台詞を、紹介しておこう。

シテ　景行第三の皇子日本武の尊と申すは。東夷を平らげ国家を鎮《しづ》め
ツレ　終《つひ》にはここに地を占め給ふ。これ素盞嗚の御再来　（同前）

シテの老翁は夫で、ツレの老嫗が妻になる。夫妻はたがいに調子をあわせ、言いつのる。はじめは、スサノオとしてあらわれた。そんな神が、人の代にはヤマトタケルとなってよみがえ

る。劇中の二人は、スサノオとヤマトタケルを、以上のように同一人格として位置づけた。いや、同一神格と言うべきかもしれないが。

老夫婦は終幕に近いところで、自らの正体もさらけだす。すなわち、自分たちはアシナズチであり、テナズチだ、と。アシナズチとテナズチは、記紀神話に登場するクシナダヒメの両親である。スサノオは、このクシナダヒメを出雲でヤマタノオロチからすくい、妻とする。つまり、スサノオの義父であり義母であると、ふたりは勅使につげていた。

出雲でスサノオに娘をたすけられた夫婦が、今は熱田にいる。草薙剣をまつる神社につかえ、くらしてきた。『源太夫』は、そんな筋立ての能楽にほかならない。

なお、父のアシナズチは、劇中で源太夫を名のっている。ねんのため、こちらの説明もしておこう。ヤマトタケルは、尾張で「源大夫」という男の家に投宿した。同家の娘を見そめ、ねんごろになったとする説話がある。記紀のそれではない。のちに、ヤマトタケル伝説をふくらませた『平家物語　剣巻《つるぎのまき》』の筋立てである（『袖珍文庫　第五編　平家物語　上編』一九一〇年）。

これを、室町期の『源太夫』もとりいれた。当時の観衆は、文芸の教養があれば、その名をヤマトタケルの義父として理解しただろう。

もともとは、出雲でスサノオの義父になっていた。そんな男が、熱田ではヤマトタケルの義父として登場する。スサノオとヤマトタケルは、たがいにつうじあう。そう念をおすかのような設定だと言える。その点では、『源太夫』も『草薙』とかわらぬ構成になっている。

記紀神話のスサノオとヤマトタケルは、どちらも草薙剣を手にもった。その共通点に、後世の文芸も関心をよせたのだと言うしかない。ヤマトタケルは、あのスサノオが発見した草薙剣をあやつった。その記憶が室町期の能楽では、特権的に増幅されたのだと考える。

鎌倉室町期のヤマトタケル像は、草薙剣やスサノオの伝説とともにある。そのイメージは、きょくたんに言えば剣のおまけめいた姿で、想いえがかれた。剣こそが主役であるかのようなあつかいを、うけている。

聖剣伝説の時代

『熱田の神秘』は室町末期の御伽草子である。ここでは、色恋もふくむヤマトタケルの心模様が、語られている。あいかわらず、草薙剣をめぐるエピソードが、多くをしめてはいた。しかし、ヤマトタケルには、その携帯者という以上の役柄が、あたえられている。『草薙』や『源太夫』より、そのあつかいはゆたかになっていた。

だが、西征の物語は、以前と同じようにでてこない。物語は、やはり草薙剣がつかわれる東征譚で、構成されている。

女装譚もふくむ西征には、見むきもしない。草薙剣へ脚光をあてつつ、東征の逸話をくみあわせながら、話をすすめていく。そのありかたは、『草薙』や『源太夫』とかわらない。室町期までの文芸は、女装とかかわらない熱田の物語に、興味をしぼってきたのである。

日本史の通史叙述は、ヤマトタケルの西征を、ひかえめにえがいてきた。クマソを相手どった女装戦術には、言葉をついやさない。それよりは、草薙剣と東征を、大きくとらえやすかった。平安時代から江戸時代の歴史語りに、そんな傾向があったことは、説明ずみである。

室町期までの文芸も、東征や草薙剣を前面へおしだした。歴史叙述の定型にならったのだろうか。だが、歴史の書きかたと文芸のありようは、かならずしも一致しない。両者のあいだには、びみょうなずれがある。

往時の日本通史は、ヤマトタケルへふれるさいに、西征より東征を優遇した。西征を黙殺する史書だって、なかったわけではない。女装譚は、基本的ににぎりつぶしてきた。

しかし、少なからぬ史籍は、西征にも言葉をついやしている。西日本のクマソをほろぼしたことも、書きとめた。ヤマトタケルが女をよそおった話だけは、たいていの史書がふれずにすませたが。

こういう目くばりが、ヤマトタケルの登場する文芸には、欠落している。たとえば、『平家物語』や『太平記』は、まったく西征をかえりみない。草薙剣がでてくる東征だけで、ヤマトタケルの話を、くみたてている。九州のクマソは問題とせず、もっぱら東国の、とりわけ熱田にこだわった。西征を語らないことでは、むしろ文芸のほうが徹底していたのである。

歴史家たちが、西征を眼中にいれていなかったわけではない。彼らは、そこも気にとめたうえで、しかし軽くあしらった。あるいは、見て見ぬふりをきめこんでいる。

いっぽう、文芸家たちの好奇心は、もっぱら草薙剣へむかっていた。スサノオが見いだし、ヤマトタケルの運命を左右する。のみならず、皇統を象徴するシンボルとして、神格化もされていた。そんな剣をめぐる、一種の聖剣伝説を語りついできたのである。

だから、ヤマトタケルのことも、剣に付随する人物として、えがいてきた。聖剣の守護者、あるいは剣を介してスサノオにつながる人物だ、と。

ただ、室町末期に書かれた『熱田の神秘』は、やや様子がちがう。じゅうらいどおり、東征と草薙剣を物語の中心にすえてはいた。西征や女装譚は、ふせている。だが、恋をし、苦しみやよろこびをあじわう人間的な姿も、とらえようとしていた。

やがて、江戸期にいたり、こういう部分は、よりいっそう肥大化していくだろう。そして、西征の女装伝説を大きくふくらます物語も、書かれるようになる。きまじめな歴史叙述は、じゅうらいどおり西征を軽視した。そのいっぽうで、文芸作家は、西征へ新たな光をあてはじめる。とりわけ、女装の場面で想像力をはじけさせるようにも、なっていくのである。

2　女装の皇子がかえってきた

浄瑠璃の演目に、『あつた大明神の御本地』という一作がある。成立の過程は、わからない。ただ、一六六五（寛文五）年の版本には、その記録がのこっている。江戸中期に義太夫《ぎだゆう》がはやる前の、いわゆる古浄瑠璃である。

標題からもわかるとおり、熱田神宮の創建伝説がテーマになっている。この神社は、ヤマトタケルがのこした草薙剣を御神体として、なりたった。ヤマトタケルの東征をへたあとで、できたとされている。作品の素材にも、おおむね東征をめぐるエピソードがつかわれた。種本は『日本書紀』である。

だが、西征の女装譚も、ここにはいかされている。全体で六段の作品だが、その初段は、もっぱらクマソ退治にあてられた。ヤマトタケルが女になりすます場面も、とりあげられている。記紀が編纂されたあと、日本の文芸はながらくこのシーンをかえりみなかった。そこへ九百五十年ほどの時をへて、ふたたび光があたりだしたのである。

記紀のクマソは館の新築にさいし、宴をもよおした。女装の皇子が潜入したのは、その宴席である。『あつた大明神の御本地』に、新築いわいのくだりはない。そのかわりに、作者は春の花見を、宴会の場面としてはさみこんでいる。

この宴席には、クマソ中の美女があつめられることとなった。族長である「川上のたける」が、心にかなう女をさがしだす。そのためにもよおすパーティであるという。美女のだしおしみはゆるされない、かくしたものは死罪という布告も、発表された。

3-1　川上タケルを殺めるオウスノミコト（ヤマトタケル）

この話を聞いて、「やまとおくな」は、ほくそえむ。部下をあつめ、こう言いはなった。

「よきさいわいこそいできたれ、我女のすかたにさまをかへ、花みのさしきへ立出て、ひまをうかゝい、たけるを取ておさへ、かいせん事はいとやすし」（『古浄瑠璃正本集　第五』一九六六年）。チャンスがめぐってきた。花見の桟敷へは、自分が女になりすまして顔をだす。隙をついて、川上タケルを殺害するのはたやすい、と。

こういう決意表明のシーンも、記紀にはない。『あつた大明神の御本地』がつけくわえた場面である。


花見の宴がはじまり、川上タケルは「あまたの女を、見まはし」た。「かなたこなたを」ながめ、「天人」のようなヤマトオグナを見つけている（同前）。さらに、女装の皇子を自分のそばへひきよせた。種本となった『日本書紀』以上に、川上タケルの面喰いぶりは、誇張されている。同時に、ヤマトオグナ、つまりヤマトタケルの美貌も、原典よりきわだつこととなった。

記紀では、新築いわいにあつまった女たちの中から、皇子はえらばれている。彼女らが、容貌にひいでていたとは、とくにしるされていない。しかし、『あつた大明神の御本地』はちがう。ここでは、美女あつめの会につどった女たちをさしおき、皇子が選抜された。女装皇子の器量は、原作以上に強調されているとみなしてよい。

『あつた大明神の御本地』は、ヤマトオグナの容姿にも言いおよぶ。すなわち、「ようがんひれいにして」、と（同前）。容顔は美麗であったという。これより前の『平家物語』や『草薙』などに、こういう言及はない。『平家物語』以後の文芸は、皇子のルックスをとりあげてこなかった。『源太夫』にいたっては、彼を老翁として登場させている。

ようやく、江戸期の、十七世紀なかばをすぎてからなのである。クマソ退治の主人公が、女にも見まがう美少年として、再認識されたのは。

近松劇の新展開

『あつた大明神の御本地』がしめすドラマの筋立てへ、話をもどす。川上タケルは、二人だけになれるところへ、ヤマトオグナをさそいこむ。ころあいを見はからって、皇子は剣をぬき、相手をさそうとした。

ころされそうなまぎわに、クマソの族長は命ごいをする。また、たずねもした。あなたは、何者なのか、と。女装の主人公は、即答した。ミカドの皇子、ヤマトオグナだ、と。感じいった川上タケルは、『日本書紀』と同じで、自分の名を謹呈しようとする。作者は、こんな言葉を族長に言わせている。「今より後は、やまとたけと、なのり給へ」(同前)。

皇子は、族長がもらした助命のねがいをしりぞけた。当初の予定どおり、ほうむりさっている。だが、名前の件では敵の要請を聞きいれた。「此時よりも、やまとたけとは申也」(同前)。『あつた大明神の御本地』には、そうある。

作者は、女装譚の筋立てをいじっている。さまざまな変更を、こころみた。だが、クマソの族長による命名という本筋は、かえていない。そこはゆるがしがたいと、考えたのだろうか。

浄瑠璃の演目を、あとひとつ紹介しておこう。近松門左衛門に、『日本武尊吾妻鑑《やまとたけのみことあずまかがみ》』という作品がある。一七二〇(享保五)年に大阪の竹本座で上演されたことが、わかっている。「日本武尊」という表記は、これが『日本書紀』にもとづくことを物語る。しかし、その女装場面は『あつた大明神の御本地』以上に、原典を逸脱していた。

近松はクマソタケルのことを、「八十《やそ》の梟帥《たける》」と書いている。そして、主人公には、そのヤソノタケルからヤマトタケルの名を、おくらせた。しかし、皇子の生育歴は『日本書紀』のそれとくいちがう。近松の景行天皇は、皇子のことを生まれた時から、女子だといつわりそだててきた。カミカシヒメの名をあたえ、皇女にしてしまったのである。

なぜ、そんな偽装におよんだのか。兄のオオウスは我執が強い。帝位をのぞむあまり、ライバルたりうる皇子がいれば、あやめてしまうおそれもある。その可能性に景行はおびえ、皇子に皇女のふりをさせつづけた。近松の設定は、以上のようになっている。

この偽皇女は、長じるにしたがい美貌の姫として、さわがれだす。「帝の娘子（神賢姫《カミカシヒメ》）日本一の美人」という評判も、わきおこる（『近松全集　第十二巻』一九二八年）。そのため東国、そして西国の首長からは求婚の申しこみも、まいこんだ。

紆余曲折をへて、カミカシヒメは西国の九州へとつぐこととなる。ヤソノタケルにむかえられるはこびとなった。景行は女となりきった皇子へ、旅立つ前に密命をあたえている。

「真《まこと》の女と心を許《ゆる》す八十《やそ》の梟帥《たける》が閨《ねや》の中、思ふまゝに誅伐《ちゅうばつ》し西国を従《したが》へ帰洛あれ」（同前）

ヤソノタケルは、おまえのことを女だと思いこんでいる。枕をかわす閨房のなかで、ひと思いに殺害してしまえ。その勢いで西国を制圧し、都へ凱旋しろ、と。

記紀では、皇子が自らの判断で、女スパイのような凶行を敢行した。しかし、近松は父の景行を女装作戦の立案者に、したてている。原典の筋立てを、おもしろおかしく書きかえた。

3-2　近松門左衛門

女になった皇子が、ヤソノタケルを殺害する。その場面へいたる展開にも、近松はひねりをくわえている。ヒメが男であることを、あらかじめヤソノタケルに気づかせていた。兄のオオウスに、内情暴露の密書を西国へおくらせて。女装もふくめ、手の内が事前にばれた状態で、作戦は実をむすぶのか。そんなドラマで、観客をあおろうとしている。

江戸時代の浄瑠璃も、草薙剣をことほぐ聖剣の物語という構えは、すてていない。剣のにない手という、かつての軍記文学や能楽がえがいたヤマトタケル像を、ついでいる。しかし、同時に、以前はないがしろにされた女装譚を、前面へおしだしてもいた。この点では、室町期までの構えを、大きくかえている。

『日本書紀』の景行天皇は、東征へでかけるヤマトタケルに、従者をつかわした。そのなかに、キビノタケヒコという武人がいる。西征には、したがっていない。彼が皇子に随伴したのは、東征のほうだけである。そんなキビノタケヒコを、『あつた大明神の御本地』は、西征にもつきそわせた。もとは東征限定だった登場人物に、西征譚でも役目をあたえている。

じつは、近松の『日本武尊吾妻鑑』も、キビノタケヒコに出番をもうけていた。しかも、西征の女装作戦をささえる重要人物として。この設定変更は、『あつた大明神の御本地』に源流がある。近松がこの先行作を参照していたことは、うたがえまい。

女形のパイオニア

つぎに、『本朝水滸伝《ほんちょうすいこでん》』という読本を紹介しておこう。奈良時代を舞台とする、空想的な歴史物語である。十八世紀後半に建部綾足《たけべあやたり》が、書きすすめていった。その前編は一七七三（安永《あんえい》二）年に刊行されている。後編は写本の形でつづけられたが、未完のまま終了した。

その後編、第二十四条に、キビノタケシカがあらわれる。「吉備《キビ》の武彦《タケヒコ》が曽孫《ヒヽマゴ》」として、作者はこの人物を登場させた（『建部綾足全集　第四巻』一九八六年）。

キビノタケシカは妹を「文石《アヤシ》の倭蜘《ヤマトグモ》」という悪党にさらわれている。彼女のゆくえをさぐる兄は、この悪党が新築のいわいをすると聞きおよぶ。なんとか、その祝宴にもぐりこもうとするが、なかなかはたせない。彼らが、女しかまねきいれようとしなかったからである。

だが、悪党の館へむかっていく女芸人の集団とであい、妙案を思いつく。自分の「すがたを女にかへて」、いっしょに潜入しようと決意した（同前）。そして、芸人一同にこのもくろみをつたえ、同行をたのみこむ。その中し出を、彼女らもうけいれた。

館の門番も、女をよそおったキビノタケシカまでふくめ、入館させている。しかし、その前に軽い身体検査をこころみた。その理由が、こう書きあらわされている。

「武鹿《タケシカ》が面《オモテ》を作るに、もとよりきら〳〵しき若人なりしかば、面《オモ》ざしのめゝしくなるを〔中略〕さるにても熊曽多気留《クマソタケル》がためしもあればと、懐《フトコロ》をさぐるに」（同前）

キビノタケシカは美しい男であった。女にも、たやすくなりおおせている。だが、門番は不安もいだく。クマソタケルの例もあるから、懐剣の有無をしらべるという。ここには、ヤマトタケルの女装譚がひびいている。

作者は、このくだりにことごとしい説明をそえていない。いきなり、クマソタケルの名をもちだしている。ここは、ヤマトタケルの女装譚を素材とするくすぐりになっていた。もちろん、当時の読者が、みなすぐそう了解したわけではないだろう。しかし、書き手はそこがわかる読み手との知的な共感を、ひそかに期待していたと思う。

女装の役割を、キビノタケヒコの「曽孫」にあたえていた点も、興味深い。『あつた大明神の御本地』が、東征譚から西征譚にもひきぬいた。そんな人物の「曽孫」を、女装の当事者にしたてている。作者の綾足も、浄瑠璃以来のキビノタケヒコに関する伝統を、意識していたろう。

室町期から江戸期にかけて、ヤマトタケル像は、大きく変容する。かつては、草薙剣のつかい手として、認識されていた。しかし、十七世紀後半には、女装の英雄としてもみとめられるようになる。民衆の想像力は、時代が下るにしたがい、そちらのほうへ傾斜していった。

『万句合《まんくあわせ》』という川柳集に、おもしろい一句がおさめられている。「女形《おんながた》その始まりは日本《やまと》武《たけ》」というのが、それである（『古典文庫　三〇七冊　日本史伝川柳狂句　第一冊』一九七二年）。歌舞伎では、女形《おやま》とよばれる男たちが、女の役を演じてきた。その歴史的な起源はヤマトタケルにさかのぼると、この句は言っている。

もちろん、冗談である。だが、こういう物言いがでまわるぐらいに、ヤマトタケル像は変容をとげていた。江戸中期には、女装者のパイオニアだとおもしろがられてもいたのである。

本居宣長がヤマトタケルの女装に新しい解釈をそえたのは、十八世紀後半であった。ヤマトタケルは、ただ女になりすましたわけじゃない。あの女服には、宗教的な意味がこめられていた。ヤマトヒメやアマテラスオオミカミの霊力をしめす。そのために、『古事記』は、あの逸話をおさめたのだ、と。

民衆は女装者としてのヤマトタケルを、はやしたてていた。学者である宣長は、この新しい潮流をうとましく思っていただろうか。女装譚をおもしろがる浄瑠璃の愛好家たちに、釘をさす。そんな想いもあって、あのおごそかな読解はもちだされたのかもしれない。いずれにせよ、宣長は民衆の想い、大和心《やまとごころ》に背をむけていたようである。

3　レズビアンの亜種として

女が女に惚れるとは

もういちど、近松門左衛門の『日本武尊吾妻鑑』をふりかえろう。近松のえがくヤマトタケルは、生まれた時から女子のふりをさせられている。父である景行天皇の意向により、皇女のカミカシヒメとしてそだてられた。そして、姫になりすましたまま、西国を支配するヤソノタケルのもとへ、とつがされている。

輿入れには、忠臣のキビノタケヒコがしたがっている。その妹であるシキタエも、腰元としてつきそった。

兄のほうは、カミカシヒメが男であることを、例外的に知らされている。しかし、妹はそれをおしえられていない。偽りの姫をほんとうの女だと信じつつ、つかえていた。

いや、奉仕するだけではない。シキタエはカミカシヒメに、恋心をいだいていた。自分のつくしてきた皇女へ、相手が男だとは気づかずに、心をよせている。

自分は女なのに、どうして同じ女である姫のことが好きになったのか。シキタエは、このことでなやみくるしむ。近松は、そんな彼女の苦悩を、当人じしんの独白で、こうあらわした。

「ほんにあられぬ女が女に惚《ほ》れるとは。神代にも聞かぬ事と我を制し誡《いまし》めても。儘《まゝ》にならぬ此心め」（前掲『近松全集　第十二巻』）。

女が女にほれるなんて、ほんとうにありえない。超人的な神々のおりなす、なんだってありそうな神話にも、こんな色恋はないだろう。だから、自分も姫への想いをおさえるよう、つとめてきた。だが、それでも自分の心は制御しきれない。

シキタエは、さらに考えをめぐらせる。自分か姫のどちらかが男であったら、よかったのに。何の因果があって、ふたりは女どうしに生まれたのか。想いあぐねたシキタエは、とうとうカミカシヒメに思慕の念を告白する。

この求愛を、いつわりの皇女もうけいれた。顔を赤らめ、シキタエにつげている。

「我もそもじに露も変はらぬ相思ひ。女子同士《おなごどし》の恋とはあんまりないたづらな。卑怯な事とたしなめば。たしなむ程心に心が逆らひ猶恋は弥勝《いやまさ》る」（同前）

二人は両想いであるという。ならば、カミカシヒメにも、あらいざらいつげる手はあったろう。これまで、皇女をよそおってきたが、自分は男だ、と。だが、偽皇女は、そこまでふみこまない。女どうしの恋はせつないねと言うに、とどめている。女装作戦を遂行し、敵のヤソノタケルをほうむりさる。そのためには、味方もあざむかなければならないということか。

それでも、シキタエはよろこんだ。姫も同じ想いをいだいている。そのことがわかり、相手にだきついた。カミカシヒメも、これには応じている。

「共に抱き合しめ寄せて。顔を合せ身を重ね」る状態になった。ただ、「下紐は解かれぬ」ままにしていたという（同前）。今風に言いかえれば、パンツはぬがなかったということか。やはり、カミカシヒメには、自らの本性をかくす必要があったようである。

前にもふれたが、ヤマト側の女装作戦は、西国側へもれていた。第一皇子のオオウスが内通していたからである。ヤマトから現地へおもむいた面々も、作戦のばれていることに気がついた。そのため、おおいそぎでヤソノタケルへの対策を、あらためている。

彼らは、腰元のシキタエを、カミカシヒメとすりかえることにした。シキタエは、女である。ヤソノタケルから男だとうたがわれても、正真正銘の女だときりかえせる。ひとまずは、このシキタエこそが花嫁なんだと、言いくるめよう。そして、そのまま新枕《にいまくら》の部屋へさしだせば、なんとかなる。そうもくろんだ。

事情を聞いたシキタエは、しかしなかなかこの案にしたがおうとしない。この時、彼女は自分のほれている皇女が、男であることに気づいている。だから、まずはその恋しい男、皇女ならぬ皇子と肌をあわせたい。ヤソノタケルとの同衾《どうきん》は、ひきうける。だが、それは皇子と寝たあとにしてくれないかというのである。

この申し出は、一同にもうけいれられた。シキタエは、好きでたまらなかった人と情をかわすことが、できている。その後、シキタエはヤソノタケルとむかえた初夜のおりに、相手から首をはねられた。だが、とにかくほれぬいた男と体をまじえることは、できたのである。

とはいえ、これを異性愛の成就する物語とみなすことは、むずかしい。なんと言っても、シキタエは恋しいカミカシヒメを、同性だと思いこんでいた。女である自分が、女を愛している。最初はそのことにとまどい、うろたえてもいたのである。

平敦盛もまちがわれ

日本の古典文学に、女性の同性愛、レズビアンをあつかったものは、ほとんどない。例外は鎌倉時代の『我が身にたどる姫君』ぐらいだとされてきた。だが、『日本武尊吾妻鑑』も、じゅうぶんその範疇にはいりうる。

じっさい、近松の筆は「女」を愛する女の心理にもおよんでいた。「女が女に惚れるとは〔中略〕儘《まゝ》にならぬ此心め」。そう自問する女を、えがいている。

もちろん、近松の話でも、けっきょくは男女が想いをとげていた。純粋なレズビアンの物語だとは、言いがたい。しかし、最初シキタエは、カミカシヒメを女だと信じきっていた。同性を好きになったと思いこみつつ、自らの恋になやんでいる。その葛藤は、じゅうぶんレズビアン的であったと考える。

　近松の『日本武尊吾妻鑑』は一七二〇（享保五）年に、大阪の竹本座で演じられている。その十年後、一七三〇（享保一五）年のことであった。同じ竹本座で、『須磨都源平躑躅《すまのみやこげんぺいつつじ》』という浄瑠璃が、舞台にかけられている。このふたつが、今のべた女性の同性愛という点で、つうじあう。

『須磨都源平躑躅』は文耕堂《ぶんこうどう》と長谷川千四《はせがわせんし》の合作により、なりたった。こちらは歌舞伎としても、『源平魁《さきがけ》躑躅』や『魁源平躑躅』の名で上演されることがある。愛好家には、『扇屋熊谷《おうぎやくまがい》』の通称でも知られていよう。話じたいは、源平合戦の時代をあつかっている。『平家物語』の「敦盛《あつもり》最期」（巻九）を題材とした作品である。

　一の谷を舞台とする合戦で、平家は敗北した。再起をはかる敗軍は、船で瀬戸内海の沖へにげのびる。その船へ、おくればせながら平敦盛も、平清盛《きよもり》の甥だが、馬にまたがりおいつこうとした。この敦盛を、源氏方の熊谷直実《くまがいなおざね》が、浜辺からよびとめる。敵にうしろを見せるのか、ひきかえせ、と。

　まだ若く、血気さかんな敦盛は、この挑発が聞きながせない。声の主である直実のほうをふりむき、そちらへもどっている。そして、ふたりは海岸でくみあった。力がおとる敦盛は、馬からおとされている。その首をはねようとした直実は、相手の甲《かぶと》をはがし、おどろいた。

　なんと美しい人であることか。まだ若く、自分の息子と、年はほとんどかわらない。こんな

3-3　熊谷直実を魅了した平敦盛　勝川春章「平敦盛と熊谷直実」江戸時代・18世紀

美少年を、あやめなければならないのか。最終的には、斬首へふみきる直実だが、ひとときそうとまどう。そのまよいを、『平家物語』は感傷的にえがいている。

この名場面を、後の幸若舞や能楽、そして御伽草子は反復した。さまざまな翻案をこころみている。敦盛の名は、そのため後世からも語りつがれるようになる。敵の男をも魅了した美少年として。そんな敦盛に、とうとう江戸中期の『須磨都源平躑躅』は、女装をさせた。

一の谷で、合戦がはじまる前のことである。都をおわれた平家の敦盛は、しかしまいもどり、若狭という扇をあきなう店に、もぐりこむ。女をよそおい、紙折りをてがける折子《おりこ》の小萩《こはぎ》となって店にやとわれた。女装をして、都にとどまりつづけたのである。

扇屋若狭の主人には、桂子《かつらこ》という娘がいた。彼女は、もともと敦盛にあこがれている。その面影がしのべる折子の小萩へも、恋心をいだくようになった。小萩が男だとはもちろん、敦盛当人だとも気づかずに。店の従業員たちにも、桂子はたのんでいる。両親には知られぬよう、小萩と一夜をすごしたい。なんとか、手立てをはかってくれないか、と。

竹本座のストーリー

ここに、店の折子へ心をよせる娘のモノローグを、ひいておく。「ほん〴〵にあられもない女が女に惚れるとは。事欠いた如く嗜んでも此心が儘ならぬ」（『日本名著全集　第一期　江戸文芸之部　第六巻』一九二七年）。

女が女にほれるなんて、ほんとうにありえない。自分ではつつしもうとするのだけれども、この心がおさえられなくなっている。以上のような苦悩を、桂子はかかえていた。

この独白は、『日本武尊吾妻鑑』でシキタエがしめしたそれと、かさなりあう。どちらも、この恋を「あられぬ」「あられもない」と、とらえている。つまり、ありえない、と。両者がもてあます感情も、同じ文句、「女が女に惚れるとは」でしめされた。自制心のきかない様子も、かわらぬ言いまわしになっている。「まゝにならぬ此心」「此心が儘ならぬ」、と。

うたがう余地はない。文耕堂と長谷川千四は、十年前に近松がしるした文章をなぞっている。このくだりで、『須磨都源平躑躅』は、『日本武尊吾妻鑑』から表現を借用した。

いや、このモノローグだけにかぎらない。言いまわしをかりたところは、ほかにもある。『須磨都源平躑躅』で、店の娘は折子に想いのたけを告白した。のみならず、相手に自分の身をなげかけている。こう語りかけながら。「ちよつとつい。抱付かせて下され」、と（同前）。

これと同じようなくどきの言葉は、シキタエもカミカシヒメにつげていた。『日本武尊吾妻鑑』で近松が腰元に言わせた台詞を、ひいておく。姫にぞっこんとなった侍女は、自分が同性だと思いこんでしまった相手へ、こうせまった。「ちよつとつい抱付《だきつ》かせて下され」、と（前掲『近松全集　第十二巻』）。

ここでも、十年後の作者たちは近松にならっていた。おそらく、十年前にこの場面は、観客からよろこばれたのだろう。大阪の竹本座は、その時にうけた喝采を、あとあとまでおぼえていたのだと考える。その記憶は、文耕堂や長谷川千四の脳裏にだって、焼きついていたかもしれない。十年前と同じ文句がつかいまわされたのも、そのためか。

女装の主人公に、女がほれる。相手を同性と見あやまったまま、好きになる。当初は、その思慕が尋常でないことに、うろたえる。だが、意をけっして恋の告白をしてしまう。レズビアン・ラブの亜種とでも言うべきこの型は、一定の支持を獲得していたらしい。

日本の古典における女性同性愛の展開をめぐっては、まだたしかな研究がないだろう。また、あったとしても、門外漢の私はよく知らない。近松の『日本武尊吾妻鑑』をその一種とする私見に、どこまで妥当性があるのか。その点は、じつを言うと、ややこころもとない。

しかし、つぎのようなことだけは言っておきたいし、また言えると思う。日本では、女の思い人を女装者とする疑似同性愛の物語が、十八世紀前半に浮上した。そして、少なくとも、上方芸能の世界ではそれがおもしろがられていたのだ、と。

４　新羅の美しい戦士たち

花郎ははたして女装者か

かつて、朝鮮半島に新羅という国があった。四世紀のなかばから、国としての姿をその東南部にあらわしている。七世紀の後半には、半島の全域を支配した。後発の高麗《こうらい》にたおされたのは、十世紀をむかえてからである。日本では、神功皇后による征討の神話でも知られている。

その新羅に、花郎《ファラン》とよばれる人たちがいた。軍を鼓舞する美少年たちである。みな十歳台なかばの男子で、貴族の子弟からえらばれた。当時の軍制は、この花郎をいただく軍団群で、構

３-４　**新羅の花郎**　閻立本「王会図」より新羅国の使臣、６世紀

成されている。さらに、各軍団は、彼らが奉戴《ほうたい》する美少年の名で、「〇〇の徒」と称された。花郎が戦士たちをふるいたたせる力は、六、七世紀にピークをむかえている。半島統一後は、その凝集力を弱め、形骸化していった。

当初は、ふたりの美女がその役目をになったらしい。しかし、彼女らをめぐり、軍ではいさかいがおこっている。そのため、とちゅうで着かざった美少年、つまり花郎に同じ役割を代行させた。『三国史記』という高麗時代の歴史書には、そう書いてある。

花郎という存在を、どう解釈したらいいか。その点をめぐり一九三〇年代の後半に、日本では論争がおこっている。花郎は女装者であったろうと、三品彰英《みしなあきひで》は考えた。これを池内宏《いけうちひろし》は、はねつける。花郎が女装をしていたという証拠はない。そう反論をこころみた。どちらも、朝鮮史にくわしい歴史家だが、ことなる結論へたどりついている。

『三国史記』じたいには、こうある。「美貌の男子を選び出し、これに化粧をさせ、美しく装わせ」た、と（井上秀雄訳『東洋文庫　372』一九八〇年）。そして、女を演じさせたという記録は、そこにない。

三品の読みは、美女の後継者なら女装もしただろうという推理に、ねざしている。しかも、ただの臆測にはとどまっていない。戦士の女装については、周辺諸民族の人類学的な報告も参照した。そのうえで、花郎が女装をしたという結論は、ひねりだされている。

いずれにしろ、論争は新羅の花郎を有名にした。後へつづく研究者のなかには、これをヤマトタケルの読解へつなげる者も、あらわれる。ヤマトタケルは、対クマソ戦で女になりすました。あれも、新羅の花郎と同じで、一種の戦時女装にほかならない、と。

最初に言いだしたのは、歴史家の米沢康である（一九五六年）。その論旨は、こうまとめられた。「物語りの女装という要素」は、「花郎」に「類比さるべき、古代的意義」をもつ、と（前掲「ヤマトタケルノ命の物語り――その歴史的基底について」）。

花郎に言及した米沢は、もっぱら三品説によりかかっている。彼らの女装を否定的にとらえた池内説は、見すごした。自分の議論に都合がいい説へ、依存をしたということか。

ヤマトタケルの女装譚は、新羅の花郎とひびきあう。この読み解きは、二十一世紀にはいっても、生きのびた。「戦時にあたって女装をする」。この考え方を、ヤマトタケルの伝説は新羅の花郎とわかちあう。以上のように、及川智早《おいかわちはや》も論じている（「女装する英雄　日本武尊――ふたつのヤマトタケル物語」『歴史読本』二〇〇七年一一月号）。

軍隊のアイドルとして

『古事記』の女装譚をめぐっては、本居宣長いらいの定説的な読解がある。ヤマトタケルは女装により、伊勢神宮の霊的な恩恵をうけた。あるいは、ヤマトヒメやアマテラスオオミカミの加護を、とりつけている。女装の物語は、その神秘的な力をしめす霊験譚であるという。多くの註釈書が、今なおこれを踏襲する。

しかし、これまでに、霊験譚説以外の解釈がなかったわけではない。宣長説とはちがう読みを提示した者も、少なからずいた。新羅花郎との通底ぶりを強調する戦時女装説も、そのひとつにあげられる。

なんと言っても、宣長的な見方は、『古事記』の女装譚にしかあてはまらない。『日本書紀』の記述とは、はなからそりがあわないのである。

『日本書紀』のヤマトタケルは、自分の力で女装用の衣裳を調達した。ヤマトヒメから、衣服をもらったわけではない。アマテラスらの加護は、『日本書紀』のヤマトタケルに、とどくはずもなかった。『古事記』の場合とちがい、その女装に神威とかかわる可能性は、読みとりようがない。記述ぶりを見るかぎり、いたって世俗的な女装になっている。

新羅花郎との呼応説は、そんな『日本書紀』の女装譚ともおりあいがつく。アマテラスらをもちだすまでもなく、皇子の女装を合理化しうる。『古事記』のそれにしかいかせないような説明ではない。

それに、この論法を援用すれば、興味本位と思われかねない読みも、いくらかさけられる。かつての日本は、朝鮮と戦時女装の文化を共有しあっていた。それが日本ではヤマトタケルの伝説を生み、新羅に花郎をもたらしている。そう論じれば、女装の話に興じる通俗性を、いくらかはうすめることができる。議論を、よりかしこげにひびかしうる。

じじつ、新羅花郎との共振を言いたてた論客は、たいていそのことを力説した。たとえば、さきほど紹介した及川の文章にもこんな指摘がある。

「戦時にあたって女装をするというモティフが存在しており、ヤマトタケルの女装には、これまでいわれてきたような単なるだまし討ちのための女装というモティフだけではない思想・背景を有している」（同前）

最初に花郎との共通点を論じた米沢も、同じことを書いていた。ヤマトタケルに女装のシーンがあたえられたのも、「物語的興味のため」ではない。そこには、新羅ともつうじあう「古代的意義」があるのだ、と（前掲『日本古代の神話と歴史』）。

しかし、私はこれらの見解をしりぞける。新羅の花郎に、女装の歴史があったかどうかを、うたがうためではない。かりに、その女装が史実であったとしても、私はこういう見方を否定する。花郎の女装とヤマトタケルのそれは、本質的にことなると考えるからである。

花郎はたたかう男たちの精神的な紐帯《ちゅうたい》となっていた。高貴な美少年であり、周囲の輿望をになっている。あでやかなよそおいで、自分にあこがれる兵をふるいたたせるのが、つとめであった。今日の軍隊になぞらえれば、その役目は軍楽隊に近い。あるいは、部隊の慰問に力をつくす芸能者、花形のアイドルか。

だが、ヤマトタケルは戦士集団を鼓吹していない。その女装作戦は、密室での単独行動に終始する。ひとりで敵陣へのりこみ、白軍の兵などいない場所で、敵将を籠絡し殺害した。

皇子の振舞いに、全軍を酔わせる花郎の、顕示的なかがやかしさはない。その成功は、くノ一や女スパイのひそかな任務遂行と、同列に位置づけうる。

ヤマトタケルの女装を、新羅の花郎とならべたがる。そういう論じ手は、みなヤマトタケルの隠密性から、目をそむけている。女装者としての魅力は、ヤマトタケルの場合、舞台裏で開花した。だが、花郎のそれは、軍人たちを前にした表舞台で発揮されている。このちがいを、見おとしてきた。あくまでも、花郎は女装者だったと仮定した場合の話だが。

ともかくも、八世紀初頭の日本には、敵を悩殺する女装美少年という英雄像があった。少なくとも、記紀の編者たちは、それを英雄の業績からはずそうとしていない。勇猛な敵をも罠にかけてしまう男子の腕前は、高く買っていた。夜陰で発揮される、やや淫靡な技なのに。

新羅花郎との通底説は、その属性に目をつむっている。くノ一めいた男を主人公とする物語が、公的な歴史書にしるされた。そんな八世紀はじめの現実に、むきあっていない。

オナリ神にヒメヒコ制

ヤマトタケルの女装については、ほかにもいくつかの説がある。

たとえば、それを太古のヒメヒコ制になぞらえる論客がいる。古い時代には、祭祀と政治を妹と兄、あるいは姉と弟でつかさどることがあった。兄弟姉妹による祭政の分掌が、しばしばこころみられている。それをヒメヒコ制とよぶ。そして、ヤマトタケルの女装には、この統治形態が投影されているという。

ヤマトタケルは、叔母であるヤマトヒメの女服をまとっていた。そこに、女の祭祀性と男の政治性が共存する姿を、一部の論じ手は読む。叔母と甥のくみあわせは、兄弟姉妹の変形だという。そして、こういう統治の形を象徴する物語として、ヤマトタケルの女装譚はある。以上のように分析する人がいる。

その延長上に、沖縄のオナリ神がもちだされることもある。姉妹の霊能が、旅にでる兄弟をまもる力となる。沖縄では、このオナリ神信仰が、近年までたもたれた。それと同じ考え方は、ヤマトタケルの女装譚にもある。ヒメヒコ制をうんぬんする議論は、しばしばそこまで話をふくらませる。

しかし、女装譚に叔母が顔をだすのは『古事記』だけである。『日本書紀』の西征に、ヤマトヒメはでてこない。今、紹介した論法で説明ができるのは、『古事記』のほうだけである。その『古事記』にさえ、ヒメヒコ制やオナリ神をしのばせる記述は、見いだせない。しるされた文章から直接読みとれるのは、ヤマトタケルの女装と暗殺だけである。ヒメヒコ制などの潜在論は、そのうんちくをもつ研究者らの臆測でしかない。

ヒメヒコ制を援用する宮井義雄《みやいよしお》は、こう話をすすめる。邪馬台国ではヒミコが男弟と祭政一致の統治を、くりひろげた。推古女帝と聖徳太子の支配も、同じしくみのなかにある。ヤマトタケルも、これらの例につうじる。「ここにヤマトタケルの命の女装の意義が大きくうかんでくる」、と（「日本武尊」一九六八年『日本文化史研究』一九六九年）。

オナリ神まで話をすすめた畠山篤は、つぎのように言う。ヤマトタケルは「近・現代人には考えられないほどの巨大な存在である」。女装譚については、「成立した時代の読みとりもしなければならない」、と（前掲「ヤマトタケルの女装――歴史のなかの女装」）。そうことわったうえで、畠山はヒメヒコ制などに言及した。

彼らの言わんとするところは、明白である。どちらも、「成立した時代の読み」を重視する。フェイクガールがハニートラップにおよぶ物語として了解することを、いましめる。そんな話ではない。古い時代の、その時代ならではの背景をもつ物語として、うけとめよ。そう言っているのである。

ほかにも、女装の場面を「古代成年式」の「物語化」だとする人がいる（前掲　星山真理子「『倭男具那命』考」）。

なるほど、『古事記』の描写はそのように読めなくもない。クマソへおもむく前の皇子は、少年らしく髪をゆっていた。そして、女装にさいしては、その髪型をあらためている。少年時代の髪を、やめていた。これを、「成年式」へいたる一過程として読みこむ余地はある。

しかし、『古事記』の編者が、なによりもそのことを書きたかったわけではあるまい。娘らしい髪にするため、少年風の髪をあらためた。編者があらわそうとしたのは、そこまでであろう。「成年式」へのプロセスであることを強調したのだなどと、どうして言えるのか。編者が、それと意識せずに、「成年式」の風俗を叙述へ投影した可能性はあるかもしれないが。

とにかく主題は女装者の色仕掛けと暗殺にあったはずである。「成年式」説も、そこから目をそらすためにひねりだした、無理筋の深読みでしかない。

研究者たちの解釈は、みな記紀の明示的な記述をゆがめている。蠱惑《こわく》的な女装者の物語を、すなおに読もうとしない。こざかしい理屈で、色仕掛け以外の何かを、つかみだそうとしている。その点では、宣長いらいの定説とかわらない。同じ穴の狢《むじな》だと考える。

5　浄瑠璃から児童文学へ

武者小路実篤も

武者小路実篤《むしゃのこうじさねあつ》は、二十世紀のはじめごろから文筆活動を開始した。以後、七十年近く執筆をつづけている。その文業は多岐にわたる。詩や小説、評論にとどまらず、劇作も数多くのこしている。なかに、『日本武尊』という戯曲がある。一九一六（大正五）年の秋に書きあげられた。世に出たのは、翌一七年である。全四幕の脚本になっている。

記紀の、とりわけ『古事記』を下じきにして、台本はととのえられた。ただし、ヤマトタケルの表記は、『古事記』の「倭建命」になっていない。『日本書紀』と同じ「日本武尊」が、えらばれている。やはり、「倭」よりは「日本」をということか。

このドラマも、女装者としてのヤマトタケルをとりあげた。その点は、江戸期の浄瑠璃とかわらない。ただ、人物造形という点では、それまでにない性格をもりこんでいる。たとえば、実篤のヤマトタケルは、女装のしあがりぐあいを気にとめる皇子となっていた。具体的にのべよう。実篤はヤマトタケルを第一幕の第一場から登場させている。甲乙丙丁という四人の部下に見まもられつつ、女装をしおわった。そんな場面から、舞台の幕はあく。ヤマトタケル（尊）と従者らは、こう語りあうことから、芝居をはじめている。

尊　どうだ。之で女に見えるか。
甲　（笑ひながら）まるで女としか見えません。
尊　どうだ、熊襲建兄弟が俺を見て心を動かすだらうか。
甲　大丈夫で御座いませう。
〔中略〕
丙　誰が見ても本当の女としか思へません。本当にお美しくゐらつしやいます。

（『武者小路實篤全集　第三巻』一九八八年）

同じ第一幕の第二場は、クマソタケルの館が舞台となる。酒宴が終盤をむかえたところから、開始されている。

クマソタケルの兄は、宴席で見かけたある女に未練をのこしていた。どうしても、物にしたいと思い、腰元へ命じている。あの娘をここへつれてこい、と。弟には、とにかくたいへんきれいな女だったんだからと、つげながら。

やがて、腰元はその娘、じつはヤマトタケルを、つれてくる。彼女、いや彼をむかえた兄弟は、こんな言葉もかわしあう。

兄　どうだ美しい娘《こ》だろう。
弟　本当に美しい娘で御座いますね。（同前）

この後、兄弟は女になりきった主人公と、酒をくみかわす。そして、酔ったあげくにころされた。その直前に、弟は殺人者へ「日本武尊」の名を、さずけている。筋立ては、以上のように、おおむね『古事記』を種として、くみたてられた。

この作品に、どのような文芸史上の価値があるのかは、わからない。実篤がのこした劇作群のなかへ、どう位置づければいいのかを問われても、こまる。しかし、この戯曲はヤマトタケルを語る後世の読み物へ、たしかな影響をおよぼした。

感化は児童書にもおよぶ

『エライヒトノハナシ』という本がある。日本史上の傑物をえらび、その伝記をならべた一冊である。全編がカタカナでしるされた。子どもむきの偉人伝集となっている。刊行されたのは、一九三三（昭和八）年である。なかに、「ヤマト　タケルノミコト」という一編が、おさめられている。それは、こんな書きだしではじめられていた。

『ドウダ　ヲンナニ　ミエルカ。』
ト　ヤマト　タケルノミコトハ　ケライニ　オツシヤイマシタ。
『ハイ　マルデ　ヲンナノ　ヤウデ　ゴザイマス。』

話の頭から、女装者として登場する。さらに、女装のできばえを家臣に聞く。女に見まがうという返事をもらい、自らの女装作戦に自信をもつ。この出だしは、実篤の『日本武尊』につうじあう。

「どうだ。之で女に見えるか」。実篤作品は、主人公のそんな台詞で舞台が開始されていた。十七年後の偉人伝も、ヤマトタケルのほぼ同じ文句で、話がはじめられている。「ドウダ　ヲンナニ　ミエルカ」、と。後者が前者を借用したことは、うたがえないだろう。

『エライヒトノハナシ』にでてくるヤマトタケルの家来は、不安もいだいていた。敵のクマソは強い。はたして、主人をこのまま単身でおくりだしてもいいのか。そうなやんでいる。同じ心配は、実篤の『日本武尊』がえがく部下の丁も、かかえていた。「ヤマト　タケルノミコト」は、まちがいなく文豪の劇作を手本にしていたろう。

自分が、ちゃんと女に見えるかどうかを不安がる。敵を誘惑する魅力があるかどうかに、心をくだく。そんな男が冒頭から、主役としてでてくる芝居を、現代人はどううけとめるだろう。おそらく、子どもむきの演劇だとは、考えまい。成人用のそれだと、みなすのではないか。

だが、このオープニングを、一九三三年の児童書は、ほぼそのまま流用する。『エライヒトノハナシ』に収録された「ヤマト　タケルノミコト」は、まるごととりいれた。書き手は、これを子どもに読ませたくない話だと考えない。版元である金の星社も、すばらしい人物の物語として発刊した。

このおおらかさは、しかし『エライヒトノハナシ』だけにかぎらない。二十世紀の前半までに出版された児童書は、よくヤマトタケルの女装をとりあげた。クローズアップしてもいる。『金港堂豪傑ばなし　日本武尊』（一九〇二年）を、例にとる。やはり、子どもむけの読み物である。そして、少女になりすましたヤマトタケルをえがいている。さらに、見そめたクマソ兄弟の反応と彼らの心中を、こう描写していた。

「尊《みこと》の姿が目につきました。ハテ奇麗な小女《こむすめ》ぢやなと、たいそー喜んで、自分の膝下《ひざもと》に引き附けて、『サ、飲め注《つ》げ』と戯言《からか》って、前後も知らず、二人とも、そこへ酔倒《よひたふ》れて仕舞ひました」

ここでは、美少女の出現をよろこぶ兄弟の助平心が、率直に表現されている。ヤマトタケルがハニートラップに成功する様子も、あらわにしめされた。当時の児童書は、その表現をためらわなかったのだと言うしかない。

浄瑠璃も子どもの訓育へ

あと一冊、『教訓童話　偉人と英雄』のことも、紹介しておこう。当時の童話研究会が一九二〇年代に、人物伝の叢書を刊行した。児童用の教訓書集をめざしたシリーズでもある。その第六編に「日本武尊」が収録されている（一九二六年）。

これによれば、クマソをひきいる兄弟は、巨大な城館をきずいていた。その新築いわいも、ひらいている。そして、そこでは以下のようなねらいもあり、美人あつめがもくろまれた。

「近国近在の美しい娘達をかり集め、それを酒宴の席に侍《はべ》らせ、己れ等《ら》の酒の酌をさせその中《うち》の美人といふ美人は残らず己れ等兄弟の妾にしやうと考へ、手下を八方へ出して美人を探し求めて居りました」

よりすぐりの美人たちを我が物とすることが、めざされたのだという。この本が下じきとした『古事記』に、そういう記述はない。もちろん、『日本書紀』も、このようなことは書いていなかった。

　だが、『あつた大明神の御本地』という紹介ずみの古浄瑠璃には、それがある。一六六五（寛文五）年にしるされた台本は、美人あつめの宴会をえがいていた。クマソの族長は、このもよおしで、美人のなかの美人をいとめるつもりだったのだ、と。『教訓童話　偉人と英雄』の「日本武尊」には、こちらがとどいていたのだろう。

　ただ、十七世紀の古浄瑠璃にでてくるクマソの族長は、「心にかなふ女」をもとめていた。「美人といふ美人」を「残らず〔中略〕妾に」したがったわけではない。『教訓童話　偉人と英雄』のえがくクマソ兄弟は、より濃厚に色欲をたぎらせている。両者の美人あつめに違いがあるとすれば、そのぐらいか。

　クマソの兄弟が美人をほしがっている。この情報を耳にした『教訓童話　偉人と英雄』のヤマトタケルは、よろこんだ。しめた、とばかりに、女装姿で敵陣へもぐりこむことを決断する。このくだりも、『あつた大明神の御本地』に、そのままある。

　美人のむらがる祝宴で、クマソの兄弟はヤマトタケルの扮した女に、そそられた。あの女は、「天から降つたか、地から湧いた」かと、ときめいている。

　このシーンにも、十七世紀の古浄瑠璃は影をおとしていた。『あった大明神の御本地』も、宴席でのヤマトタケルをこうあらわしている。「天人のよう」である、と。その延長線上に一九二六年の「日本武尊」はあると見て、まちがいないだろう。まあ、「地から湧」くほうは、あらたに追加されたのだと思うが。

少年少女をまきこんで

江戸時代のはじめごろまで、ヤマトタケルは草薙剣とともに、ふりかえられてきた。能楽や御伽草子は、聖剣伝説の人物として、語りついでいる。女装のにあう美少年という記紀の設定が、かえりみられた形跡は、とくにない。

様子がかわるのは、江戸期にはいってからである。十七世紀後半からの浄瑠璃が、新たに女装者としてのヤマトタケル像を浮上させた。そして、この人物像を読本などの世界へ、ひろげていく。

明治期になっても、この傾向はかわらない。二十世紀をむかえても、つづいている。浄瑠璃で形成された女装者像が、基本的には継承された。

新しく追加された要素が、なかったわけではない。たとえば、女装の完成度を気にするヤマトタケルの姿は、一種の新機軸となっている。

あと、話の構成が『古事記』へよりかかりだした点も、近代以後の趨勢だと考える。クマソをひきいる指導者が、兄と弟のふたりになる。女装につかう衣裳は、叔母のヤマトヒメからゆずられる。そういった筋立ての読み物が、二十世紀にはふえている。『日本書紀』に依拠してきた江戸期までとくらべ、その点は対照的である。

また、女装の物語が児童書へひろがったことも、特筆しておきたい。美しい英雄が、女をよそおい、その魅力で敵の男を籠絡し殺害する。そんな話が、二十世紀には子どもの読み物からもむかえられた。一種のメルヘンとしても、読みつがれるようになったのである。

くりかえすが、『金港堂豪傑ばなし　日本武尊』は一九〇二（明治三五）年に刊行されている。その三年後に、歴史家の小野《おの》籌彦《かずひこ》が「日本武尊西征考」という文章をあらわした。なかに、ヤマトタケルをめぐるこんな指摘がある。

「熊襲の魁帥《かいすい》を誅し給ひし事蹟は有名なることにて小学校児童も之を熟知する所なり」（『史学界』一九〇五年四月号）

クマソの統領をなき者としたいきさつは、よく知られている。小学生でも、わきまえているという。じっさい、二十世紀の児童書は、女装と暗殺の物語を、かくさずえがきだした。子どもまで了解しているという言葉に、嘘はない。

女装譚は、はじめ浄瑠璃のなかで浮上した。大人の娯楽として、江戸中期にはたのしまれだしている。そんな物語が、明治後期にはおさない者をも、まきこんでいった。

想いだしてほしい。やはり歴史家の中村孝也が、一九三五（昭和一〇）年に書いていた。女装者が凶行におよぶ話は、「お伽噺らしい英雄譚」になる。また、「児童心理に適合せる教材」でもある、と。

前にこの評価（第2章）を読んで、いぶかしく感じた読者もいたろうか。女装者の暗殺をえがいた話の、どこが子どもむきなのか、と。だが、二十世紀の読書界は、たしかにこの話を少年少女の世界へとどけたのである。誰もがあこがれてしかるべき、英雄の物語として。

6　大日本帝国の国語教育は

国定教科書にも女装伝説が

女装をしたヤマトタケルが、その美貌でクマソの族長を魅了し、亡き者とする。この物語は、二十世紀の後半になっても、児童書のなかでくりかえされた。少年少女に、日本の神話や英雄伝説を語る場で、反復されている。

にもかかわらず、今その認知度が圧倒的に高いとは言いきれない。少なくとも、今日の小学生が、みなこの物語を知っているわけではないだろう。成人であっても、ピンとこない人は、そこそこいると思う。

戦後日本の教育は、記紀神話を生徒へつたえることに、ためらった。ヤマトタケルの伝説だけにかぎらない。神武天皇や神功皇后のことも、授業ではとりあげなくなっている。ヤマトタケルの女装と暗殺をめぐる話も、戦前期ほどには普及しなくなったろう。

かつて、国定教科書というものがあった。大日本帝国時代のことである。一九〇三（明治三六）年から、小学校でつかう教科書を文部省が制作しはじめた。それを国定教科書とよぶ。

それまで、小学校の教科書は、民間でこしらえられていた。そして、文部省の検定をへたものが、つかわれてきたのである。じっさいに配付される教科書は、検定をすませたもののなかから、各府県がえらんでいた。

民間の教科書会社は、とうぜん自社の商品を、より多く売りこもうとする。そして、その努力は、しばしば度をこえた。各地の学校関係者へ、賄賂をとどけるようにもなっていく。一九〇二（明治三五）年には、その横行ぶりが全国で発覚し、一大疑獄事件へと発展した。

国定化は、そういう汚職を、あらかじめふせぐためにとられた措置である。出版社と教育界のくされ縁を、たちきるために決定された。生徒への思想統制を、はじめからねらっていたわけではない。しかし、事後的には皇国精神を注入する役目にもなったと、よく言われる。

その国定教科書に、国語だが、ヤマトタケルの話がのっている。西征の女装譚も、掲載されていた。ここでは、第三期国定国語教科書、尋常小学国語読本　巻五のそれを、紹介しておこう。

小学三年生むきの教材だが、クマソタケルをうつくだりは、こうつづられていた。

「尊《みこと》はかみをといて、女のすがたになり、つるぎをふところにかくして、其《そ》の家の中へおはいりになりました〔中略〕たけるは尊を見つけて、自分のそばへ呼びました。夜がふけて、人々はかへりました。たけるも酒によつてねむりました。此の時尊はふところのつるぎを出して、たけるのむねをおつきになりました」（『日本教科書大系　近代編　第七巻　国語　四』一九六三

年）

ほかの児童書とちがい、『古事記』にはしたがっていない。話の大筋は『日本書紀』をなぞる形でまとめられていた。いずれにせよ、女のふりをして刺殺へおよんだところは、はっきり書いている。のみならず、この教科書は、そのイラストもそえていた。女になりすましたまま、タケルをくみふせる。そんな図を、挿絵としてつかっている。

大日本帝国の教育は、女装皇子の闇討ちを、どうどうと子どもにつたえていた。ひきょうでみだらな気配もあるとは、みなさない。ましてや、かくそうとはしなかった。英雄的な行為として、大々的にとりあげたのである。

3-5　国語教科書のヤマトタケル

吉井巌は告白する

旧制の教育をへた人たちは、みなヤマトタケルの女装譚を、小学校でおそわっている。戦後に仕事をした国文学者も、その例外ではない。

一九二二（大正一一）年に生まれた吉井《よしい》巌《いわお》も、まなばされている。研究者としては、天皇の系譜を神話でたどる作業に、いそしんだ。『ヤマトタケル』（一九七七年）という著作もある。なかで、吉井は戦前期にうけた国語教育を、ふりかえる。

自分は小学三年の時に、ヤマトタケルのことを学習した。ただ、何をどうまなんだのかは、おぼえていない。ごく近年まで、わすれていた。しかし、昔の教科書を復刻版で見た時に、はっきり想いだしている。とりわけ、その挿絵には、記憶の回復を強くあとおしされたという。

吉井は、自分がたどったそんな心のうごきを、こう書きだした。

「さし絵をみた時、まざまざとよみがえってくる古い記憶があった。それは女装したりりしい皇子のヤマトタケルが、熊襲たけるを組みしいて、短剣をその胸に突きおろそうとしている絵である」

女装の皇子が、まさに殺害へおよぼうとする。その瞬間をとらえたイラストが、決定的であった。これとの再遭遇が、脳裏へかつての想い出をよぎらせたのだという。さらに、吉井は言う。この絵でまなんだ多くの日本人も、つぎのようなヤマトタケル像をいだいてきたろう、と。

「多くの人々にとってヤマトタケルは、古代を代表する人の一人であった。しかしその時のヤマトタケルは、先にあげた小学校の教科書の熊襲たける討伐の話にみられるような、美しくてりりしい少年皇子の姿を核とする姿であるのではなかろうか」

女装のにあう皇子が、敵陣へ単身のりこみ、その大将をほうむりさる。その美しさと勇気で、ヤマトタケルは国民におぼえられているという。また、自分も同じヤマトタケル像を共有してきたと、吉井は告白する。つぎのように。

「大学で国文学を学び、『古事記』を講読した私も、長い間、この教科書にみえるような、りりしい勇ましい皇子のヤマトタケルを核としたヤマトタケルを心のなかにもちつづけてきた」

だが、吉井はこの国民的と言っていい認識にあらがう。はたして、こういうヤマトタケル理解に安住していても、いいのか。研究者となった吉井は、そこに疑問をいだきだす。

「『古事記』のヤマトタケルの話の大筋をたどってみると、その話が美しくりりしい皇子の話として片づけてしまえない、より重要な内容を基本として語られているものであることを認めないわけにはゆかない〔中略〕私は『古事記』をよみ、ヤマトタケルの話の訓詁《くんこ》をおこなっているうちに、私のヤマトタケル像からだんだんと離れてゆくのを感じた」

ヤマトタケルを、もっぱら美形の勇者としてのみとらえるべきではない。女装譚の背後には、もっと奥深い何かがひそんでいる。『古事記』ととりくんで、自分にはそのことがよくわかったというのである。

なぜ女装皇子はりりしくうつるのか

ならば、どのような背景が、ヤマトタケルの女装伝説にはあるというのか。この点について、吉井がとくべつ斬新な解釈を、ひねりだしているわけではない。学界では、しばしば見聞きする読み解きを、彼の『ヤマトタケル』はならべている。

ヤマトタケルへ女装にもつかえる衣裳をわたしたのは、叔母のヤマトヒメであった。その女服は、呪力をこめた衣装として、理解されていただろう。

また、女装の場面は往時のヒメヒコ制とも、通底しあっていた。司祭者である女性が、政治にたずさわる男性をバックアップする。そんなならわしと、つうじあう。沖縄で近年までつづいたオナリ神の信仰とも、ひびきあっていた。以上のように、吉井は議論を展開する。

さらに、新羅の花郎も、立論の俎上へあげている。女性の神秘が男の力を増幅する。ヒメヒコ制のそんなからくりは、女装によっても作動させることができる。花郎が女装におよんだのは、そのためである。ヤマトタケルの女装も同列に論じうると、吉井は言う。

私の紹介ぶりは、話をはしょりすぎているかもしれない。『ヤマトタケル』は、もう少していねいに説明をほどこしていたろうか。しかし、いずれにしろ、それらに学説としての新味はない。学界ではよくくりかえされる読解を、吉井も反復しているのだと言いきれる。

ハニートラップ

くりかえすが、こういう解釈を私はうけつけない。それらは、記紀がえがいた女装と暗殺の物語から、目をそむけている。あるいは、ハニートラップの話をおもしろがる心性に、むきあおうとしていない。いずれも、ことの裏や奥ばかりを詮索し、正面からにげている。性的な要素に背をむけ、もっともらしい説明へすりかえようとした。ひきょうな読み解きだと考える。

かりに、それらの臆測が真理の一端をうがっていたとしても、私は納得しない。

吉井は、書いている。小学生の時は、女装と暗殺の皇子像に感銘をうけた。なのに、そんな少年時代の感激を、あらためてとらえなおそうとはしていない。そこに、私は不満をいだく。なぜ、女装皇子の隠密めいた凶行に、自分は好印象をいだいたのだろう。どうして、少年が女になりすまし、敵を魅了する話で、胸がおどるのか。そこを見すえようとしていない。『古事記』を研究するようになって、自分はかわった。分析的に古典を読んできた自分は、成長したという。そんな論述のなかで、以前にいだいた未熟な想いを、吉井はこうしるす。ヤマトタケルには、もっぱら「美し」さや「りりし」さを感じた、と。

研究者になった吉井も、ヤマトタケルの「りりし」さまでは否定していない。『ヤマトタケル』を世に問うた時点でも、同じ評価をたもっていた。ただ、「りりしい」と感じるだけでは、学問がみのらないと言う。

しかし、女装譚のヤマトタケルが、無条件に「りりし」く見えるわけではない。たとえば、中国からくる人たちは、淫靡《いんび》で狡猾だとうけとめる。そのヤマトタケルを、吉井は「りりしい」と感じた。学究となってからも、感じている。なぜ、自分にはそれが「りりし」く見えてしまうのか。そこを問いなおそうとはしていない。

この批判を吉井は、物故者だが、軽くうけながすだろう。自分は上代文学の研究者である。古い時代の価値観を見きわめることが、自分の仕事になっている。二十世紀以降の精神史を問いただされても、こたえられない、と。

吉井ひとりにかぎった話ではない。ヤマトタケルを論じた学徒は、たいてい上代文学や、いわゆる古代史の専門家であった。女装で殺害におよぶ皇子を、日本の近代に生きた人びとは「りりし」く思ってしまう。その謎には、誰もいどんでいない。

江戸時代の浄瑠璃が、芸能世界のなかでよみがえらせた。そんな女装皇子の姿が、近代をむかえ、国民的な規模で肯定的に語られる。大日本帝国の国定教科書まで、大きくとりあげた。少年少女の英雄像にさえ、なりおおせている。この経緯から、多くの学者は目をそむけてきたのである。

第4章　スサノオ

1　ヤマタノオロチと美女の影

酒におぼれて

ヤマトタケルは草薙剣の使い手として、古くからみとめられてきた。そして、この剣を世にもたらしたのはスサノオノミコトである。そのため、ふたりはたがいに関連づけて、しばしば語られた。両者を同一人格、あるいは神格としてとらえる者も、いなかったわけではない。

十七世紀にヤマトタケルの女装譚が文芸上で活性化したことを、先ほどのべた。そして、この勢いは、一体的にながめられやすかったスサノオへも、ほどなくおよびだす。スサノオをも女装者として位置づける見方の浮上に、はずみをつけた。これからは、その歴史的な推移へ、目をむけたい。

ヤマトタケルは、父の景行天皇に命じられ、東海や関東へ出征する。この時、叔母は甥の身をあんじ、草薙剣をてわたした。アマテラスオオミカミからさずかった神宝を、餞別として皇子にゆずっている。そして、この刀剣こそが、皇子を東国での火ぜめからすくいだした。以上のような説話が『日本書紀』にはおさめられている。

だが、ある時ヤマトタケルは、これを携帯しわすれる。その油断もあって、伊吹山では山神から致命的な病をおわされた。おかげで、命もおとしている。身につけそびれた草薙剣は、妻であるミヤズヒメの手元へのこされた。名古屋の熱田神宮は、この剣が御神体になる神社だとされている。『日本書紀』は、そうつたえてきた。

さきほどもふれたが、これを伊勢神宮へあたえたのはアマテラスだと、記紀にはある。そして、アマテラスは弟であるスサノオノから、この剣を献上されていた。

スサノオがこれを入手したのは、出雲だということになっている。出雲をおとずれたスサノオは、なげきかなしむ老夫婦とその娘に遭遇する。夫はアシナズチ、妻はテナズチと名のった。娘はクシナダヒメ（『古事記』）であるという。あるいは、クシイナダヒメ（『日本書紀』）とも、その名をつげている。

夫婦には、八人の娘がいた。しかし、そのうち七人までもが、ヤマタノオロチという大蛇にたべられている。さらに、まもなく最後の八人目であるこの娘まで餌食《えじき》になるという。

アシナズチから話を聞き、スサノオは彼らに提案した。ヒメを自分の妻にくれるのなら、その命をたすけよう、と。アシナズチらは、この申し出をうけいれた。

婚姻をみとめられたスサノオは、さっそく作戦をさずけている。濃厚な酒と八つの酒槽《さかぶね》、もしくは酒桶《さかおけ》を用意しろ。また、八つの桟敷《さじき》、あるいは棚をこしらえてくれ、と。

八つのコーナーをもうけ、そのそれぞれに酒がはいった器をおく。ヤマタノオロチは、首から上が八つの蛇体にわかれている。そのすべてに酒をのませ、酔いつぶしてしまおうというのがスサノオの算段である。

この戦法は、図にあたった。ヤマタノオロチは、予定どおり泥酔する。おきられなくなった敵を、スサノオはその愛剣、十握剣《トツカノツルギ》で斬りきざむ。すると、切断された大蛇の尾から、もうひとつべつの剣があらわれた。草薙剣とされたのは、これである。

ただし、『日本書紀』には、この剣を天叢雲剣《アマノムラクモノツルギ》とよぶ説話もある。草薙剣とよばれだしたのは、ヤマトタケルの手にわたってからだというのである。いずれにしろ、草薙剣の神話的な起源はヤマタノオロチにまで、さかのぼる。記紀のあいだに、その点をめぐるちがいはない。

スサノオが姉のアマテラスにさしだしたのは、大蛇の体内からでてきた剣である。これが、天下りをするニニギノミコトにわたされ、朝廷で継承された。のちには、伊勢神宮へ下賜され、ヤマトヒメ経由でヤマトタケルの持ち物となる。最終的には、熱田神宮でまつられた。草薙剣に関する神話上の系譜は、そうなっている。

ヤマタノオロチを斬りさき、スサノオが手にいれる。草薙剣をことほぐこの伝説は、しばしば後世の書物でもくりかえされた。たとえば、『平家物語』や『源平盛衰記』、さらに『太平記』でも反復されている。前にも、伝説の継承をめぐっては、軽くふれたことがある。ここでは、伝承の過程で生じたある変化に、光をあてていこう。

美女の姿にもまどわされ

まず、『平家物語』からとりかかりたい。草薙剣をめぐる記述は、その巻第十一にある。「剣《つるぎ》」という標題でおさめられている。スサノオがヤマタノオロチを退治する話も、そこにふくまれていた。八つの器にためた酒でヤマタノオロチを酔いつぶすくだりも、うけつがれている。だが、つぎのような展開も、新たに追記されていた。

「八《やつ》の舟に酒を入れ、美女のすがたをつくッて、たかき岡に立つ。そのかげ酒にうつれり。大蛇人と思ッて、其かげをあくまでのンで酔臥《えいふ》したるを、尊《みこと》、はき給へる十《と》つかの剣を抜いて大蛇をづだ〳〵にきり給ふ」（前掲文庫）

器にたたえられた酒の表面へ女の面影がうつるよう、あらかじめしかけておく。そのために、岡の上へ美女の人形を立たせたという。

『平家物語』は、娘の名をイナダヒメとしるしていた。ヤマタノオロチがもとめたのも、この娘である。岡の上へおかれた人形も、だから彼女の似姿になっていたと、みなしうる。「美女のすがたをつく」るとしか、『平家物語』はしるしていない。だが、「美女」の手本はイナダヒメだろうと、おしはかれる。

もういちど、記紀をふりかえる。『古事記』や『日本書紀』に、「美女のすがた」うんぬんという文句はない。ヤマタノオロチは、もっぱら酒に目のない大蛇として、あらわされた。女の美しさにそそられ、酒をのみだしたわけではない。記紀では、ただ酒がほしくて突進したこと

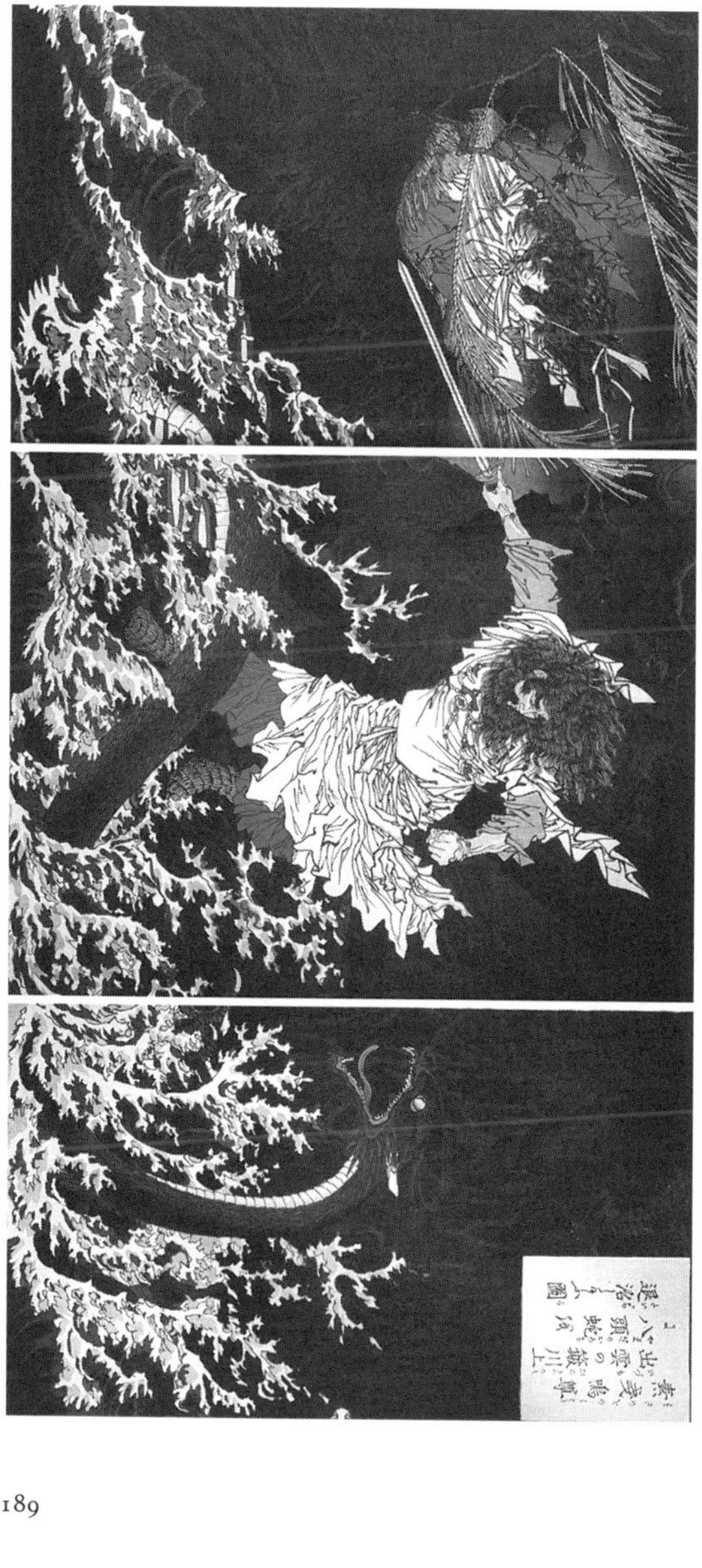

4-1　ヤマタノオロチを斬るスサノオ、美女イナダヒメをそばに　月岡芳年『日本略史 素戔嗚尊』1887年

になっている。

『平家物語』は、大蛇を誘惑する要素に「美女のすがた」も追加した。ヤマタノオロチも、酒だけにおぼれて失敗したわけではない。美女の図にそそのかされた者としても、えがかれた。身をほろぼした原因は、酒のみならず、女色にもあるとされだしたのである。

『源平盛衰記』は巻第四十四に、ヤマタノオロチとかかわる話をのせている。「神鏡・神璽都入並三種の宝剣の事」と題されたところに、それはある。ここでも、スサノオは酒を八つの大きな器に、いれさせた。こんなふうに。


「尊《みこと》かの酒を八《やつ》の槽《さかふね》に湛へて、后を大蛇の居たる東の山の頂に立てて、朝日の光に后の御影《みかげ》を槽の底に写し給ひたりけるに」（前掲『新定　源平盛衰記　第六巻』）

文中の「后」は、老夫婦の娘をさしていた。その名は、『日本書紀』流にクシイナダヒメとされている。この軍記で、スサノオは彼女を妻としたあとに、対大蛇戦略をねりだした。娘が「后」としるされたのは、そのためである。

ここでのスサノオも、ただ酒を準備するだけでは、作戦をすませていない。『平家物語』と同じで、女の魅力を戦術にくみこんでいる。だが、美女の人形をこしらえたりはしていない。

スサノオは大蛇を誘惑する形象として、クシイナダヒメの立ち姿そのものを活用した。朝日をあびた妻の様子が、かがやかしく酒の表面にうつる。その角度をわりだし、東の山をえらんでいる。さらに、山頂へ彼女を立たせ、大蛇がやってくるのをまちかまえた。

計略どおり、ヤマタノオロチは、これにさそいだされ、器の酒へ首をつっこみだす。
「大蛇この酒を見るに、八の槽の中に八人の美女あり。実《まこと》の人と思ひ、頭を八の槽に浸して人を呑まんと思ひて、この酒を飲み干す。大蛇頭を低《た》れて酔臥す。尊帯び給へる十握《とつかの》剣を抜きて、大蛇を寸々《ずたずた》に斬り給ふ」(同前)

酒の表面に反射する像は、美女の人形か、それとも当人か。その点に、ちがいがないわけではない。だが、どちらも美女の姿で大蛇を罠におとしいれている。女の色香にまよわせ、敵を泥酔させる手口はかわらない。

『平家物語』や『源平盛衰記』は、鎌倉時代にまとめられた。源平の合戦をふりかえる軍記文学である。

記紀のスサノオは、女色で敵をだまさない。だが、『平家物語』などは、美女の容色もスサノオに利用させている。この変化を日本文芸史にもたらしたのは、鎌倉期の軍記であった。私が読みこめた範囲で議論をすすめれば、そう判断するしかない。しかし、色仕掛けをしるした先行例がないと言いきるのは、ひかえておく。

『平家物語』や『源平盛衰記』には、さまざまなヴァリエーションがある。それら諸本のなかで、美女の魅力が大蛇をさそいこむ話は、どうはぐくまれたのか。その詳細も、つきとめられなかった。私が見わたしたのは、活字化された普及版だけである。

ただ、鎌倉期の軍記文学を境に、こういう叙述がふえだしたのは、まちがいないだろう。ヤマタノオロチは、スサノオのしかけた美女の幻影にひっかかった。そういう話のすすめかたが、この時期からさかんになったことは、うたがえない。

酒より女

室町時代の『太平記』も、スサノオの大蛇退治に言いおよんでいる。そして、この読み物は、ヤマタノオロチが標的となる罠のしくみを、こうあらわした（第二十六巻）。

「八つの酒船《さかぶね》に酒を湛《たた》へ、その上に棚を掻いて、姫を置き奉りて、その影を酒に移してぞ待ち給ひける」（『太平記（四）』岩波文庫　二〇一五年）

『太平記』は、『平家物語』と同じように「姫」の名をイナダヒメとしていた。だが、美女の人形で大蛇をたぶらかそうとはしていない。ヤマタノオロチを「酒船」へいざなったのは、「姫」じしんであった。その点では、さきほどの『源平盛衰記』と同じ設定になっている。

だが、『太平記』の「姫」は、「酒船」の真上で、大蛇をおびきよせている。ヤマタノオロチの口がとどきかねないところで、その姿を酒の鏡へ投影させていた。『源平盛衰記』の場合とちがい、山頂という安全地帯をあてがわれたわけではない。危機一髪というスリルは、『太平記』のほうが強められている。

さいわい、ヤマタノオロチは棚の上にいた「姫」を、おそわなかった。「酒船」にうつった鏡像のほうへ、くらいついている。おかげで、すっかり酔ってしまい、けっきょくはスサノオにうちはたされた。両者の対決を、『太平記』は以上のようにえがいている。

娘のあわやというピンチを、いちばん劇的にあおったのは近松門左衛門であろう。一七一八（享保三）年に上演された『日本振袖始』という近松劇に、その場面はある。この作品でイナダヒメは、ヤマタノオロチにのみこまれた。だが、彼女は「大蛇が背《そびら》を腹の内」から「切裁《さば》き」、外へとびだしている（『近松全集　第十一巻』一九二八年）。

くらべれば、娘の人形をつかった読み物は、あまり多くない。たいていの記述は娘じしんに、ヤマタノオロチをひきつけさせている。しかし、人形でヤマタノオロチをさそう筋立ての記述も、見かけることはある。『平家物語』だけが、そうしていたわけではない。

『雲州《うんしゅう》樋河上《ひのかわかみ》天淵《あめがふちの》記《き》』（一五二三年）という冊子を、ためしに見てみよう。出雲や熱田に光をあてた神道書である。評題中の「樋河」は、今日の斐伊《ひい》川だとされている。ちなみに、ヤマタノオロチが出没したのは、その川上であった。「雲州」は、もちろん出雲である。

なかで、ヤマタノオロチがひっかかった罠は、こう説明されている。スサノオは、「艾偶《がいぐう》女《じょ》」をこしらえた。その「影」が酒の表面に反射するようしかけている。これを、大蛇は「真女」に見あやまった、と（『群書類従　第二輯』一九三二年）。

スサノオは「艾」の「偶女」、つまりヨモギで女の人形をあつらえたのだという。それが「真女」に見えるかどうかは、うたがわしい。しかし、とにかく人形でヤマタノオロチをだましたとする話も、書かれてはいた。

『三種神祇《さんしゅじんぎ》　幷《ならびに》　神道秘密《しんとうひみつ》』（一五四二年）にも、人形の話はある。やはり神道書のひとつだが、スサノオは「吉女ヲ作テ八人居《スエテ》」と書かれている（『真福寺善本叢刊　第七巻』一九九九年）。八頭の大蛇にあわせ、八体の女人像を用意したということか。文中の「吉女」はよき女、つまり美女のことをさしていただろう。

記紀を読むかぎり、ヤマタノオロチは女の鏡像になど、まどわされていない。スサノオとの対決では、ただ酒におぼれただけである。しかし、後世の軍記は、酒をのませる手立てとして、美女像の投影譚を追加した。酒での失敗談へ、女色の罠という話をそえている。そして、以後の文芸世界はその方向へ傾斜した。こちらのほうが、民族的には好まれたようである。

2　スサノオは女になったのか

娘を櫛にかえる

ヤマタノオロチは、自分たちの娘をたべるだろう。この運命にはさからえない。悲しいかぎりである。出雲の老夫婦に、そうなげかれたスサノオノミコトは、彼らへ策をさずけている。器を八つ用意して、そこへ酒をそそげ、と。

ただ、その直前にスサノオは、やや不可解な振舞いへおよんでいた。彼らの娘を櫛《くし》の形にかえて、自らの髪へさしたのである。そのことを『古事記』と『日本書紀』は、それぞれつぎのように書きとめた。

「速須佐之男命《スサノオノミコト》、すなはち湯津爪櫛《ゆつつまぐし》にその童女《をとめ》を取り成《な》して、御角髪《みずら》に刺《さ》して」（前掲文庫）

「素戔鳴尊《スサノオノミコト》、立《たちなが》ら奇稲田姫《くしいなだひめ》を、湯津爪櫛に化為《とりな》して、御髻《みづら》に挿したまふ」（『日本書紀（一）』一九九四年　岩波文庫）

クシナダヒメ、あるいはクシイナダヒメを櫛にする。ユツツマグシという髪すき、もしくは髪飾りへ変形し、自分の髪にさした。記紀は、どちらもそうのべている。

ユツツマグシの「ユツ」は、神聖なという程どの形容である。「ツマ」は爪の形を意味している。全体では、けがれなくきよらかな爪型の櫛という含みになろうか。

ヤマタノオロチは老夫婦の娘をねらっていた。そんな娘の身をかくしやすくするため、小さな櫛に彼女の姿をかえてしまう。また、頭髪へゆわえつけ、自らの保護下においた。スサノオの振舞いは、そういう動機にもとづいていると、とりあえずみなしうる。

だが、べつの解釈もある。櫛にかえられた娘を、頭にさす。これは、スサノオがヤマタノオロチとたたかう前に、女装したことをしめしている。そう論じる学者がいる。たとえば、人類学の金関丈夫《かなせきたけお》に、こんな指摘がある。

「スサノオはクシイナダヒメを小形に変化させて、頭に挿したとある。これは櫛をさしたことであり、女装したことである」（「箸・櫛・つるぎ」一九六四年『木馬と石牛——民族学の周辺』一

九七六年)
どうして、こういうことが言えるのか。金関は言う。スサノオが発見した剣は、ヤマトタケルに利用された。両者は、たがいにつながっている。ヤマトタケルが女装をしたのなら、スサノオも同じことをしただろう、と。

民俗学の小島瓔禮《こじまよしゆき》も、スサノオとヤマトタケルを連続的にとらえようとする。櫛をさしたまま、ヤマタノオロチと対峙するスサノオについては、こう評した。「クシナダヒメの姿で大蛇に応対しているのかもしれない」、と(「海上の道と隼人文化」『海と列島文化　第5巻　隼人世界の島々』一九九〇年)。

あとひとつ、心理学の河合隼雄《かわいはやお》がのこした言及を、ひろっておく。スサノオは、「娘を櫛に変じて自分の身につけ」た。「女装をして、姫の身代りになって大蛇を待ったのだと考え」たい。「後にヤマトタケルがクマソタケルを討つときに女装したことが連想され」る。そう河合は論じている(『神話と日本人の心』二〇〇三年)。

似たような言及は、ほかにもある。この見解は、今日のちょっとした一般通念になっている。しかし、私はもうひとつ納得しきれない。娘の化身である櫛を、頭へさした。それだけの記述から、女装の物語はわりだせないと考える。

スサノオが櫛をさした部位は、「御角髪《みすら》」である。そう『古事記』は書いていた。『日本書紀』は、「御髻《みづら》」としるしている。表記はちがうが、どちらもスサノオのミズラを、櫛の装着された箇所だとした。記紀はスサノオに、ミズラをゆったまま、ヤマタノオロチとたたかわせている。

ミズラは、上代の男たちに普及していた髪型である。髪が左右にたばねられ、耳のそばで輪のようにまとめられる結い方を、そうよぶ。そのミズラに櫛をすえつけ、スサノオはヤマタノオロチとむきあった。男のヘアスタイルをとどめたこの姿が、女装者のいでたちであったとは、思いにくい。

4－2　上代のミズラ　狩野養信「聖徳太子二王子像」（模本）1842年（原品、奈良時代・8世紀）

クマソの宴席へ潜入するヤマトタケルは、女装をするために髪型をかえていた。「童女《をとめ》の髪の如《ごと》その結はせる御髪を梳《けづ》り」と、『古事記』にはある。「髪を解きて童女の姿と作《な》り」。そうしたのは、『日本書紀』であった。

スサノオが、もし女をよそおったのだとしたら、どうだろう。その場合、記紀の編者も、しかるべき説明をほどこすのではないか。少なくとも、男の髪型であるミズラのまま、決戦へおもむかせることはありえまい。

日本の神話には、イザナギノミコトが黄泉国《よみ》をおとずれる場面もある。妻のイザナミノミコトを、冥界へむかえにいっている。そのさい、イザナギは左右の「御角髪」に「湯津津間櫛」をさしていた。そう『古事記』は書いている（前掲文庫）。イザナギは男神だが、髪へユッツマグシをさしつつ、妻との対面におもむいたのである。

スサノオも、ユッツマグシを髪にとりつけた。しかし、それだけで、女装へふみきったとはみなせない。イザナギのように、同じ状態で妻をむかえた男神の例もある。

たしかに、櫛の正体は娘であった。その点は、女への変身をしのばせなくもない。だが、記紀の記述を冷静に読むかぎり、スサノオの女装説は成立しえないと考える。

にもかかわらず、あえて書く。スサノオが女にばけたと読める可能性も、『日本書紀』にかぎればないわけではない。櫛をさした。ただ、それだけの記述から、女になりすましたときめつけるのはむずかしいだろう。だが、べつの角度から、女装の可能性を検討する余地はある。

「前人未発」の読み下し

くりかえすが、『日本書紀』はスサノオの行動を、こう書いていた。「立《たちなが》ら奇稲田姫《くしいなだひめ》を、湯津爪櫛に化為《とりな》して」、と。そして、その原文は、漢文だが、訓点をはぶくと以下のようになっていた。「立化奇稲田姫為湯津爪櫛」と。

この漢文は、ほんとうにスサノオがクシイナダヒメを櫛にかえたと、読めるのか。十七世紀の神道家である度会延佳《わたらいのぶよし》が、そこに疑問をなげかけた。延佳は伊勢神宮の外宮につとめる神官である。学者でもあり、一六七二（寛文一二）年には、『日本書紀神代講述鈔《じんだいこうじゅつしょう》』を、あらわした。そのなかで、問題の箇所をこう読み下している。

「タチドコロニクシイナダビメニナリテ。ユヅノツマグシヲツクリテ」、と（早稲田大学図書館蔵　津田文庫）。

クシイナダヒメを、立ちながら櫛にかえたのではない。スサノオは、立ちどころにクシイナダヒメとなった。さらに、櫛もつくっている。ここは、そう読むべきところだと、延佳は力説した。この読みを信じれば、スサノオは女へ変身したことになる。クシイナダヒメになったというのだから、そう解釈するしかない。

あいかわらず、ミズラの処理については、疑問がのこる。スサノオはクシイナダヒメになりおおせた。女にばけたという。ならば、なぜ櫛をミズラの髪にさしたのか。ミズラがのこっている以上、女性化が完了したとは言いがたい。髪型は男のままだが、クシイナダヒメになったということで、はたしていいのか。そこに、私は違和感をいだく。

延佳は、自分の読みこそが正しいと言う。漢文訓読の理にかなっていると、揚言する。だとすれば、ミズラの件は『日本書紀』の編集ミスだとみなさざるをえなくなる。そして、その可能性もないとは言いきれない。

ねんのため、追記する。たしかに、『日本書紀』の漢文は、延佳風に読みとりうる。しかし、『古事記』の原文は、こういう解釈をうけつけない。そのことは、延佳もわかっていた。『古事記』の読解にいどんだ著作では、スサノオが童女を櫛にかえたと言っている。女装説はもちだしていない（『鼇頭《ごうとう》古事記』一六八七年　早稲田大学図書館蔵　土岐文庫）。

『日本書紀』をめぐっては、一六七四（延宝二）年にもべつの註釈書が刊行された。国学者の白井宗因《しらいそういん》が『日本書紀神代私説』をまとめている。二年前に延佳がうちだしたスサノオの女性化説を、この本はほめちぎった。「度会延佳前人未発ノ所ヲ発ス尤《もっとも》後学ノ一助ト云ヘシ」。参考にすべき、画期的な読みである、と（市立米沢図書館蔵　米沢善本）。

たしかに、めざましい読み解きである。しかし、これはほんとうに正しいのか。本居宣長は、まちがっていると言う。十八世紀後半から書きつづけた『古事記伝』で、のべている。スサノオが「稲田姫の形に化《ナリ》」というような解釈は、「みなひがことなり」、と（『本居宣長全集　第九巻』一九六八年）。

幕末の国学者である鈴木重胤《すずきしげたね》も、スサノオの変身を全面的に否定した。延佳のことは、「妄《みだり》に云へる者」、「皇典の罪人」とまで言いきっている。『日本書紀伝』での指摘である（一九一〇年）。なお、重胤がこのくだりを書いたのは一八五七、八（安政《あんせい》三、四）年ごろであった。

宣長は否定論の根拠をのべていない。ただ、「ひがこと」、つまりまちがいだと言うにとどめている。重胤は、ミズラとの不整合をあげつらった。クシイナダヒメにばけたというスサノオが、男の髪型をたもっているのはおかしい、と。やはり、ひっかかるむきには、私もふくめここが隘路《あいろ》となるようである。

ヤマトタケル伝説とも共振して

スサノオがクシイナダヒメになったという訓読は、妥当なのか否か。この点をめぐっては、今でも結論がでていない。一九五〇年代のなかばに、民俗学の高崎正秀《たかさきまさひで》が肯定説を書いた。そして、同じころに神話学の松村武雄《まつむらたけお》が否定論を展開している。以後、状況はかわっていない。賛否の両論が、平行線をたもちつづけてきた。

私じしんは否定説を支持している。しかし、ここでは、その当否へ深入りすることをひかえよう。それよりも、スサノオの女性化説が浮上していった、その経緯を問題にしたい。

くりかえすが、度会延佳が新しい読解を世にもたらしたのは一六七二（寛文一二）年である。以後、この読みは、一定の支持をとりつけた。オーソライズは、されていない。しかし、少なからぬ人びとが、女へ変身したスサノオを語るようになっていった。今もその状況は、つづいている。

もういちど、女装者としてのヤマトタケル像が流布していく経緯を、ふりかえろう。その時期は、スサノオが女になったとする語りの浮上と、かさなりあう。室町期の芸能は、ヤマトタケルを草薙剣がらみの伝承とともに、とりあげてきた。女装者としての一面には、目をむけていない。そちらが浮上しだしたのは、江戸期の脚本家が目をつけてからである。

そのさきがけとなったのは、古浄瑠璃であった。すでにのべたが、『あつた大明神の御本地』（一六六五年）からはじまっている。度会延佳がスサノオの女性化説をあらわしたのは、その七年後である。

この作品以後、女装者としてのヤマトタケル像は普及した。色仕掛けで暗殺におよぶ皇子のキャラクターも、ひろく知られるようになる。スサノオについての新説が語られだすのも、ほぼ同じころである。

伊勢の神官である延佳が、古浄瑠璃の感化をうけたと言いたいわけではない。ただ、時代精神は、共有しあっていたように見える。記紀の女装譚を再認識する時流は、十七世紀後半からもりあがりだしていた。その潮流は、ヤマトタケルのイメージをかえてゆく。のみならず、スサノオの人物像をもまきこんだのだと考える。

ヤマトタケルの場合は、女装の記述が記紀にはっきりのこっていた。だから、このトレンドにあとをおされ、女装者像も増幅されつつ流布していく。

いっぽう、スサノオに、女装歴を明示する記録はない。だが、草薙剣をとおして、ヤマトタケルにつながる英雄だとは、みなされてきた。そのため、こちらのほうにも、女装者像の影はおよびだす。まるで、ヤマトタケル語りの推移と、波長をあわせたかのように。

もういちど、のべる。スサノオは、ヤマタノオロチにハニートラップをしかけたと、言われてきた。美女の形象をつかって、敵をほうむりさる。そんな物語が『平家物語』以後、くりかえされている。言葉をかえれば、江戸時代より前から色仕掛けと成敗の伝説はできていた。

その人物像は、西征のヤマトタケルとも近い。あと一歩で、男のスサノオが人形などをつかわず、みずから女になる。その手前あたりには、はやくからたどりついていたのである。

国学者の谷川士清《ことすが》が、一七六二（宝暦《ほうれき》一二）年に『日本書紀』の注釈書をあらわした。なかで、延佳の新しい訓読にたいする寸評ものべている。この説なら、スサノオの話は「日本武ノ尊解レ髪作二童女ノ姿一以密ニ伺二川上梟帥一盖意同」になる（『日本書紀通証』一九七八年）。ヤマトタケルが女装をしてクマソをうつ話にひとしい、と。

公的な歴史叙述は、ヤマトタケルの女装譚をかくす傾向があった。学者としてのつつしみが、その特筆をためらわせている。本居宣長は言及したが、女装への評価は消極的であった。ヤマトタケルのまとった女服を、神威のこめられたそれとしてのみ、うけとめている。神学的な読みを優先し、フェイクガール像への傾斜をいましめたのである。

くらべて、延佳のスサノオ解釈は柔軟に見える。その女性化を全肯定している。儒者的なこだわりがない学者なら、こういう読み解きもできたということか。いっぽう、宣長の姿勢は、たいそうかたくなにうつる。やはり、漢心にとらわれた人だったのではないか。

まあ、私は延佳の読みを、みとめられないのだけれども。

第5章　熱田神は楊貴妃に

1　来世は熱田神宮で

絶世の美女

世界三大美人という言いかたがある。クレオパトラと楊貴妃《ようきひ》、そして小野小町《おののこまち》の三人が、そうとりざたされてきた。史上の美女を、ひとりずつ西洋東洋日本からえらび、ならべたラインナップである。

もちろん、この顔ぶれがまかりとおっているのは、日本にかぎられる。そもそも、海外では小野小町が、ほとんど知られていない。クレオパトラや楊貴妃とくらべれば、ほぼ無名である。日本以外ではありえない、三美人の組み合わせだと言える。

ただ、江戸時代以前の日本人はクレオパトラを、ほとんど認識していない。知っていたのは、洋学につうじた、ひとにぎりの知識人だけであったろう。今のべた世界三大美人が話題になりだしたのは、明治期以後の現象である。

とはいえ、日本人がいだく楊貴妃像には、より通時的なこだわりも感じる。じっさい、日本ではながらく、楊貴妃こそが美人の代表として、あつかわれてきた。平安時代以後の文芸を見わたしても、そのことは明らかである。美女のたとえにつかわれる頻度で、楊貴妃は小野小町を大きく上まわる。

小町がこの文脈で浮上しだしたのは、室町期になってからだろう。それ以前なら、美人として言及される度合いで、小町は楊貴妃におよばない。美女としての名声では、楊貴妃のほうが格上になっていた。

もちろん、中国でも楊貴妃は歴史上の美人として、ひろくみとめられている。しかし、彼女の名前ばかりが、特権的にことあげされてきたわけではない。春秋時代の西施《せいし》や漢の王昭君《おうしょうくん》をはじめ、後世から語りつがれる美女は、ほかにもいる。

だが、日本では、もっぱら楊貴妃が話題になる。明治以後の世界三大美人としても、日本人は彼女をとりあげた。その地位を、ほかの中国女性へさしかえようとは、していない。

まだ、漢文の教養が生きていたころなら、少しは事情もちがったろう。西施や王昭君は、今より興味をもたれていたにちがいない。あるいは、虞美人《ぐびじん》や趙飛燕《ちょうひえん》らも。

しかし、漢文が読まれなくなった今日、彼女らはわすれられだした。いっぽう、楊貴妃の記憶は、今なお生きている。それだけ、日本人の美人観にとっては、とくべつな存在だったのだと言うしかない。

楊貴妃は八世期、唐の時代に玄宗皇帝の愛妾《あいしょう》としてときめいた。最終的には非業の死をとげている。いわゆる安史《あんし》の乱からのがれ、四川への脱走中に馬嵬《ばかい》駅で殺された。その栄耀栄華と悲惨な最期を、詩人の白楽天《はくらくてん》がうたっている。九世紀初頭の『長恨歌《ちょうごんか》』が、それである。

この詩作が、日本ではたいそうよろこばれた。『源氏物語』も、その刺激をうけつつ書かれている。『長恨歌』でくりだされた楊貴妃の美貌をたたえる文句も、ひろく浸透した。多くの文芸作品が、美人をほめる定型的な表現として、とりいれている。

5－1　楊貴妃　上村松園「楊貴妃」1922年

楊貴妃が日本で美人の代表者になったのは、そのためである。白楽天の『長恨歌』に、きっかけはある。その威光がなければ、楊貴妃像の日本における特権的な普及は、ありえない。

歿後の楊貴妃

さて、『長恨歌』には楊貴妃歿後の後日談も、おさめられている。愛妃をうしなった玄宗は、深くなげきかなしんだ。未練のあまり、神仙の術があやつれる方《ほう》士《し》に、その魂をさがさせている。依頼された方士は、海上の仙山に楊貴妃の霊がただよう蓬莱《ほうらい》宮《きゅう》を発見した。また、彼女からの伝言と形見の品を玄宗のもとへとどけたとも、『長恨歌』にはある。

もちろん、実話ではない。詩人の創作したファンタジーである。しかし、日本では洋上の仙山というくだりに、けっこう興味がそそがれた。のみならず、これは日本のどこかであったろうという想像をもかきたてている。亡くなった楊貴妃の魂は、日本に安住の地をもとめたとする物語も、派生した。

楊貴妃は絶世の美女である。できれば、日本へきていたことにしておきたい。以上のような欲目が、こういう説話をなりたたせたのだろうか。

いずれにせよ、日本転生説の早い例は、『渓嵐拾葉集《けいらんしゅうようしゅう》』という文献にのっている。十四世紀前半に天台僧の光宗《こうしゅ》がまとめた、一種の教学書である。諸社寺の伝承を網羅的にあつめている。鎌倉末期から南北朝期の説話や民間信仰が、これを読めばよくわかる。

その第六巻に、熱田神宮についてのおもしろい記述が、おさめられている。いわく、玄宗と楊貴妃は、ともに蓬莱宮へたどりついた。そして、その蓬莱宮は、日本の熱田神宮にほかならない。同社には五輪の塔婆がある。社殿の後方にたっている。これは、楊貴妃の墓だというのである。その原典は漢文で書かれている。ねんのため、つぎにひきうつす。

「唐ノ玄宗皇帝共ニ楊貴妃一至ニ蓬萊宮一。其蓬萊宮ト者。我国今ノ熱田明神是也。此社壇ノ後ニ有

二五輪ノ塔婆一。〔中略〕此塔婆ハ楊貴妃ノ墳墓也。熱田ノ神儀ニ見タリ」（『大正新脩大蔵経　第七十六巻』一九三一年）

こういう話は、『渓嵐拾葉集』がはじめて採録した。より古い書物のなかでは、見つかっていない。だが、著者の光宗は楊貴妃の五輪塔へ言及するくだりで、のべている。この話は「熱田の神儀《しんぎ》に見えたり」、と。言葉をかえれば、先行記録もあるというのである。

ざんねんながら、「熱田の神儀」が何なのかはわからない。ただ、熱田神宮と楊貴妃のかかわりは、以前から語られていたようである。さきほど、『渓嵐拾葉集』を、こういう話が収録された最古の文献として紹介した。しかし、この位置づけには、限定をそえたほうがいいかもしれない。今につたわる典籍のなかでは、いちばん古いのだ、と。

なお、五輪塔という供養塔の形式は、その起源が十一世紀までさかのぼれる。それより早い時期には、遡及しきれない。

楊貴妃じたいは、八世紀のなかばになくなった。まだ、五輪塔型の墓標がない時代に、処刑されている。同時代の人びとが彼女の墓をこの形でいとなむことは、ありえない。楊貴妃の五輪塔じたいは、熱田に実在したという。ただ、それは歿後、三百年以上をへたあとに設営された。後世の手になる記念塔だったと言うしかない。

ついでに、書く。五輪塔は真言密教における大日如来の三昧耶形《さんまやぎょう》を、しめしている。はなはだ、抹香くさい墓標である。それが、いつ熱田神宮の境内におかれたのかは、わからない。

ただ、神仏習合がすすんでからの供養塔であったろうことは、おしはかれる。

こういう施設が日本にあることは、十四世紀の中国でも知られていた。元末明初を生きた宋《そう》濂《れん》という学者の筆記から、そのことはうかがえる。宋濂には、『蘿山集《らざんしゅう》』（一三六一年）と題された文集がある。その第四巻に、「賦日東曲《ふじつとうきょく》」という文章がおさめられている。留学の日本人僧からしいれた日本事情を、あつめてならべた記録である。

なかに、「国有楊貴妃祠」とある。（『続群書類従　第十三輯下』一九二六年）。日本には、楊貴妃をまつるところがあるという。それが、熱田神宮であったことまでは、書いていない。しかし、楊貴妃の祭祠施設が日本にあるという情報は、海のむこうへもとどいていた。

留学僧らがつたえた噂話のなかに、「楊貴妃祠」の評判もあったのだろう。宋濂が誰からこの話を聞いたのかは、わからない。だが、中国でも興味をもたれていた様子は、読みとれる。少なくとも、宋濂と彼をかこむ日本人僧のあいだで話題になっていたことは、うたがえまい。

日本で増幅した物語

もういちど、『長恨歌』をふりかえる。白楽天は、楊貴妃の霊魂と玄宗を、詩作のなかでわかれさせた。前者を洋上の蓬萊宮へ遠ざけ、後者は唐の国内にとどまらせている。再会はさせていない。ただ、方士という連絡役を両者にあてがっただけである。

しかし、『渓嵐拾葉集』は、玄宗にも来日させている。ふたりをともに蓬萊宮、つまり熱田神宮ですごさせた。日本の説話作者が、ふたりをはなれさせるにしのびないと思ったせいか。いずれにしろ、『長恨歌』の世界観を、日本側がそのままうけいれたわけではない。

『曽我物語』という軍記文学がある。鎌倉初期の曽我兄弟による仇討ちへ、光をあてた読み物である。十四世紀のなかばすぎごろから書かれだしたと、されている。

その『曽我物語』に、玄宗と楊貴妃へ言いおよんだところがある。源頼朝の色恋沙汰とかかわる部分に、それはしるされている。

平治の乱で敗北した源氏の頼朝は、関東の伊豆へながされた。平氏とつながる伊東祐親《いとうすけちか》のところへ、身柄をあずけられている。そんな身でありながら、頼朝は伊東家の三女と恋におち、子もなした。その野合をいやがった祐親は、両者をむりやりわかれさせている。さらに、娘が産んだ子も殺害した。

もちろん、頼朝は強制的な別離をなげき、深くかなしむ。その様子を、『曽我物語』は玄宗の悲嘆に、なぞらえている。いや、それ以上の悲痛をこうむったとさえ、書きたてた。

『長恨歌』の玄宗は、方士にたすけられ、楊貴妃の魂と連絡をとっている。楊貴妃からの返信も、うけとれた。しかし、頼朝にはそういう通信手段がない。伊豆の人びとは、誰も恋人との橋渡し役をひきうけようとしなかった。けっきょく、頼朝はひとりで自らの悲運にむきあうこととなる。

その絶望的な孤独を、強調するためだろう。『曽我物語』は玄宗らの、くらべてややしあわ

5-2　**玄宗が転生したとされる熱田八剣宮**　横山松三郎撮影、1872年。玄宗の伝説は、14世紀に成立した。そして、当時の八剣宮は現存しない。写真は、後世の再建舎。

せな物語をつけくわえた。楊貴妃が洋上の蓬莱宮にいる。それを知った玄宗は、彼女のもとへとんでいったというのである。こんなふうに。

「飛車にのり、わが朝《てう》尾張国にあまくだり、八剣《やつるぎの》明神とあらはれたまふ。楊貴妃は、熱田明神にてぞわたらせたまひける。蓬莱宮、すなわちこの所とぞ申《まうす》」

（『日本古典文学大系　88』一九六六年）

玄宗は尾張へ飛来し、八剣明神になったという。熱田神宮の境内には、今も八剣宮《はっけんぐう》という別宮がある。その熱田で、玄宗は楊貴妃とであうことができた。『曽我物語』は、そうのべている。『渓嵐拾葉集』と似たような話が、ここでは展開されているのである。

ふたりを、尾張の熱田神宮でよりそわせる。『長恨歌』が決別させた両者を、ふたたびむすばせてしまう。どうやら、十四世紀の日本では、そういう幻想譚が好まれたようである。

じつはこれが、十六世紀へいたり、激的に変容する。ふたりが熱田でそいとげる話は、雲散霧消した。両者は敵対的な構図で、えがかれるようになっていく。そして、その変化は女装の文芸史上に、決定的な重みをもつこととなる。

2　日本をまもる神々たち

海上の蓬萊宮

楊貴妃の魂は、海にうかぶ仙山にたどりついた。歿後は、山中の蓬萊宮ですごすようになる。そう『長恨歌』にはある。

この蓬萊宮を熱田神宮のことだとみなす説話が、十四世紀の日本で成立した。尾張の熱田を、洋上の仙山になぞらえたのである。この見立てを不可解に感じる人は、少なくないだろう。どうして、海にあるという蓬萊宮の話から内陸の熱田神宮を想いついたのか、と。

熱田は名古屋の南側に位置している。今は、名古屋市の熱田区にくみこまれ、周囲を人家や工場がとりかこむ。だが、かつては海岸線も近かった。潮がみちれば、熱田へむかう道は水没したらしい。

『盛久《もりひさ》』は、一四二三（応永《おうえい》三〇）年より前にできたことがわかる謡曲である。そこに、こんな文句がある。「熱田の浦の　夕潮の、道をば波に　隠されて、回れば野べに　鳴海潟《なるみがた》」（『日本古典文学大系　40』一九六〇年）。街道が夕方の満潮で、波間にかくれてしまった。しようがないので、まわり道をして鳴海潟へでたという。

熱田は、そういう土地だった。海上の仙山めいてうつるところも、なかったわけではない。蓬萊の島になぞらえうる地理的な条件は、ととのっていた。

室町期の天台僧である亮海《りょうかい》に、『諸国一見聖物語《しょこくいっけんひじりものがたり》』という著述がある。奥書を見れば、まとめられたのは一三八七（至徳《しとく》四）年であるという。一種の紀行文だが、「熱田ノ宮」に関する記述もある。この書物で、熱田の楊貴妃が方士をむかえる様子は、つぎのようにしめされた。

「方士ト申セシ仙人ノ一葉ノ船ニ竿指テ蓬萊宮ニ尋ネ入彼楊貴妃ニ相ヒタリシ蓬萊宮ト申ハ此ノ所之ト申也　サテコソ楊貴妃ノ基トテ有リ又方士カ船ヨセタル所トテ船ノ形ナル所有リ」（『京都大学国語国文資料叢書　二十九』一九八一年）

玄宗皇帝の派遣した方士は、船で楊貴妃のいる蓬萊宮、熱田神宮にたどりついた。方士が着岸した船付場も、そこにはあるという。熱田は海ぞいの、満潮時は陸からきりはなされうる場所だった。方士が船を岸へよせ、上陸してから楊貴妃と対面する。そんな伝承の出現をも、じゅうぶんうながしうる立地だったということか。

「楊貴妃ノ基」という言葉が、何をさすのかはわからない。彼女がここを基《もとい》、つまりよりどころにしたということか。あるいは、「墓」の書きまちがいかとも考える。

余談だが、江戸時代の名古屋城は、蓬左《ほうさ》城とよばれることもあった。同城につたえられた古い典籍の一群は、蓬左文庫と名づけられている。かつては名古屋は、しばしば蓬左と称された。京都から見れば熱田、つまり蓬萊の左側に位置していると認識されたせいである。

玄宗皇帝に牙をむく

楊貴妃の魂は中国をはなれ、日本の熱田神宮に安住の地を見いだした。玄宗も彼女をおいかけ、近くで余生をすごしている。この説話は、十六世紀をむかえ、様相をかえだした。

『雲州樋河上天淵記』（一五二三年）という冊子を、以前に紹介したことがある。スサノオノミコトがヤマタノオロチに奇策をしかけ、退治した。そんな物語の変化形に、ヨモギで女子像をこしらえ大蛇の目をくらませる話がある。『雲州樋河上天淵記』は、この筋立てでスサノオを活躍させた神祇書《じんぎしょ》にほかならない。

この書物は、熱田神宮と楊貴妃のかかわりについても、語っている。楊貴妃は熱田の神だというふうに、話をすすめていた。ただ、それまでとちがい、玄宗を日本にはよせつけない。むしろ、逆である。唐に君臨した第六代皇帝のことは、きらうようになっている。こんなふうに。

唐の玄宗は日本への侵攻と、属国化をくわだてた。この危機に、日本の神々があつまり、対応策を語りあう。そこにいた熱田神は相談の場で妙案を提示する。自分が中国へいき、楊家の娘になりすます。そして、玄宗の心をとりこにし、日本侵略はあきらめさせると言いだした。そして、そのとおりに行動する。

計略は図にあたる。玄宗はその娘、楊貴妃におぼれ日本へ派兵する意欲をうしなった。熱田神は作戦を完了し、船で尾張へもどったのだという。ほんとうに、そんな話があったのか。いぶかしく思う人は多かろう。ねんのため、原文をつぎにひいておく。

「唐玄宗募二権威一。欲レ取二日本一。干時日本大小神祇評議給。以二熱田神一倩給。生二代楊家一而為二楊妃一。乱二玄宗之心一。醒二日本奪取之志一給。誠貴妃如レ失二馬塊坡一乗レ舟着二尾州智多郡宇津美浦一。帰二熱田一給云云」（前掲『群書類従　第二輯』）

熱田神が楊貴妃にばけて、玄宗をたぶらかす。骨ぬきにして、日本奪取の志をすてさせた。その使命を達成したあとは、熱田神宮へもどっている。以前とかわらず、同社でまつられつづけたと、同書にはある。これと同じ話を十六世紀に書きとめた文献は、ほかにもある、そのいくつかを、ひいておく。

室町末期の連歌師《れんがし》に、谷宗牧《たにそうぼく》という人がいた。各地をめぐり、歌の手ほどきをしたことで知られている。その宗牧に『東国紀行』（一五四五年）という旅の記録がある。熱田へたちよったおりの文章も、おさめられている。そこでも、熱田神の活躍ぶりはこうしるされた。

「唐の代おこりて我国をかたぶけんとせしにも。貴妃に生れたまひて彼世をみだれしもこの御神の力とぞ」（『群書類従　第十八輯』一九二八年）

唐で楊貴妃に生まれかわり、彼地へ乱世をもたらした。そうして日本をすくったのは、熱田神の功績であるという。

つぎに、清原宣賢《きよはらのぶかた》のことを紹介しておこう。室町末期の学者で、足利将軍にも古典の読みを教授した。その宣賢が、十二代将軍義晴《よしはる》に『長恨歌・琵琶行抄』を講じている。一五四三（天文一二）年の講義録には、蓬莱宮へ言及したところもある。

「是ハ一説也」。こんな説もある。宣賢はそうことわりつつ、義晴に語っていた。『長恨歌』の蓬莱は、「日本ノ尾張ノ熱田明神」である。かつて、唐の玄宗は日本をせめとろうと考えた。だが、「熱田明神」は「美女ト成テ玄宗ノ心ヲ迷ハ」し、その計略をはばんでいる、と（近藤春雄『長恨歌・琵琶行の研究』一九八一年）。

こういう話をはじめに書きとめたのは、『雲州樋河上天淵記』であったろう。今のところ、これに先だつ記述は見つかっていない。それは、一五二三（大永三）年にいきなり浮上したと、みなしうる。

だが、熱田神の楊貴妃変身説は、たちまちひろまった。少なからぬ教養人が、おもしろがるようになっている。与太話として、きりすてられてはいない。

楊貴妃の正体を熱田神とする。この説話をうけいれる下地が、室町末期にはできていた。十六世紀前半の精神風土と共鳴しうる何かが、そなわっていたのだと言うしかない。

熱田を蓬莱の地とする認識じたいは、古くからあった。鎌倉前期の『海道記』（一二二三年）という記行文に、そのことをしめす記述がある。熱田沖の船遊びはたのしい、たとえ「蓬莱嶋ハ見ズトモ」、と（『新日本古典文学大系　51』一九九〇年）。熱田は蓬莱だという評判の流布していたことが、よくわかる。おそくとも、十三世紀初頭には、でまわっていたのである。

では、玄宗の野望を熱田神がくだく話に、成立をうながした要因は何だったのか。

熱田神が玄宗の日本侵略をはばむ。神が日本をたすける。この筋立ては、いわゆる神国思想の一典型をなしている。そして、こういう考え方は、元寇をしりぞけた十三世紀後半以来、ひろく普及した。蒙古をおいはらったのは神風である。日本は神々にまもられてきたとする民族精神が、ゆきわたったのである。

住吉神と白楽天

その系譜的な展開を、くわしくのべる用意はない。そのかわりに、『白楽天』という神国思想がこめられた代表的な謡曲を、紹介しておこう。これについては、一四六四（寛正五）年に上演されたことがわかっている。室町中期の作品である。

『白楽天』という謡曲は、中国の白楽天を敵役にしたてている。また、この唐を代表する詩人に来日させていた。日本という国の知的水準をはかるために、中国がスパイをおくりこむ。その間者が白楽天だったという設定で、話はくみたてられている。

作中、九州の松浦《まつら》へたどりついた詩人は、その地でひとりの漁師に遭遇する。そして、その場ですぐに、詩歌問答をくりひろげた。やりとりをつうじて、白楽天は彼の文芸理解に感心する。日本人は、こんな漁民にまで歌の心得があるのか、と脱帽した。

一介の漁民が、白楽天を文芸についての教養でうならせる。その種明かしが、この謡曲では後半にしめされる。海人は、神の化身であった。人ではない。住吉の神が、漁師になりすましていたのである。白楽天をうちのめしたのは、住吉神であった。以上のようなからくりをしめしたあとで、『白楽天』は大団円をむかえることになる。

そのフィナーレで、シテの漁師、住吉神は地謡にたくしこう語る。「住吉の、神の力」があるかぎり、中国に「日本をば、従へさせ」ない。白楽天よ、すみやかに「立ち帰」れ、と（『日本古典文学大系　41』一九六三年）。

さらに、地謡が全体をしめくくる。「げに有難や、神と君が代の、動かぬ国ぞ久しき」、と（同前）。日本は神の国である。神と天皇が、この国をまもっている。そうあからさまに、うたいあげていた。神国思想を軸にすえた芸能の、その典型例ではあったろう。

5-3　**住吉神**　住吉広行「和歌三神像」江戸時代・18世紀

白楽天は、日本の漢詩世界を席巻した詩人であった。とりわけ、『長恨歌』は漢詩をたしなむ教養人に、畏敬の念をいだかれている。そんな大詩人に、住吉神は言いはなったのである。日本は歌心にみちあふれた国だ。お前なんかに用はない。中国へかえってしまえ、と。

そして、この謡曲に軍事力の出番はない。中国からの潜入者が、武士の戦闘力におののき、にげかえる。沿岸防備の充実ぶりを見きわめ、皇帝へ日本侵攻を思いとどまらせた。そういう筋立てには、なっていない。

日本を外敵からは、まもってみせる。住吉神にそう言いきらせたのは、民族をあげた詩歌への理解力であった。白楽天を中国へおいかえしたのも、日本人は民度が高いという認識である。武力ではない。日本人の文芸知、文化力こそが日本を保全したという話になっている。

この『白楽天』が上演された六十年ほど後に、熱田神の楊貴妃変身譚はあらわれる。前者は室町中期、そして後者は室町後期の、日中にまたがる物語であった。私は両者を、似たような構想による一連の話として、とらえている。

『白楽天』は、物語の時代背景を白楽天が生きた唐代に設定した。熱田神が楊貴妃になる話も、楊貴妃がときめいた唐代を舞台としている。そして、白楽天は楊貴妃の生涯をえがいた詩人である。とりわけ、日本においては、そのことで知られてきた。まず、この点で熱田神と楊貴妃をめぐる説話は、『白楽天』の延長上に位置づけうる。

さらに、どちらも神々が日本をすくう話になっている。室町中期には住吉神が、中国の日本進出をくいとめようとする。そして、室町後期の熱田神は、中国の皇帝に日本領有の野心を、すてさせた。ともに、神国思想のたまものだと、言ってよい。

そして、楊貴妃になりすました熱田神は、いっさい武力を行使していない。絶世の美女となって、皇帝の心をとりこにする。その色香で、相手のたけだけしい意欲を、なえさせた。熱田神もまた、ひろい意味の文化力で、敵にはたちむかったのである。この点でも、『白楽天』の構図をうけついでいるとみとめうる。

楊貴妃の魂が熱田神宮へきていたという話は十四世紀前半、鎌倉末期からできていた。境内にも、そのころから彼女の五輪塔は、もうけられていたという。熱田神が楊貴妃になったという十六世紀はじめの物語は、そこから派生したのだろう。根は鎌倉末期にあったのだと思う。

だが、十五世紀までの楊貴妃は、しばしば熱田神宮で玄宗といっしょにすごしている。両者の仲は良好にえがかれた。いっぽう、おおよそ二百年後の楊貴妃は、皇帝を罠にかけている。日本をまもるために、色仕掛けでだしぬいた。以前とは、決定的に態度をかえている。

3　伝説はよみがえる

剣の神

日本は神の国である。神々にまもられている。そんな神国思想が、十六世紀の熱田語りを改編しただろうことは、すでに書いた。しかし、救国の英雄として熱田神がえらばれた理由は、まだのべていない。いったい、なぜその役は、熱田の神にたくされたのか。

周知のように、熱田神宮は草薙剣をまつってきた。祭神も、この剣である。つまりは、物神であった。美女へばけるにふさわしい神格がそなわった神だとは、思いにくい。

もういちど、十六世紀の『雲州樋河上天淵記』（一五二三年）に、たちかえる。楊貴妃は熱田神だったと書いた最初の文献だが、その筋立てはこうなっていた。

どうしたら、唐と玄宗の野望をうちくだくことができるか。日本の神々は、その手立てをさぐるために、あつまって協議をした。すべてを熱田神にまかせることも、そこできめている。熱田神を中国へ派遣することでも、衆議が一致したというのである。

だが、どうだろう。日本神話には、アマテラスオオミカミをはじめ女神もおおぜいいる。玄宗をふぬけにする美女のなり手としては、彼女たちのほうがふさわしい。私などは、そう思う。まあ、アマテラスへ出馬をねがうのは、あまりにおそれおおいのかもしれない。それなら、たとえば、富士宮の浅間神社《せんげんじんじゃ》にまつられるコノハナノサクヤヒメは、どうか。花のように美しいとされる女神だが、こちらを選抜する手もあったろう。少なくとも、剣でしかない熱田神より、むいていたはずである。

唐の宮廷まででかけて、皇帝にハニートラップをしかける。その役割を、女神たちがいやがったのだと思われようか。しかし、かんじんの『雲州樋河上天淵記』は、そういうことを書いていない。ただ、熱田神を玄宗のそばへもぐりこませたとしるすのみである。

くりかえすが、熱田神はながらく草薙剣だとされてきた。熱田神宮じしんの記録である『尾張国熱田太神宮縁記』を、見てみよう。平安前期の八九〇（寛平《かんぴょう》二）年になったとしるされているが、うたがわしい。鎌倉初期に編纂されたとおぼしき文献で、冒頭からこうつげていた。
「正二位熱田太神宮者。以二神剣一為レ主。本名天叢雲剣。後改名二草薙剣一。其祠立二於尾張国愛智郡一」（前掲『群書類従　第二輯』）。のちに草薙剣へ名があらためられた天叢雲剣を、熱田神宮は主《あるじ》とする。これが、同社では公式見解となっていた。

この剣を熱田にもたらしたのは、ヤマトタケルである。そのため、草薙剣はヤマトタケルの記憶を、しばしばかきたてた。両者は一体だとする観念も、のちにめざめさせている。

吉田兼倶《よしだかねとも》がのこした書き物に、その早い例がうかがえる。唯一神道を提唱した室町中期の神道家で、多くの著述をあらわした。なかに、『延喜式神名帳頭註』と題された一書がある。兼倶は一五一一（永正《えいしょう》八）年になくなった。この著作も、十六世紀のはじめごろにはまとめられたと、みなしうる。なかで、兼倶は「熱田」に、こんな解釈をそえていた。
「先師説云。熱田社者。日本武尊留二其形影一。天叢雲剣為二御神体一。可レ謂二日本武尊垂跡一者」（同前）。剣とヤマトタケルは、不可分である。その剣が、熱田神宮では神体になっている。つまり、この神社はヤマトタケルをまつっていると、みとめてよい。そう「先師」は言っていた。

この「先師」が誰なのかを、私はよく知らない。ただ、兼倶にさきがけ、熱田神をヤマトタケルでもあるととなえた学者は、いたという。どうやら、十六世紀初頭までには、そういう解釈がこころみられだしていたようである。

前にヤマトタケルを論じたところで、『草薙』という室町期の謡曲を紹介した。恵心僧都が熱田神宮で、花売りの夫婦と語りあう。そのやりとりをえがいた一作である。

すでにのべたが、芝居の前半で、夫婦は彼らの身上を恵心へつげていた。自分たちは、草薙の神剣をまもるため、ここで神になったのだ、と。そして、男の告白は、後半へいたり、よりあからさまになっていく。自分はヤマトタケルその人にほかならないというのである。

この自己紹介は、まだヤマトタケルと剣を、わけている。謡曲の作者は、両者を一体化させていない。だが、かぎりなく接近させている。ヤマトタケルを剣のまもり神、つまり熱田神の守護神として位置づけた。

吉田兼倶とその「先師」は、ヤマトタケルと草薙剣を同一視する。この認識を、孤独な神道家の主知的なそれとしてのみ、とらえるべきではない。

謡曲の世界も、あと一歩でそこへとどくところに、きていた。剣という物神を、人格神でもあるかのように読みかえる。あるいは、近づけて位置づける。室町期には、そんな神話把握のあり方が、首をもたげだしていた。神道学にかぎらず、芸能の領域でも。

よみがえる女装伝説

『熱田の神秘』という御伽草子を、もう一度ふりかえりたい。十六世紀、室町末期にできたとされる読み物である。この作品は熱田神のことを、明白にヤマトタケルだと言いきった。「あつたのみやうしんとは、けいかうてんわう、たひこのわうし、やまとたけのみことの御事なり」(『室町時代物語大成　第一』一九七三年)。熱田神は景行天皇の第五皇子、ヤマトタケルだと、のべている。熱田神をヤマトタケルそのものとする見方は、文芸にもおよんでいた。

物語は草薙剣をめぐる抗争劇になっている。まず、その剣を新羅の王がぬすもうとして、画策した。しかし、ことはうまくはこばない。業をにやした新羅王は日本へせめいり、熱田神をほろぼそうと考えた。だが、熱田神は、アマテラスの力ぞえもあり、これをおいはらう。

けっきょく、この御伽草子にも神国思想の影はおよんでいた。神々が力をあわせ、日本を外敵からまもる話になっている。そんな物語が、熱田神を主役とする形で、まとめられていた。

ただ、文化の力が新羅の野心をはばんだという筋立てには、まだなっていない。熱田神はアマテラスとともに軍事力を動員して、侵入者をしりぞけた。「九万八千の、いくさかみをもつて、御たゝかいありし」(同前)。『熱田の神秘』には、そうある。

謡曲の『白楽天』は十五世紀のなかばすぎごろに、まとめられた。そして、こちらは、武力を物語のなかにもちこんでいない。敵方の潜入者を、詩歌の力で日本からおいだす話になっていた。くらべれば、『熱田の神秘』がえがく熱田神は、武ばっている。だが、とにかく室町末期に、この神は外敵を打倒する物語の主役として、抜擢された。神国思想の一翼をになう神として、みとめられている。

『熱田の神秘』は、熱田神をヤマトタケルだと位置づけた。そして、ヤマトタケルは草薙剣のつかい手として、ひろくみとめられている。女装伝説の主人公としてより、聖剣伝説の人物として、当初は認識されていた。武闘のドラマが浮上したのも、そのせいか。

十五世紀には文化力で外敵とたちむかう神国日本の物語が、形成されていた。『白楽天』が、その典型である。『熱田の神秘』で熱田神は、軍事力にたよって新羅王を撃退した。だが、武力にたよらず外国の勢力をあしらう熱田神の話も、いずれは語られうる。その下地は、十六世紀初頭までにできていたと考える。

もういちど、言おう。十五世紀末に、熱田神はヤマトタケル当人としても、認識されだした。女となって敵へハニートラップをしかけ、みごとに成功する。そんな話が記紀にしるされた皇子と、同一視されている。また、この女装譚は、時代がすすむにつれて、ひろく受容されだした。いずれは、似たような謀略にうってでる熱田神の新しいドラマもできあがる。そこまで、時代はたどりついていた。

熱田神は唐までおもむき、楊貴妃として彼地にあらわれる。その美貌で皇帝をとりこにし、日本への領土的な野望を封殺した。絶世の美女にばけ、色仕掛けで日本をすくっている。『雲州樋河上天淵記』は、以上のような熱田神の物語を、十六世紀になってあらわした。この熱田神像は、ヤマトタケルの女装譚を下じきにしていると、みとめてよい。美少女になりすまし、その色香で敵将をほろぼした。そんな少年皇子の伝説をとりいれ、つくりかえたのだろう。

もちろん、ヒーローが美女となってたらしこむ相手は、ことなる。記紀の場合、その敵役はクマソの族長にあてがわれた。一五二〇年代の新しい物語は、唐の玄宗を標的にしている。しかし、主人公が女色で敵をだます筋立ては、どちらもかわらない。記紀はヤマトタケルに、その役目をわりふった。『雲州樋河上天淵記』は、熱田神をその主役にしたてている。そして、十五世紀末以後の熱田神は、ヤマトタケルでもあった。八世紀初頭の英雄女装伝説は、まちがいなく八百年後の物語に影をおとしている。

ヤマトタケルの前奏曲

ヤマトタケルの女装譚が民族のなかで再浮上していく経緯を、あらためてふりかえる。さまざまな語りをともない浸透していく筋道を、おさらいしておこう。

記紀は、ヤマトタケルがクマソ征伐へおよぶ話を、おさめていた。暗殺にいたる手段として、女をよそおったことも、書いている。しかし、後世の史書は、ながらくこの部分へ光をあてようとしなかった。天皇家の皇子を、女の隠密であるかのようにえがいてしまう。そのふんぎりがつかず、記載をはばかりつづけてきたのである。

室町時代以前の文芸も、ヤマトタケルの女装伝説を、作中にいかしていない。皇子のことは、もっぱら草薙剣とかかわる形で、あらわした。つつしみを重んじる歴史叙述が、女装の描写をひかえただけではない。文芸や芸能も、そこには目をむけてこなかった。

ヤマトタケルの女装伝説は、ようやく十七世紀の後半から、ドラマ化されていく。江戸時代のはじめに、まずは古浄瑠璃として。八世紀初頭の記紀にえがかれた物語は、千年近くの歳月をへて、再生された。そして、明治期以後は国民的な規模で、共有されるようになる。リバイバルには、それだけの時間がかかったのである。

だが、そこへいたる前に、皇子のハニートラップ伝説はよみがえっていた。十六世紀前半に、熱田神の楊貴妃変身譚へ形をかえ、流布されている。ヤマトタケルじしんの物語が、ひろく語られだす、その百数十年ほど前に。

絶世の美女となった熱田神が、玄宗を骨ぬきにしてしまう。この物語は、室町末期に形成されている。そして、それは江戸初期にヤマトタケルの伝説を生きかえらせる前触れとなっていた。熱田神が美女にばけた話の祖型であるヤマトタケルの女装伝説を、再起動させる。その前段階に成立した説話としても、位置づけうる。

皇統に登録された皇子の女装譚は、なかなか芸能や文芸の表面にあらわしづらい。文芸作者たちにもためらいがあり、十七世紀後半まで浮上させなかった。

だが、かわりに熱田神の美女変身譚を、うかびあがらせている。まずは、ヤマトタケル伝説の代用品を、十六世紀の前半に流布させた。その普及を土台として、百数十年後に本家本元の物語もドラマ化の途につく。皇子のハニートラップ伝説は、そんな経緯をへてリバイバル化されたのだと考えたい。

4　神社の美顔水

林羅山はみとめない

林羅山《はやしらざん》は、江戸初期を生きた儒学者である。著述も、たくさんある。楊貴妃は熱田神だとする伝説についての言及も、少なくない。そして、羅山の文章はみな、この説話をしりぞけている。たとえば、一六〇七（慶長《けいちょう》一二）年の『東行日録』に、こうある。「以テ二此ノ神ヲ一為ス二楊貴妃ノ之霊ト一盖シ流俗ノ之妄カ」、と（『林羅山文集』一九三〇年）。

5-4　林羅山　江戸時代・18世紀（模写）

伝説を、まともにあつかおうとはしていない。俗にながれたでたらめだと、きりすてた。この指摘は、熱田神の楊貴妃変身説がもてはやされていたことを、逆に暗示する。ひろく、世間には流布していたことが、陰画の形で見えてくる。

つぎに、『丙辰《へいしん》紀行《きこう》』（一六一六年）での論じっぷりを、ひいておこう。羅山は書く。「世俗の説に。熱田を蓬萊といふなれば楊貴妃を祭るといふ」、と（『続群書類従　第十八輯下』一九二五年）。やはり、「世俗の説」としては、普及していたらしい。もちろん、羅山はこの俗説をはねつける。「巫覡《ふげき》の託宣世間の伝説はおもふやうおぼつかなき事おほかる」、と（同前）。

「世間の伝説」だけを、いいかげんな話の元凶だときめつけてはいない。羅山は「巫覡の託宣」、つまり神がかりの言葉もまちがっていると書いている。どうやら、神職のなかにも、楊貴妃を熱田神だとみなし、ふいちょうする者はいたらしい。

あとひとつ、『本朝神社考』を紹介しておこう。神仏習合を批判しつつ、羅山はこれをあらわした。寛永《かんえい》年間（一六二四－四四年）に、まとめられたとされている。そのなかに、こうある。「俗に相伝へて云ふ、熱田大明神、楊貴妃と化して、彼の大唐を乱る」、と（『日本庶民生活史料集成　第二十六巻』一九八三年）。著者は、ここでも熱田神の楊貴妃化身説を俗間の浮説だと、否定的にとらえていた。

また、つぎのようにものべている。「暁風集《ぎょうふうしゅう》に云ふ、尾張の熱田大明神は則ち楊貴妃なり。略、仙伝拾遺《せんでんしゅうい》に在り」、と（同前）。この説は『暁風集』、そして『仙伝拾遺』にものっているという。ざんねんながら、この両書を私は読めなかった。しかし、いろいろな文献がこの伝説を書きとめていたことは、たしからしい。

熱田神が楊貴妃になった話は、『雲州樋河上天淵記』からひろがった。ひろく読まれていたとは思えない文献である。こういう話も、あまり普及しなかったと思われようか。しかし、そんなことはない。これは、多くの人が語り、書きついだ説話なのである。

俗説の背後には

松下見林《まつしたけんりん》に、『異称日本伝』という大著がある。序は一六八八（元禄元）年にしたためられ、一六九三（元禄六）年に刊行された。中国や朝鮮の文献がしるした日本関係の諸情報に、評価をくだした著作である。完成には、三十数年をついやしたと言われている。

元末明初の中国で、宋濂が「賦日東曲」をあらわしたことは、すでにのべた。これが、楊貴妃の祠《ほこら》は日本にあると書いていたことも、紹介ずみである。見林の『異称日本伝』も、そんな指摘の存在には気づいていた。「国有楊貴妃祠」という宋濂じしんの言葉も、ひいている。

また、見林は、日本側にもこの情報とひびきあう伝承があることを、披露する。熱田神が楊貴妃となって玄宗をたぶらかし、唐を混乱におとしいれた。そんな話が語りつがれていることを、論じている。

もちろん、うちけすための言及である。「見林謂、雑書熱田大明神化二楊貴妃一之説甚妄」、（『改定史籍集覧　第二十冊』一九八四年）。雑書に見えるこういった説は、妄想のたまものにほかならない。そう見林は言いきった。

江戸時代より前の文献に、全面的な否定の文句は、見あたらない。少なくとも、私は見つけることができなかった。だが、江戸期になると、熱田神の楊貴妃変身説をあなどる見解は、多くなる。当代を代表する学者たちが、批判の言葉をぶつけるようになった。それだけ、この説がいきおいよくはびこりだしたということか。

あとひとつ、熱田神の美女変身譚にふれた書物を、しめしたい。井沢蟠竜に『広益俗説弁《こうえきぞくせつべん》』という著作がある。一七一五（正徳五）年に発刊された。世に流布している歴史記述の諸説をとりあげ、それらを批評する読み物である。

この本も、「熱田大明神、楊貴妃となりて唐朝を乱し給ふ説」に、言いおよぶ。もちろん、否定的に論じている。のみならず、さらに一歩ふみこみもした。どうしてこういう俗説ができたのか。その原因にまで、わけいろうとしている。以下に、蟠竜の推論を書きうつす（巻三）。

「そのかみ好事の者あつて、〔中略〕『日本紀』『古事記』等に載《のす》、日本武尊、其姨《をば》倭媛の御衣《みぞ》を服し、婦女《をんな》のかたちに似《にせ》て川上梟帥《たける》を誅し、其帰路伊勢国能褒野《のぼの》に薨じ給ふことをもつて、熱田明神楊貴妃となつて玄宗の心を蕩し、馬嵬に死せり、と妄作せしものならん」（前掲『東洋文庫』一九八九年）

記紀のヤマトタケル伝説が、熱田神の楊貴妃化身説を派生させた。ヤマトの皇子が女になりすまし、クマソの族長を成敗する。この話が好事家《こうずか》を刺激し、熱田神のハニートラップ説をひねりださせている。蟠竜はそうおしはかった。

そのとおりだと思う。私じしん、楊貴妃を熱田神だとする伝説は、ヤマトタケル説話の変形だと位置づけてきた。前にも、そのことはくわしく論じている。ここでは、この解釈に、『広益俗説弁』という先達がいたことも、のべそえたい。

もっとも、私と蟠竜は関心のむきが、ややずれている。『広益俗説弁』は、熱田神の楊貴妃変身説をくつがえそうとした。きりすてることに眼目をおいている。この話はヤマトタケル女装伝説の翻案でしかないと主張したのも、そのためである。

いっぽう、私は記紀説話の流用がうながされた時代背景に、関心をよせてきた。どうして、熱田神のヤマトタケルめいた話は、室町末期にうかびあがったのか。その解明をめざしている。『広益俗説弁』とは、興味のもち方がちがう。しかし、着想において私が蟠竜の後塵を拝していることは、みとめよう。

墓碑がにくまれだしたのは

さて、熱田神宮には楊貴妃の五輪塔が、一時期もうけられていた。おそくとも、南北朝期には、墓標としてたっていたはずである。十四世紀前半にまとめられた『渓嵐拾葉集』が、その存在を明記していた。はやければ、それ以前にできていた可能性もある。

この五輪塔は、江戸期になってものこっていた。さきほど紹介した『本朝神社考』を読めば、そのことがよくわかる。著者の羅山は、つぎのようにこの塔をとりあげてもいた。

「熱田の廟の背に一基の石塔有り、其の長さ二尺計り、其の形太醜《はなはだみにく》し。巫祝等之を指して貴妃の塔婆と日ふ」（前掲『日本庶民生活史料集成』）。楊貴妃の墓だと、神職や巫女らは言っていたという。やはり、そうみなされる塔は実在したのである。ほんとうに、楊貴妃をまつる目的でそれができていたのかどうかは、さておいて。

ここで、注目しておきたいのは、「其の形太醜」という文句である。この五輪塔は、たいへんみにくいという。じつは、のちの『異称日本伝』も、この形容をうけついでいる。書き手の見林は、「其形大醜」としるしていた（前掲『改定史籍集覧』）。

江戸期より前の著述家に、こういう指摘は見いだせない。初出とおぼしい『渓嵐拾葉集』も、ただ五輪塔があると書くにとどめている。みにくいとも美しいとも、のべてはいない。

戦国期の連歌師に、里村紹巴《さとむらじょうは》という人がいる。一五六七（永禄一〇）年に、熱田神宮をおとずれた。その訪問記を『紹巴富士見道記』という紀行文に、書いている。そこに、こうある。

「にしの方に楊貴妃のしるしとて五輪石塔苔に傾て立たり」（前掲『群書類従　第十八輯』）。

五輪塔は、かたむきながらたっていたようである。だが、やはり、美醜に関する記述はない。ただ、その存在がしるされているだけである。

五輪塔の墓じたいは、十七世紀になってもこしらえられていた。江戸期以後、この墓標形式をぶさいくだとみなす審美眼が、急速に浸透したとは思えない。羅山らも、五輪塔そのものをけなしはしなかった。ただ、楊貴妃のそれだと言われる石塔だけを、槍玉にあげたのである。

江戸期の学者たちは、熱田神の楊貴妃変身説を妄説だと否定した。この史実を重んじる考えが、墓碑の美醜を論じる言葉にもおよんだのだろう。正しくないから、みにくい、と。真善美の三徳における「真」の評価が、「美」のそれをも左右したということか。

羅山の『本朝神社考』が神仏習合をにくむ精神で書かれたことは、すでにのべた。そして、五輪塔の形式は真言密教にねざしている。熱田神宮の境内にある五輪塔は、同神宮における神仏習合を象徴する遺品でもあった。みにくいという羅山の想いは、そこへの嫌悪感にもささえられていただろうか。

美人水

熱田神宮は貞享《じょうきょう》年間（一六八四―一六八八年）に、改修工事をおこなった。この時、神宮は楊貴妃の墓だとされる五輪塔を、解体している。地元名古屋の知識人である天野信景《あまのさだかげ》が、廃棄の経緯を十八世紀初頭に書いていた。その著作である『塩尻《しおじり》』（巻之六）に、こうある。

「熱田本社正北、いにしへより小祠あり。内に小五輪形の石を安んず、俗楊貴妃の石塔といひし。貞享造替の時是を廃せり」（『日本随筆大成　第三期13』一九七七年）。修築のあった一六八〇年代には、史実へのこだわりが強まったのだろうか。あるいは、神仏習合の伝統を、神社がきらいだしたのかもしれない。

この改修から、百六十年ほどたってからのことである。尾張の文人たちが、一八四三（天保一四）年にある地誌をまとめあげた。そこでは、かつての石塔撤去が、つぎのようにふりかえられている。

「貴き宮地には忌はしくよしもなきひがことなりされは貞享御修理の頃より少し先つかたあと

なくこほち捨たるはさるへき事にて愚俗のまとひをはらへるはいさきよしといふへし」(『尾張志』一九七九年)。

楊貴妃の墓は、いまわしい。俗人をまどわすだけである。とりのぞかれたのはよかったと、書かれている。もとより、すいぶんあとの、懐古的な記録である。貞享年間の熱田神宮に、こういう精神がみなぎっていたかどうかは、わからない。一八四〇年代の価値観で、一六八〇年代の感性がゆがめられた可能性はある。

とはいえ、石塔の解体じたいは、清浄な神域をもとめる後世からよろこばれた。いずれは、純粋な神道をあとおしする人びとから、高く評価される。そういう方向へ、熱田神宮が貞享年間からむかいだしていたことは、たしかである。

ただし、この塔も、完全に除去されはしなかった。石塔をくみたてていた石材は、そのまま放置されている。十八世紀後半に編纂された『張州雑志《ちょうしゅうざっし》』という書物が、こんな指摘をのこしていた。「今ハワカチモナク只古キ石ノコロヒ倒レタリ」(『熱田神宮史料　張州雑志抄』一九六九年)。他の石とも区別しがたい状態で、ころがっていたようである。

石塔の痕跡を見るため、二〇〇四年の秋に、私は現地をおとずれている。じつは、そのころでも塔の断片だったとされる石が、ひとつだけのこっていた。地下水の湧きでる神宮境内の清水社に、おかれていたのである。

もう、楊貴妃に関する記憶は、熱田の近辺でも、すっかりうしなわれている。だが、私はたまたまそこでであった老婦人から、耳よりな話を聞かされた。この湧き水で顔をあらえば美人になる。そんな迷信が、地元では語られているという。絶世の美女へばけたという熱田神の御利益が、美顔のまじないになったのだろうか。

5　浄瑠璃に、あるいは読本でも

スパイとしての白楽天

江戸時代の学者たちは、熱田神の楊貴妃変身譚を、全面的にしりぞけた。しかし、文芸作家たちは、これをおもしろがる。さまざまな形で、作品にいかしていた。ねんのため、その流布ぶりを、おいかけたい。

『楊貴妃物語』という古浄瑠璃がある。『玄宗皇帝』という別称でも、なじまれてきた。一六六三（寛文三）年の作品だとされている。『長恨歌』の玄宗は、方士を蓬萊宮におくりこんでいた。その方士に、蓬萊宮の楊貴妃は玄宗への形見として、簪《かんざし》をあたえている。じつは、この浄瑠璃にも、同じやりとりがある。『長恨歌』の場合と同様、楊貴妃は形見に簪をわたしていた。しかし、彼女が方士へなげつけた言葉は、以下のとおり、いかにもひややかである。

「昔は楊貴妃、今は熱田大明神、爰《ここ》は日本秋津嶋、重《かさね》て来ることなかれ」（『古浄瑠璃正本集

第三』一九六四年）

この場面へいたるまでに、熱田神が楊貴妃となっていたことへの説明はない。昔は楊貴妃だったが、今は熱田神だ。もう、お前たちは日本へくるな。この口上は、いきなり舞台へもちだされている。これには、当時の観客もとまどったろうか。しかし、そのすぐあとに、解説めいたふくみもある台詞が、おぎなわれている。

玄宗と白楽天のやりとりが、その説明になっていた。『楊貴妃物語』は、ある山中で皇帝を隠者でもある白楽天と、対面させている。その場面で、玄宗は山ごもりの賢人に問うた。世がみだれるのは、どうしてか、と。これにたいし、白楽天はこうこたえた。

「それは御身一人の、心得也。先世の乱の根元は、楊貴妃に迷し故也。されは是より、東にあつて、国有。なを日本と云。楊貴妃は彼国の、熱田大明神の、神霊なるが。唐土のちゑをくらまさんと、かりに出現して有」（同前）

唐を混乱させるために、楊貴妃は東の日本という国からおくりこまれていた。もとは、熱田神という日本の神だが、その神霊でもある。そんなものにあなたがまよったせいで、この乱世はある。以上のように、白楽天は皇帝をいさめた。「昔は楊貴妃、今は熱田大明神」という文句の、これは補足説明にもなっている。これぐらいは、おぎなったほうがいいとされたようである。

今、『楊貴妃物語』には白楽天が登場すると、書いた。劇中、その白楽天は玄宗をたしなめつつ、ある提案をもちだしている。そして、皇帝は積極的にこれをうけいれた。つぎのような申し出である。

日本の熱田神に、唐の秩序はみだされてしまった。この事態は「唐《もろこし》の恥辱」である。「世しづまらは、われ日本にわたり。ちゑをはかり返し」たい（同前）。こんどは、自分が日本へおもむいて、その民度をはかりかえそう。そう皇帝には上申したという。

想いだしてほしい。この展開は、二百年ほど前に上演された『白楽天』という謡曲のそれと、つうじあう。室町期の能だが、こちらでも白楽天は日本の国情をさぐるため、唐から派遣されていた。そんなスパイの役目を、二百年後の浄瑠璃は、白楽天から買ってでたことにさせている。ただ、『楊貴妃物語』の白楽天に、日本へきた形跡はない。

『白楽天』は、住吉神が文芸の力で日本をすくう話になっていた。その延長上に、楊貴妃を熱田神とする語りはある。両者は系譜的につうじあう。十七世紀の『楊貴妃物語』は、そのふたつをともにとりいれている。十五世紀の『白楽天』と十六世紀に成立した楊貴妃の熱田神化身説を、つなげていた。もちろん、換骨奪胎《かんこつだったい》もさせながら。『楊貴妃物語』の作者も、どうやら両者の系譜関係を感じとっていたようである。

楊貴妃か虞美人か

つづいて、十八世紀の『玄宗皇帝蓬萊鶴《げんそうこうていほうらいのつる》』という浄瑠璃を紹介する。紀海音《きのかいおん》という作家が、一七二三（享保八）年にまとめあげた。先行作である『楊貴妃物語』を下じきにしているところが、けっこうある。もちろん、楊貴妃の熱田神化身説を前提としつつ、話をすすめている。この設定は、江戸期の浄瑠璃好きに、よろこばれていた。やはり、それなりの人気があったようである。

もちろん、紀海音がもたらした新機軸も、『玄宗皇帝蓬萊鶴』にはある。玄宗が夢のなかで、熱田神宮の楊貴妃と対面するシーンも、そのひとつにあげられる。そして、この場面で、玄宗は楊貴妃に、てひどく肘鉄砲をくらわされた。こんなふうに。

「御身貪慾深うして、此日本《ひのもと》を奪はんとの志を宥《なだ》めん為、楊貴妃となりたること垂跡《すゐしやく》和合《わがう》の方便ぞや、急ぎ都に立帰り虞子《ぐし》君を呼返し、一の后《きさき》になしてたべ」（『校訂紀海音浄瑠璃集』一八九九年）

自分は楊貴妃となって、あなたにはべった。それは、あなたが欲深く、日本をうばおうとしたから。あなたのことは、好きでもなんでもない。日本をすくうための方便で、近づいただけである。はやく、都へもどって、虞子を皇后にむかえなさい。そう、つきはなしている。

この一喝をうけ、玄宗は夢からさめた。気がつけば、もとの館だったという話になっている。なお、ここにいう「虞子」は虞美人のことをさす。紀元前三世紀末に、項羽《こうう》と劉邦《りゅうほう》が中国中原の覇権をあらそった。その敗者である項羽の寵姫《ちょうき》として、歴史に名をのこす美女である。

いっぽう、楊貴妃は八世紀の唐代を生きた。ほとんど千年後の人物である。ほんらいなら、玄宗の愛姫が虞美人の名を、同時代人としてあげるはずもない。

だが、ともに中国の美女列伝では、かかせぬ人物である。『玄宗皇帝蓬莱鶴』は、そんな虞美人を、楊貴妃の対抗馬として登場させた。史実にはおかまいなく、ライバルとして、皇帝の寵愛をあらそわせている。そして、このせりあいでは、楊貴妃に凱歌《がいか》をあげさせた。

楊貴妃の容姿と色香を強調する。そのつごうでもちこまれた小細工にほかならない。あの虞美人よりも、女としての魅力ではまさっていたのだ、と。もっとも、この設定は先行作である『楊貴妃物語』が、すでにもうけていた。虞美人と楊貴妃のはりあいじたいは、この先例を踏襲したのだと言うしかない。

ただ、紀海音がえがく楊貴妃は、虞美人とよりをもどすよう、玄宗へすすめていた。自分への未練はすてろ。自分に執着したせいで、あなたが後宮からおいだしたあの女を、むかえるがいい、と。『楊貴妃物語』にこういうくだりはない。『玄宗皇帝蓬莱鶴』の新しい工夫である。

5-5　虞美人　上官周「虞姫」『晩笑堂竹荘画伝』1743年

遣唐使につれられて

あとひとつ、建部《たてべ》綾足《あやたり》があらわした『本朝水滸伝』のことも、再検討しておきたい。一七七〇年代から世にでだした歴史物語である。道鏡《どうきょう》が専横をきわめたという八世紀中葉以後の日本が、その舞台となっている。ふらちな道鏡を打倒しようとする有志たちの群像劇として、書きすすめられた。ただし、完成はしていない。

なかに、藤原清河《ふじわらのきよかわ》という人物が、反道鏡派のひとりとして登場する。歴史上の清河は遣唐使として、中国へわたっていた。彼地では、安史の乱にまきこまれている。日本への帰国はかなわなかった。ただ、その娘は日本へいくことができている。

この清河を、『本朝水滸伝』は日本へかえらせた。しかも、楊貴妃をともなって。清河は楊貴妃の叔父である楊蒙《ようもう》から、たのまれた。彼女は国政をみだした元凶であり、中国にとどめておくことができない。どうか、日本へつれていってくれないか、と。この依頼をうけ、清河は楊貴妃といっしょに、故国へ帰還した。

清河は道鏡に敵対する有志のひとりでもある。日本まで同行させた楊貴妃をも、その作戦にひきこんでいる。道鏡の手先である阿曽丸《あそまる》を、彼女の魅力でおとしいれようとした。楊貴妃は玄宗の心をみだした美女である。彼女の美貌は、日本でも色仕掛けにいかせると、清河は考えた。そのために、日本語をおしえたりもしている。

だが、この作戦はみのらない。けっきょくは、阿曽丸にだしぬかれてしまう。その失敗で妻を殺害された仲間の琳名《たまな》に、楊貴妃はたのみこんでいる。どうか、自分を熱田までつれていってほしい、と。

琳名は熱田神宮につかえる神職でもあった。しかし、ただそれだけのことで、楊貴妃が熱田へ身をよせようとしたわけではない。熱田にたいするただならぬ想いを、彼女は以前から秘めていた。その深い事情を、琳名にはつげている。

ミヤズヒメの化身

いわく、自分の母は、いつも言っていた。お前はふつうに生まれてきたわけじゃない。ある時、唐では見られぬ装いの少女を、夢に見た。夢のなかで彼女は、母に語りかけてきたという。

「我は是、日本《ヤマト》（の）国の者也。名をば宮酢媛《ミヤズヒメ》といふ。しばしがほど、汝が腹をかりてやどらむ。又うまれて時来らば、かならずもとつ国にかへるべし。往所は尾張の国熱田といふ所也」

（前掲『建部綾足全集　第四巻』）

これからは、母の胎内をかりて中国に生まれおちる。だが、もとは日本の熱田でくらしてきた。だから、いずれは、熱田へもどらねばならない。さらに、夢の少女はミヤズヒメだと名のっていた。自分は唐へ転生した熱田のミヤズヒメにほかならない。そう楊貴妃は、母から言い聞かされてきたというのである。

ゆえあって、自分は日本にたどりついた。また、琳名も熱田の神職であるという。これも、なにかの縁だ。熱田へ自分を案内してくれないかと、楊貴妃は琳名にすがりついている。けっきょく、ふたりはそこで清河とわかれ、熱田へむかっていく。これが未完におわった物語の、

最終場面となっている（後編巻之十五）

ミヤズヒメは、ヤマトタケルの妃である。ヤマトタケルは、草薙剣をミヤズヒメへあずけた後に、なくなった。その剣をミヤズヒメがまつりつたえたことで、熱田神宮はできている。楊貴妃は、そんなミヤズヒメの化身であったという筋立てを、綾足はうちだした。

十六世紀以来の、熱田神を楊貴妃にする話とは、配役がちがっている。『本朝水滸伝』は、これを素材としつつ、べつの展開をくみたてた。ヤマトタケルでもある熱田神が、楊貴妃になるのではない。ヤマトタケルの妻がそうなったのだ、と。新手の筋書きをひねりだしたのである。

こういう変化型も、読者の興をひきつけうる。いや、これをおもしろがれるような人こそが、自分の理想的な読者である。綾足には、そんな心構えもあったと考える。そのていどには、熱田神の楊貴妃転生という基本型も流布していたのだと、みなしたい。

江戸期には、楊貴妃を熱田神の化身とする川柳も、もてはやされた。『楊貴妃』（一九九七年）をまとめた村山吉廣《むらやまよしひろ》が、それらを紹介している。孫引きだが、三句ここにもひいておく。

楊貴妃はもと神州のまはし者
玄宗は尾張詞《ことば》にたらされる
日本に構ひなさるなと貴妃はいひ

熱田神は楊貴妃となって、玄宗の日本侵攻をくいとめた。この話が、そのまま信じられたとは言うまい。しかし、江戸期の庶民は、これをけっこうたのしんでいた。おもしろい歴史語りのひとつとしてよろこぶ人は、少なくなかったようである。

知識人たちの反感は、そういうところにもむけられたと思うが、どうだろう。

6　前人未踏の文学論

牛若やヤマトタケルと見くらべて

殺された楊貴妃の霊は、洋上の蓬萊宮にとびさった。そう『長恨歌』はしるしている。歿後の美女を、ややマジカルにとらえていた。ただ、生前の彼女まで神秘的に表現しようとは、していない。こちらについては、生身の女性としてあつかった。

その後、中国の著述家が楊貴妃をどう書きついでいったのかは、よく知らない。ただ、日本の文芸は、生きていたころの彼女まで、しばしば超自然的にえがきだす。仙界から現世へやってきた者として描写する傾向が、強まった。

たとえば、『続古事談』（一二一九年）にこうある。楊貴妃は「尺解仙《しかいせん》」、下級の仙人である。

だと、のべている。

「仙女の化して人となれりけるなり」（『新日本古典文学大系　41』二〇〇五年）。人にばけた仙女

「もとは仙女にておわしける」。そうしるしたのは、『平家物語』の長門本《ながとぼん》であった。どちらも鎌倉期、十三世紀の記述だが、彼女は仙界の女として語られるようになっている。そして室町期、十四世紀後半の『太平記』は、同じ楊貴妃をつぎのように描写した。

「その母昼緩《ひるたゆ》みして、楊《やなぎ》の影に寝たりけるに、枝より余る下露《したつゆ》、婢子《ひし》に落ち掛かりて胎内《たいない》に宿りしかば、更《さら》に人間の類《たぐ》ひにてはあるべからず、ただ天人の化《か》して、この土《ど》に来たる物なるべし」（『太平記〔六〕』岩波文庫　二〇一六年）

昼寝をしていた女の口におちた雫《しずく》が、彼女の胎内で天人の娘をやどした。それが楊貴妃であるという。この世の者とは思えぬ美女ぶりを、天界からの落とし子として説明した。

これとよく似た文章が、『塵添壒嚢鈔《じんてんあいのうしょう》』におさめられている。一五三二（天文元）年にまとめられた仏教書だが、記述は『太平記』と、ほとんどちがわない。

母の胎内で雫がそだち、楊貴妃として生まれでた。「人間ノ類ニハ非ス。天女ノ化シテ。此土ニ来レルナルヘシ」と、そこにはある（『大日本仏教全書　第九十三巻』一九七二年）。こういう楊貴妃像の、けっこうでまわっていた様子が、読みとれよう。

もういちどのべる。十八世紀後半の『本朝水滸伝』は、楊貴妃をミヤズヒメの転生者としてあらわした。海をこえて飛来した日本の神霊が、女の胎内へもぐりこみ、楊貴妃になり生まれ

でた、と。「仙女」や「天女」とされてきた楊貴妃像の延長上に、こちらもあると考える。

紀海音の『玄宗皇帝蓬萊鶴』（一七二三年）も、歿後の彼女をえがいていた。「元《もと》楊貴妃は仙《せん》家《か》の女《じょ》、人界《にんかい》の縁尽て、古郷《こきやう》の住家《すみか》へ帰りたり」、と（前掲『校訂紀海音浄瑠璃集』）。これも、その根は「仙女」や「天女」という鎌倉期以後の位置づけにある。

そもそも、楊貴妃を熱田神の化身とする考えじたいが、室町期に浮上した。そうした文芸史を下地としつつ、江戸期の楊貴妃語りはなりたっている。浄瑠璃や読本は、その伝統をふまえつつ、彼女のイメージをふくらませていった。

その点は、前にものべたが、ヤマトタケルの女装伝説とかわらない。もちろん、室町期までの文芸や芸能は、皇子の女装をとりあげてこなかった。しかし、そこへといたる伏流は、もううごめきだしている。その下地があって、江戸期の展開はもたらされたと考える。

はじめにもどるが、牛若の女装譚は、わりあいはやくから形成されていた。少女のいでたちで、弁慶を攪乱する。女の寝姿で、盗賊の目をくらませる。室町期の前半に書かれた『義経記』が、そういったエピソードをふくんでいる。

そして、牛若の女と見まがう美少年ぶりも、江戸文芸はさまざまに書きたてた。芸能も、いろいろな演出をこころみている。それらの土台もまた、室町期にととのえられた。江戸の作家たちは、これをふまえたうえで、牛若の女装をおもしろがったのである。

いずれも、同じような経緯をたどって、江戸期にひろく普及した。室町期の種を開花させている。そんな伝説群のなかで、楊貴妃の熱田神化身説にだけ、ほかとはちがうところがある。牛若の女装は、明治維新をむかえた後になっても、語られた。とりわけ、弁慶を少女のよそおいでまどわした話は、通俗史話の名場面になっている。少年少女むけの読み物も、物語のハイライトとして、大きくあつかった。

のみならず、尋常小学校三年生の国語教材に、これもなっている。五条橋で牛若と弁慶がむきあう話は、国民的にしたしまれた。ヤマトタケルの場合と同じように。

少女のふりでクマソをとりこにし、ほうむりさる。そんなヤマトタケルの西征伝説も、国語教育にとりいれられている。こちらもまた、牛若の伝説と同じように国民化された。

露払い

にもかかわらず、楊貴妃の熱田神化身説へは、国民化の波がおよばない。児童むけの本は、これを採用しなかった。もちろん、学校教育も興味をしめさない。いや、大人用の書物でさえ、これにふれようとはしなかった。明治以後は、人気が下火になっている。江戸期の芸能や文芸は、あれだけもてはやしたのに。

三つの伝説は、成立と展開の過程が、よく似ている。そもそも、熱田神の楊貴妃転生譚には、ヤマトタケル女装譚の翻案めいたところがある。だが、こちらのほうは、明治以後に生きのびない。牛若やヤマトタケルの場合とはちがい、かえりみられなくなっている。

関靖《せきやすし》は、ながらく神奈川県の教育行政にたずさわった。一九三〇（昭和五）年からは、県立金沢文庫《かなさわぶんこ》の初代文庫長となっている。『かねさは物語』（一九三八年）という著書もある。なかに、称名寺《しょうみょうじ》の玉簾《たますだれ》を論じた一文が、おさまっている。楊貴妃がつかったと、寺で伝承されてきた簾をとりあげた文章である。なお、金沢文庫は、称名寺の境内にもうけられた文書館である。簾の説明で関は、熱田神宮の楊貴妃伝説が、形をかえ神奈川へ伝播した可能性に言及した。熱田神が楊貴妃になった話へふれる、当時としては数少ない指摘のひとつである。

そのめずらしさを、書き手の関じしんが意識していたのだろう。『かねさは物語』には、こんな文章もはさみこまれていた。

「江戸期になつてから、俄然多くの学者から、熱田と楊貴妃との関係に就いての否定説が述べられることになった。今では誰人《ママ》も本気でこんな事を論ずる人もない」

江戸期には、否定論があいついだ。今は誰もそんなことを言わなくなっているという。たしかに、この話をむしかえす人は、明治以後激減した。二十世紀の言論史では、ほとんど見かけない。しかし、学者たちの駁論《ばくろん》で、その影がうすくなったのかどうかは、疑問である。

江戸期の芸能や文芸を、ふりかえってほしい。熱田神の楊貴妃転生を前提とする読本や川柳は、十八世紀になっても書きつがれた。かんたんには、なくならなかったのである。

それが芸能や文芸世界で存在感を弱めたのは、明治になってからであった。学者たちの否定的な啓蒙は、江戸初期からくりかえされている。そして、それらがただちに、効力を発揮したわけではない。衰弱の背後には、ほかの事情もあったと見るべきだろう。

もういちど、室町期からの情勢を見なおしたい。楊貴妃の熱田神化身説は、十六世紀のはじめごろに浮上した。ヤマトタケルの女装説話を、筋立ての原型とする。そんな物語が、熱田神を主役とするそれへ投影されたうえで、世にひろまった。熱田神はヤマトタケルだとする室町期の新しい神観念にも、ささえられ。

しかし、その源流とも言うべき記紀の女装伝説は、まだよみがえらない。十六世紀のあいだは、ドラマ化されるにいたらなかった。世間でおもしろがられたのは、まず楊貴妃を熱田神の化身だとする話のほうからである。ヤマトタケル伝説は、亜種のほうからさきに日の目を見た。本家のほうは、もうしばらく、雌伏《しふく》を余儀なくされたのである。

十七世紀の後半にいたり、こんどは原型のほうも脚光をあびはじめる。ヤマトタケルの女装伝説が、芸能や文芸世界の表舞台をにぎわせだした。そこから派生した変化形である熱田神の物語とともに、人気をあつめている。

そして、明治期からは皇子の女装譚が、圧倒的に支持された。その副産物である楊貴妃＝熱田神説は、見すてられている。やはり、こちらはヤマトタケルの女装譚を世にだす、その露払いだったのだろう。いずれは、原型に席をゆずり、姿をけす物語だったような気がする。

かつて保田與重郎《やすだよじゅうろう》という詩人、文芸評論家がいた。日本の古典を、型にはまらぬ着想で論じた、異才の人である。その保田に、熱田神の楊貴妃転生譚をあつかった、長い標題の論文がある。そのタイトルは、こうなっている。「尾張国熱田太神宮縁記のこと　並びに　日本武尊楊貴妃になり給ふ伝説の研究」、と。

掲載されたのは、『コギト』という雑誌の一九三九（昭和一四）年三月号であった。このなかで、保田は論じている。室町末期に楊貴妃となった熱田神は、ヤマトタケルだ、と。このとらえ方は短絡的でありすぎる。熱田神がヤマトタケル当人だとされるまでには、語るべき前史もあった。しかし、楊貴妃の熱田神化身説とヤマトタケルの女装譚を、とにかく関連づけてはいる。

内容には、自信もあったのだろう。この成果を保田は、三十二年後に『日本の文学史』（一九七二年）で、こうふりかえった。「これは実に前人未踏の文学論である」、と（『保田與重郎全集　第三十二巻』一九八八年）。

じっさいには、「前人未踏」とも言いきれない。先駆者はいる。ヤマトタケルの女装伝説が、熱田神の縁起譚に感化をあたえた。その美女変身説に、出現をうながしている。そう井沢蟠竜が、早くから論じていた。両者のつながりじ

5-6　保田與重郎

たいは、以前から語られていたのである。

ただ、明治以後、楊貴妃と熱田神がならべてとりざたされる度合いは、低下する。ヤマトタケルとのかかわりが、わすれられただけではない。そもそも、熱田神は楊貴妃になったという話じたいが、記憶のかなたへきえさった。論じる人も、よほどへっている。

保田は自分の論考を、「前人未踏の文学論」だとみなしていた。その認識じたいは、少々おおげさだったと思う。しかし、論じ手が、ついついそう考えてしまうような状況は、できていた。「前人」は誰も関心をもっていないように、この時代なら思えたのである。

ついでにしるす。保田が一九三九年にあらわしたこの論考は、議論があらっぽい。しかし、私はこの文章に強い共感をいだく。とりわけ、ヤマトタケルの女装が日本人をよろこばせてきたという認識には、膝をうつ。

「美しい少女に粧つて強敵をたほされた尊《みこと》の話など特に拍手したと思はれるのである」(『保田與重郎全集　第八巻』一九八六年)

美少女になりすました少年皇子が、クマソという強大な敵をほうむりさる。そういう物語に、日本の読み手は喝采をおくってきた。この指摘は、核心をついていると思う。

「かういふ皇子が転生される可能性は充分にある〔中略〕楊貴妃に結びつけたことは、問題といへば問題、むしろ感興のふかい民族的浪曼主義が感じられる」(同前)。

民衆の想像力は、女と見まがう少年の英雄とともにある。その民族的な想いが、楊貴妃の物語をも日本にひきこんだ。皇子の女装伝説を、直接加工したのは「俳諧師系統の雑芸者」であったろう（同前）。だが、それをささえたのは民衆の力にほかならない。保田の筆は、以上のようにすすんでいく。

研究者の多くは、ヤマトタケルの女装にちがう解釈をほどこしてきた。いわく、神威や霊験をしめすために、この話はくみたてられている。それは、上代におけるヒメヒコ制を暗示する。あるいは、新羅の花郎《ファラン》ともつうじあう。以上のように、こざかしい理屈をふりかざしてきた。

少女をよそおった少年が、敵を翻弄し、やっつける。そんな物語への民族的なあこがれを正面から論じたのは、私の知るかぎり保田だけである。その憧憬こそが楊貴妃の伝説を、ヤマトタケルよりにあらためさせていく。ほかの学者は、誰もこういうふうに、事態をとらえてこなかった。その意味では、「前人未踏の文学論」であったとみとめてよい。

学界にたいしては、その盲点をついた批判家であったと考える。研究者からはあなどられやすかった書き手であり、ひとことエールをのべそえたい。

第6章　大江戸美少年伝説

1　乳あらために身をよじり

ほんとうに女なのか

『須磨都源平躑躅』（一七三〇年）という浄瑠璃の出し物を、前に紹介した。登場人物の桂子《かつらこ》は、疑似同性愛的な思慕の情をいだいている。女をよそおい小萩《こはぎ》と名のる男、じつは平敦盛のことが、心からはなれない。相手を敦盛だと気がつかず、女だと思いこんだまま告白におよび、抱擁もせまっていく。

この物語は、源平合戦の時代をえがいている。一一八三（寿永二）年に、平家の一門が都からしりぞいた。だが、敦盛は女になりすまし、若狭という扇屋《おうぎや》へ折子《おりこ》の小萩としてもぐりこむ。都の情勢をさぐるため、京都にとどまった。以上のような架空の設定にもとづき、話はすすんでいく。

6－1　平敦盛　狩野安信「平敦盛像」1660年代、須磨寺蔵

敦盛が京都に潜入している。この情報は源氏方にもとどいていた。都の警備にあたる阿根輪平次《あねわのへいじ》は、扇屋の若狭があやしいとにらむ。さっそくおしかけ、折子の小萩にねらいをつけた。

小萩は女の衣服をまとっている。一見、女に見える。しかし、じつは男、敦盛の変装かもしれない。よし、乳房のぐあいで、性別を判定してやろう。そう決断した阿根輪は、小萩の胸をさぐろうとする。

「いで懐を吟味せんと用捨《ようしゃ》もあらく取って引立て。袖口より手を差込めども相手にならんも力が足らず。今顕《あらは》しては若狭が難儀身の恥辱と。いよ〳〵女に身をなして。なう悲しや連添ふ夫《つま》ならで。外の男に此肌はいらはせぬと」（前掲『日本名著全集　第一期第六巻』）

阿根輪は袖口《そでぐち》からねじこんだ手を、小萩の胸部へ近づけた。その力は強く、とうていさからえない。しかし、ここで敦盛だとばれてしまえば、若狭にめいわくがかかる。自分にとっての恥辱《ちじょく》でもある。

露顕《ろけん》をおそれた小萩＝敦盛は、ますます女っぷりの度をあげる。自分には夫がある。夫以外の男が、この肌にふれることはゆるされない。そう言いつつ、身をよじった。

いっぽうは、女装者の正体をあばこうと、胸に手をのばす。うたがわれた側は、女人の徳目をもちだした。とっさの知恵で、セックスチェックをのがれようとしたのである。「いよ〳〵女に身をなし」、つまり、より女らしく身体をくねらせて。

一の谷は変容する

この時、店の買い物客が、小萩＝敦盛に助け船をだしている。小萩の胸元をさぐろうとする阿根輪の腕をつかみ、袖口の外へひきぬいた。そのいきおいで、小萩にせまった男をつきとばしている。また、くだんの客は阿根輪の強引さを、武士の道にもとると非難した。

彼女を見よ。お歯黒をしているではないか。あれは人妻だ。なるほど、敦盛の変装であれば、それを見ぬいたお前の手柄は大きくなろう。しかし、そうでなければ、たいへんなことになる。「夫ある女の肌に手を」だし、「不義者なりと呼ばるゝ悪名は何となさるゝ」（同前）。人妻へ手をだす不義密通の男に、お前はなってしまうのだぞ、と。

とがめられて阿根輪は、詰問の主《ぬし》を問いつめた。お前は何者だ、名の名のれ、と。たずねられ、客はこたえている。自分は坂東武者、武蔵の熊谷次郎直実《くまがいじろうなおざね》だ、と。

この時、熊谷直実は小萩の正体を見ぬいていた。そして、扇屋では、追手から敦盛をたすけている。平家の公達をまもるため、ともに平家と敵対する側であった阿根輪を、だしぬいた。だが、物語の後半で、けっきょく直実は敦盛をうちはたす。扇屋で見のがした平家の貴公子を、須磨浦で殺害した。

『平家物語』がえがくふたりの対決を、想いおこしてほしい。両者は一の谷で合戦をおえ、須磨の海岸に対峙した。直実は、あまりに美しい敦盛を見て、一瞬斬首をためらう。源氏側の仲間が彼におそいかかるのを、さまたげようともした。だが、逡巡のすえに、この美少年をあやめている。

その瞬間的なとまどいを、『須磨都源平躑躅』は、ひきのばした。扇屋（第二段）での直実は、敦盛を延命させている。しかし、須磨浦（第四段）にいたり、けっきょく斬りすてた。この浄瑠璃は五段構成の作品である。そのうち三段分（二―四段）を、躊躇から殺害までにわりふった。『平家物語』では一瞬のうちにおわった展開へ、それだけの時間的経過をあたえている。

さて、『須磨都源平躑躅』でいちばん好まれるのは、その第二段である。歌舞伎では『扇谷熊谷』と称される扇屋の場面に、人気があつまっている。今、上演されるのも、もっぱらここであろう。女装者への乳あらためがあることも、おもしろがられる一因ではあろうか。

乳房のふくらみぐあいで、男女のべつを見きわめる。女装者の正体を、胸のかげんであばきだそうとする。この趣向は、江戸中期以後の劇作に、まま見かける。

たとえば、『梅桜《うめさくら》松《あいおい》双紙《ぞうし》』がそうである。一八一六（文化《ぶんか》一三）年に、福森久助《ふくもりきゅうすけ》がまとめあげた。

作中に、松兵衛という漁師が登場する。彼は、女装者の八重を、最初は女だと思いこみ近づいた。美しいと感じ、また当人にも、そうつげている。のみならず、手ごめにしようともした。つぎに、想いをとげようとする松兵衛と、はねつけたい八重のからみを、ひいておく。

八重　ア、、悪い事さんすと、声立てるぞえ。
松兵　声ぐらゐに怯ぢるものか。生娘《きむすめ》ぢやアあるまいし。
　　ト引き寄せるを
八重　アレ、モシ。
　　ト揉み合ふうち、松兵衛、八重が懐へぐつと手を入れ
松兵　ヤア、この乳は。
八重　エ
　　ト悩《びっく》りするはづみ、酷《むご》く突き倒す。

（『日本戯曲全集　第四十五巻』一九三二年）

八重の胸元へ手をいれ、松兵衛は気づく。乳房がふくらんでいない。こいつは男だ、と。乳の様子で相手が女装者だとわかる場面を、この脚本ははさみこんでいた。

あとひとつ、『弁天小僧』（一八六二年）の一場面を紹介しておこう。『白浪《しろなみ》五人男《ごにんおとこ》』の名前でも、この芝居は知られている。原題は『青砥稿《あおとぞうし》 花紅彩画《はなのにしきえ》』、河竹黙阿弥《かわたけもくあみ》の作品である。

その三幕目は、浜松屋という呉服商が舞台となる。黙阿弥はこの場面で、弁天小僧をはじめとする悪党たちに、詐欺をはたらかせた。弁天のことは、女装者として登場させている。良家の令嬢になりすまし、仲間と共謀する役柄をあたえていた。

具体的に説明しよう。弁天は、店の者から万引きをしたとうたがわれるように、店内でふるまった。そして、計略どおりとりおさえられ、折檻《せっかん》もうけている。だが、じっさいには何もぬすんでいない。そのことを判明させた南郷力丸《なんごうりきまる》は、令嬢の従者に扮しているが、浜松屋をせめたてる。

お前たちは無実のお嬢様を、盗人よばわりした。のみならず、うちすえている。ゆるせない。わびろ。百両よこせ。そう言いがかりをつけ、科銀《とがぎん》をせしめている。

この詐術を、しかしいあわせた日本駄右衛門《にほんだえもん》は、見やぶった。さらに、弁天を女ではないと見ぬいている。お前は男だろうと、駄右衛門が弁天につめよるところを、以下に引用する。

駄右　娘といふも、まさしく男、

弁天　や、（トちよつと男の容子を見せ、）なんで私を男とは。（トやさしき女の思入。）
〔中略〕
駄右　但し女と言ひ張れば、この場で乳房《ちぶさ》を改めようか。
弁天　さあ、
駄右　男と名乗るか。
弁天　さあ、
駄右　さあ、
両人　さあ〳〵〳〵。
駄右　騙者《かたり》め、返事はなゝ何と。

（『弁天小僧　鳩の平右衛門』岩波文庫　一九二八年）

けっきょく、弁天は自分が男であることを白状する。ただし、駄右衛門と弁天も同じ悪党仲間、じつはグルであった。駄右衛門が浜松屋の信用を勝ちとり、店の奥までとおされる。そうしむけるために彼らが演じた、これは猿芝居なのである。

いずれにせよ、この『弁天小僧』でも、乳あらための話がとりいれられた。お前が自分は女だと主張するのなら、たしかめさせろ。そう女装者へせまる物言いに、「乳房」うんぬんという文句がもちいられている。江戸中期以後に、こういう展開のおもしろがられた様子が、読みとれよう。

女装者を演じる女形

『須磨都源平躑躅』は浄瑠璃の演目である。だが、歌舞伎としても、しばしば上演された。『梅桜松双紙』や『弁天小僧』は、はじめから歌舞伎の台本として書かれている。

歌舞伎では、女の登場人物も男の役者が演じることになる。女形《おやま》と称される男たちに、それらはたくされる。だが、女形へゆだねられるのは、女の役だけにかぎらない。女装者としての演技がもとめられる場合も、ままあった。

ほんとうの女ではないから、ときおり男としての地金がでてしまう。女をよそおいとおそうとするから、ふつうの女より女らしさを誇張したりもする。そんな女装者演技を、女形は披露することがあった。

これが、江戸期の観劇者にはよろこばれたのだろう。女形が女装者を演じる芝居は、すくなくない。乳房をしらべさせろと言われて、女装者がおびえ、うろたえる。この展開も、女形の妙技があじわえる、趣向のひとつになっていた。

そう言えば、『須磨都源平躑躅』には疑似同性愛の場面がある。扇屋の娘が女装の折子を女だと信じ、レズビアン的な情熱をかたむける。だきつき、じゃれようとする。女装者の側は、この求愛にためらう。なんとか、無難にやりすごそうとする。そんな芝居を、前述のとおり歌舞伎の『扇谷熊谷』は男の役者たちに演じさせていた。

いっぱんに、それらは江戸歌舞伎のデカダン趣味がもたらしたと、考えられやすい。なるほど、性別の越境性が複雑にいりくんだドラマは、頽廃《たいはい》の気配をかもしだしている。デカダンスのたまものだと言われそうな一面は、あったのかもしれない。女装者の物語は、そんな時代の好みにも、むかえられた可能性がある。

牛若が女をよそおって、弁慶をからかう。ヤマトタケルが女になりすまして、クマソの族長をあやめる。そんな話が、形をかえつつ江戸期の演劇世界では、よろこばれた。歌舞伎が女形の女装者演技を好んだことも、そこにはあずかっていたろうか。

何度も書くが、記紀のヤマトタケルは女のふりをして、クマソの宴席にもぐりこんでいた。『日本書紀』では、敵の族長・川上タケルから、夜ふけまで愛撫されたことになっている。

しかし、ヤマトタケルは景行天皇の皇子である。ほんとうは、男子であった。いくら、あざやかに女をよそおっても、身体を指でいじられれば、ばれないはずがない。『日本書紀』はしるす。深夜までたわむれまさぐられていた、と。川上タケルが、相手は女じゃないと気づいてもいい話の展開になっている。だが、『日本書紀』にでてくるクマソのリーダーは、それを見おとした。

江戸歌舞伎には、女装者の本性が胸元でわかってしまう話を、まま見かける。そこだけはさわらせまいと、身をかわす女装者の話もある。相手からの愛撫はさけようとするのが、江戸演芸における女装者の常であった。

川上タケルから、夜中まで身体をもてあそばれつづけたという。『日本書紀』があらわすそんなヤマトタルの女装ぶりは、江戸期の女形につながらない。「女形その始まりは日本武」。すでにのべたとおり、江戸の川柳は、景行帝の皇子をそうはやした。しかし、愛撫への対処は、決定的にちがっている。そこに関するかぎり、江戸期の「女形」と上代の「日本武」は断絶していたと考える。

2　衣服はやぶれ、血にまみれ

笹野権三もハニートラップへ

牛若、源義経の女装譚は、室町期に形成された。しかし、室町文芸はその乳房がたしかめられる場面を、えがいていない。同じ室町期に浮上した楊貴妃を熱田神とする話でも、胸のふくらみは問われなかった。まあ、熱田神の場合は、女体になりきったせいでもあろうけど。乳あらためで、女装者を問いつめる。この作劇術は、江戸以後の好奇心にねざしていたようである。

しかし、すべての点で上代や室町期と江戸期が、断絶していたわけではない。江戸の文芸や芸能は、さまざまな角度で女装者をとりあげた。なかには、女となって、敵へハニートラップをしかける男の話もある。そこから殺戮へといたる筋立ても、ないわけではない。

ヤマトタケルは、色仕掛けでクマソの族長をたぶらかし、あやめていた。牛若も、自分を女だと見まちがえ、ゆだんをした野盗に斬りかかっている。どちらも、女装者の魅力が敵役をまよわせ、主役の刺殺をなりたたせる話になっていた。この展開は上代に成立し、室町期から普及する。そして、江戸期には、さまざまなヴァリエーションが派生した。

たとえば、『三賀荘《さんがのしょう》曽我嶋台《そがのしまだい》』と題された芝居がある。四世鶴屋南北《つるやなんぼく》の作品である。一八二一（文政《ぶんせい》四）年に、はじめて舞台へかけられた。

主人公の笹野《ささの》権三《ごんざ》は、群をぬく美少年である。薩摩家につかえたが奥方との密通をうたがわれ、出奔《しゅっぽん》を余儀なくされた。そして、美しさゆえに女とまちがわれ、女衒《ぜげん》にスカウトされる。権三は女郎の小ひなとして、深川の金英楼に籍をおくこととなった。世をしのび、潜伏するためなら、遊女になるのも悪くはないと判断して。

小ひなの美しさを聞きつけた轡田《くつわだ》検校《けんぎょう》は、あこがれをいだく。金英楼もおとずれた。小ひなは、もともと男である。客との同衾《どうきん》は好まない。だが、轡田は「天国《あまつくに》」という短刀をもっている。それを知った小ひなは、彼がまつ部屋へおもむいた。かつて奉仕した家の主筋が家宝とするこの名刀を、うばいかえすためである。

想い人がきてくれ、轡田はよろこぶ。さっそく、小ひなを「おれが女房に」と、くどきだす。また「だき付」きもした。小ひなは「きっとなって〔中略〕轡田検校がもつたる短刀をうばひ取る」。これで、うかれた遊客も気がついた。自分の敵娼《あいかた》を問いつめている。「小ひなは男だな」、と。(『鶴屋南北全集　第八巻』一九七二年)。

この轡田を小ひな、つまり権三は斬りすてた。のみならず、いあわせた轡田の仲間や金英楼の従業員たちも、殺害する。権三は弥介という男から、遊女になることをすすめられていた。だが、轡田とむきあった時には、弥介を敵の悪党であったと見ぬいている。それに気づいたとも、権三をすてばちな殺戮へむかわせた。まあ、弥介は逃げきるのだが。

主人公の女装者は、ハニートラップで男をひっかけている。そのうえで、流血の連続殺人へつっぱしった。このまがまがしい振舞いへ、権三は小ひなの衣裳をまとったまま、およんでいる。女郎のいでたちで、斬殺の活劇をくりひろげた。

残虐きわまるこの展開を、いかにも南北らしいとみなす人は、多かろう。女装者の殺人場面に、幕末期の倒錯した美を感じるという声も、しばしば耳にする。

しかし、女装者の色仕掛けと殺しは、上代の伝説でも物語化されていた。室町文芸も、しばしばそんな説話をえがいている。たとえば、室町期以来の牛若語りを、想いだしてみよう。遊女の衣裳で夜盗たちをきりつけた話だけに、かぎらない。五条橋でも、牛若は女になりすました。その姿で千人斬りの凶行をくりひろげた話も、かつてはよろこばれていたのである。

天狗小僧も女になりきって

つぎに、黙阿弥があらわした『都鳥廓白浪《みやこどりながれのしらなみ》』を、紹介しておきたい。いっぱんには、『忍ぶの惣太』という通称で知られている。初演は一八五四（嘉永《かえい》七）年である。

吉原の花子という遊女は、なかなか客をとらぬことと美貌で、評判が高い。だが、じつは男、名門・吉田家の嫡嗣《ちゃくし》、松若丸《まつわかまる》であった。彼は同家の瓦解により出奔し、盗賊の頭目、天狗小《てんぐこ》僧霧太郎《ぞうきりたろう》となっている。また、追手からのがれるために、女郎として売られることも甘受した。花子は、吉原へ身をしずめた霧太郎、つまり松若丸にほかならない。

芝居の終盤で、天狗小僧の部下である丑市《うしいち》は、ボスへのうらぎりを決意する。花子になりすました霧太郎を当局へ売りわたし、褒賞金を手にいれようとした。花子も部下の離反には気づく。そんな両者が、決裂へいたる直前に、恋慕をこめたかのような言葉をかわしあった。

丑市　頭《かしら》、こなたが女姿で居なさる所は、どうも男と思はれねえ。
花子　今でも矢つ張り女に見えるか。
丑市　見えるの見えねえのと、まるで女だ。
　　　あゝこなたが実《まこと》の女なら、わしやあ女房に持ちてえものだ。
花子　おれも女であるならば、お前の下歯になりてえのよ。
〔中略〕
丑市　それぢやあせめて酒を呑むうち、わしやあ女房と思つて居ます。
花子　お前がさういふ了簡なら、どれ女房気取りで酌をしてやらう。

（『忍ぶの惣太　縮屋新助』岩波文庫　一九二八年）

「お前の下歯《したば》になり」たいと、花子は言う。この「下歯」は江戸の俗語で、妻をさす。お前の嬶《かか》になりたいというぐらいのニュアンスか。

ともかく、ふたりはたがいに好きだと言いあった。言葉では、じゃれあっている。そして、花子に酌をされた丑市は、酔いつぶれる。その泥酔を見とどけた花子は若衆風に、身なりをあらためた。もとの霧太郎へもどっている。と同時に、自分をうらぎっている手下へ、包丁をつきさした。

やられたと知った丑市は、傷つきながらも、しばらく自分のボスとあらそいあう。しかし、けっきょくは絶命した。

丑市は、花子が男であることを知っている。知りぬいていた。また、花子となった霧太郎をだしぬくことさえ、もくろんでいる。だが、遊女・花子の美貌にはうっとりする。夫婦になってもいいとつげられ、ほだされた。そのため、花子のつぐ酒に、正体をうしなっている。とうとう、命もうばわれた。

いっぽう、花子は相手に性別を見ぬかれている。はじめから、男だとばれていた。なのに、その相手を女としての容色で、とろけさせてしまう。刃物をつきたてるまで、とりこにしつづけた。ハニートラップとしては、かなり高度な技をくりだしたのだと言うしかない。

八犬伝の女装者は

あとひとつ、『南総里見八犬伝』から女装者の話を、ひいておこう。滝沢馬琴が十九世紀前半に、二十八年の歳月をかけて書きあげた。全九十八巻におよぶ、歴史ドラマである。そのなかに、女装者の色仕掛けと殺しをえがいたくだりがある。

千葉家の家老・馬加大記《まくわりだいき》は、同家の家政をわがものとした。老臣の粟飯原胤度《あいはらたねのり》をあやめ、権勢をほしいままとする。また、その血をうけつぐ者たちも、ほとんど殺害した。

ただ、粟飯原の側室である調布《たつくり》だけは、犬坂《いぬさか》の里へおちのびることができている。彼女は、そこで男児をひとり、生みおとした。しかし、その子を女児として育成する。犬坂毛野《けの》と、女らしくひびく名もつけている。千葉家や大記への聞こえを、おそれたためである。

少女としてそだった毛野は、女田楽《おんなでんがく》の一座にはいっている。そこでは旦開野《あさけの》という名をもらい、演じ手として頭角をあらわした。ただ、田楽の練習にはげむいっぽうで、武芸の鍛錬もおこたらない。いつかは、亡父の敵である大記をうちはたす。そう念じつづけたためである。

機会がおとずれ、旦開野らの一座は大記のもよおす宴席に、まねかれた。その大記は犬田小文吾《いぬたこぶんご》という武士に、食指をのばしている。自分たちの軍師にまねこうとしていた。そのため、いろいろ策をねっている。女田楽の宴をひらいたのも、小文吾の心をいとめる手段のひとつにほかならない。

6-2　**犬坂毛野**　歌川国芳「犬阪毛野　岩井紫若」1840年頃

宴席では、数人の少女が姿を見せ、その芸を披露した。彼女たちのなかでも、毛野のふんした旦開野は、とりわけ魅力的であったという。馬琴はその様子を、こうつづる。

「いと艶妖《あでやか》なる少女《をとめ》の、年は二八ばかりなる〔中略〕姿は独立《ひとりたて》る花に似たり。色好みなる心もて今これを見たらんには、魂忽地《たちまち》天外に飛て、この君の為には、命も惜からずと思ふめれど、小文吾は性《さが》として、声色を嗜《たしま》ざれば。目《まの》前《あたり》に出《いで》て来ぬる、この少女をよくも見ず、こゝろの中《うち》には爪弾《つまはぢき》して、あらずもがなと思ひけり」（『南総里見八犬伝〔三〕』岩波文庫　一九九〇年）

「年は二八ばかり」とある。この言いまわしは、二十八歳であることをしめさない。かけ算の九九《くく》で、二八《にはち》は十六《じゅうろく》歳ごろであったという意味になる。ねんのため、書きそえる。

じっさいは少年だが、たいへんな美少女に見えたという。女好きの男は、心がまいあがり、彼女のためなら命もさしだす気になろう。だが、小文吾は女色や音曲を好まない。ほかの男たちとちがい、彼だけはそそられなかったという設定になっている。

妓女の剣戟

ある晩、大記は城中の面々をあつめ、対牛楼で宴席をはった。自分の子である鞍弥吾《くらやご》の誕生日を、いわうためである。笛や鼓がなりひびき、これに参加をしなかった小文吾は、また例の宴会かと思う。だが、夜ふけに音は聞こえなくなった。

しばらくして、小文吾の前に旦開野が走りよってくる。見れば、つぎのような姿になっていたという。

「紊《みだ》す黒髪、劈《つんざか》れたる、衣《きぬ》に鮮血《ちしほ》の韓紅《からくれなゐ》、右手《めて》には明晃々《めいこう〱》たる、氷の刃《やいば》を抜拿《ぬきもち》て、左手《ゆんで》に物を引提《ひきさげ》つゝ、はやくも走り近づきて〔中略〕見れば〔中略〕思ひがけなき馬加大記常武《まくはりだいきつねたけ》が首級《くび》なり」（同前）

髪はみだれ、衣服はやぶれている。血で赤くそめられていた。右手の刀は、氷のようにきらめいている。左手には、なんと大記の首がさげられていた。

女になりすました毛野は、対牛楼で敵打ちを敢行する。宿敵たちを斬りたおしたまま、小文吾の前にやってきた。女装のいでたちが、血とほころびで、みだれきっている。女装者のくりひろげた惨劇がいちばんきわだつ恰好で、登場した。

その構図を馬琴は読者に、ありありとつたえている。女のなりをして、男たちをあやめてきた。その映像が目にうかぶよう、言葉をつらねている。旦開野の女装束は、「甥れ」、「鮮血の韓絳」にそめあげられていた、と。

旦開野に変装した毛野は、大記らを悩殺している。その情欲をかきたてていた。ハニートラップには成功したのである。そして、そのうえで、ゆだんしきった敵たちを斬りすてた。女装者による色仕掛けと殺しの物語は、ここでも展開されたのである

自分の前でぼうぜんとしている小文吾に、毛野はつげる。「吾儕《わなみ》は素《もと》より女にあらず」、と（同前）。自分は女になりすまし、復讐の機会をうかがってきた。そのいきさつなどを、語っている。

『南総里見八剣伝』には、八人のえらばれた剣士、八剣士が登場する。犬坂毛野も犬田小文吾も、そのうちのひとりである。ふたりをくらべれば、毛野はきゃしゃで、小文吾は偉丈夫《いじょうぶ》だった。この場面では、両者のくみあわせが、牛若と弁慶の一対めいて見えなくもない。

あとで、毛野は浮浪児に身をやつす。その身すぎを、仲間から不思議がられる場面がある。お前は、ルックスがいい。美服をまとってみがけば、かせげる。それなのに、どうして宿なしへ身をおとしたのか、と。その問いかけには、二度目の引用となるが、こんな文句がはさまれていた。

「鞍馬で遮那王、僧正坊でも弁慶でも、視紊《みまが》ふ縹致《きりやう》をもちながら」。お前なら鞍馬寺の僧侶や弁慶も牛若、遮那王と見まちがう。それだけの美貌にめぐまれながらと、苦言を呈している。

馬琴も、源平合戦の英雄をどこかでは念頭においていたと考える。あるいは、室町以降に女装伝説の浮上した英雄たちをと、言うべきか。

3　血と刀の物語

淪落と放浪の暗殺者

『南総里見八犬伝』の犬坂毛野は、どういう人物であったのか。念をおすようだが、その確認をしておきたい。

毛野は、一時期女田楽の仲間にくわわった。男でありながら、旅まわりの妓女《ぎじょ》になっている。しかし、そうなってしまいかねない階層に、もともとぞくしていたわけではない。身をやつして世をしのぶために、旅芸人となったまでである。じっさい、作者の滝沢馬琴は、この登場人物にそれなりの血筋をあたえている。

毛野は千葉家の老臣、粟飯原胤度の遺児であった。その父は馬加大記らの奸計《かんけい》により、ころされている。さらに、一族で大記の毒牙《どくが》をまぬがれたのは、妾腹《しょうふく》の毛野とその母だけであった。そんな毛野が身をひそめ、やがては敵をうつ。毛野と大記の話は、以上のように構成されている。

そもそも、毛野は八剣士のひとりとして、この世に生をうけていた。大記を剣でさした時に、まだその自覚はない。だが、いずれは自分の使命にめざめ、関東の秩序を回復するべくたちあがる。毛野は、それだけの大役をになわされた登場人物なのである。

だが、物語のなかへ毛野は、まず女田楽の演者として顔をだす。各地を巡行する一座の舞姫、あるいは歌姫として、あらわれた。女の姿で芸を披露し、敵の警戒をときながら、敵討《かたきう》ちにおよぶ。それは、偉大な運命を生きる人物が、放浪生活のなかでやってのけた行動なのである。

同じことは、鶴屋南北がえがいた『三賀荘曽我嶋台』の笹野権三にも、あてはまる。もとは、薩摩源五兵衛という武士の小姓であった。そして、その娘婿にもなっている。奥方からも、たよりにされていた。ただ、彼女との密通をうたがわれ、同家にはいたたまれず逐電《ちくでん》してしまう。

それからは、女と見まちがわれ、深川の遊里で女郎となるところまで、身をおとした。これも、一度はときめいた男のたどる、流浪と零落の物語になっている。

だが、権三は薩摩家につくそうとする志を、遊女となってもわすれない。義父の源五兵衛は、主家の千葉家が家宝とする「天国」という短剣を、紛失していた。これを彼のためにさがしだし、とどけようとする想いを、いだきつづけている。女郎の姿で轡田検校を殺害したのも、そのためである。この嫖客《ひょうきゃく》が「天国」をもっていると気づいたうえでの刺殺であった。

女装で男をたらしこみ、あやめてしまう。権三のそんな行動も、使命感をもつ者がさすらいのはてにとったそれだと、みなしうる。たんに、美しい女装者が、男を誘惑して殺害する話ではない。

　黙阿弥があらわした『都鳥廓白浪』の場合でも、同じ構図は見てとれる。ねんのため、くりかえす。この作品で、女装の色仕掛けによる人斬りを決行したのは、松若丸である。もとは、吉田家という名家の嫡男であった。だが、その家督は父がむかえた後妻の子である義弟、梅若丸にゆずっている。

　吉田家は「都鳥の印《いん》」をうしない、絶家をしいられた。それをさがしだすべく松若丸は、家をでる。天狗小僧霧太郎となって、探索のかたわら盗賊たちをひきいもした。遊女の花子に姿をかえて、吉原へもぐりこんでもいる。司直の目からのがれるためである。

　霧太郎、すなわち花子の手下である丑市は、そのボスを当局へ売りわたそうとした。彼のうらぎりに気づいた霧太郎は、この家来を斬っている。そのさいに、花子としての魅力をいかし、すっかり丑市をゆだんさせた。女装の女っぷりで、相手をとりこにしてからなのである。殺人へふみきったのは。

　これだけのことを敢行する前に、松若丸は陋巷《ろうこう》をさまよった。盗賊となるのみならず、遊女にも身をやつしている。だが、当人じたいは名家の嫡出でもあった。そんな貴人が家の再興をねがい、世間の塵芥《ちりあくた》をなめつくす。女装の色仕掛けによる殺しは、そうした人生行路をへて、こころみられた。

　女装者が女としての魅力で敵を籠絡し、また殺害する。江戸文芸のそういうヒーローは、がいして出自が高い。だが、たいていかつての身分をかくし、あるいはうしない、放浪の旅にでた。世の荒波にまみれている。色仕掛けと殺しの主人公である女装者は、そんな経歴をあたえられやすかった。

もちろん、こういう展開が、江戸文芸における女装者像のすべてではない。ほかの筋立てでえがかれた話も、たくさんある。だが、今のべた類型ができていたことは、いなめない。立場をうしなった者が、流浪のはてに女のふりをする。そして、ハニートラップに活路を見いだす殺戮譚は、ひとつの典型になっていた。

貴種流離譚

いや、江戸文芸にかぎったことではない。じつは、室町期にできた牛若の女装譚も、この型で構成されている。牛若は源義朝《よしとも》を父にもち、源氏の血をついでいた。そんな御曹司が、鞍馬寺への逼塞《ひっそく》をしいられている。京洛の地からは、追放された。のみならず、同寺をとびだし東北へ旅だってもいる。

その途上、近江の宿で、寝こみを夜盗の集団におそわれた。だが、牛若は女の衣裳で、寝床によこたわっている。盗賊たちは宿の遊女と見まちがい、手をださない。牛若の寝姿は、彼らの判断をあやまらせた。その隙をついて、牛若は夜の侵入者へおそいかかり、斬りたおしたのである。

『義経記』がえがくこのくだりにも、さきほどのべた物語の型は、見いだせる。放浪の貴人が女装で敵の目をくらまし、やっつける。こういう展開は、江戸期の類似作ともつうじあう。女郎になった権三や松若丸の話は、遊女とみなされた牛若語りの翻案かもしれない。松若丸の場合は、その名前じたいが牛若丸ともひびきあう。

室町文芸は、女装の牛若が五条橋で千人斬りにおよぶ話も、流布させた。亡父義朝への供養として殺人をくりかえす牛若像も、室町期にはうかんでいる。そして、この話は江戸期のはじめごろまで、したしまれた。

こちらも、例の型をわかちあっていると、みとめてよい。牛若は源氏の後継者であった。だが、その立場にふさわしい処遇はうけず、巷を徘徊している。そして、女のかぶり物で頭と顔をおおう、無差別殺人の人斬りになったのである。

上代の記紀がしるすヤマトタケルの物語も、この同じ型でできている。もとより、ヤマトタケルは景行天皇の皇子である。貴種のなかの貴種だと言ってよい。そんな皇子が、日本各地を、西へ東へと遠征する。典型的な貴種流離の物語となっている。

皇子には、まつろわぬ東西の諸勢力を討伐することが、命じられていた。その使命をはたすため、西征でクマソとむきあった時は、女になりすましている。女装で敵の族長を魅了し、相手が自分にうっとりした瞬間をとらえ、さし殺した。

ハニートラップでひっかけた敵に、刃をあびせる。女装者となってそんな振舞いにおよんだのは、全国をへめぐる皇子であった。こういう行動は、流浪を余儀なくされたが、使命をわすれぬ貴種にこそふさわしい。彼らに演じさせてこそ、話はかがやく。以上のような物語観は、どうやら記紀のころに根をもつようである。

室町期の牛若伝説は、この型をなぞっていただろう。ヤマトタケル伝説の室町的な変奏だと、みなしうる。犬坂毛野の復讐譚などは、江戸的なヴァリエーションだったということか。この型には、時代をこえてよろこばれる民族性があったのだと、考えたい。

五条橋で千人斬りにいどむ牛若語りも、放浪する女装の貴種による殺戮劇である。にもかかわらず、十八世紀のなかばごろから、下火になった。

判官びいきの英雄である牛若には、あまりむごい行為をさせたくない。戦国期の乱世をのりこえた江戸中期には、そんな心性がひろまった。愉快犯じみた千人斬りの物語は、太平の世とあわなくなりだしたのだろう。私は以前に、そう書いている。

じっさい、江戸期の女装者には、殺しへうったえざるをえない理由が用意されていた。『南総里見八犬伝』の毛野には、仇討ちの大義がある。『三賀荘曽我嶋台』や『都鳥廓白浪』の主人公たちも、家再興の大望をひめていた。いずれも、うしなわれた秩序の回復をめざしている。

牛若の千人斬りには、そういう意義が見いだしにくい。平和な時代を生きる人びとには、無頼漢のすてばちな凶行めいて見える。うとまれだしたゆえんであろう。

民族の物語

室町期には、楊貴妃を熱田神の化身だとする説話が浮上した。ヤマトタケルの女装譚を翻案したような話が、流布されている。それが、江戸期にヤマトタケルの女装をおもしろがる下地となったことは、すでにのべた。また、明治以後は語られなくなったことも、説明ずみである。

この説話では、楊貴妃になりすました熱田神が、玄宗皇帝を骨ぬきにした。自分の魅力におぼれさせ、覇気をうしなわせている。だが、殺害はしていない。ハニートラップは成就した。しかし、その誘惑は剣戟や殺戮をともなわない。その点では、例の型からずれている。明治期まで延命しきれなかったのは、そのせいか。

ためし斬りのようなテロリズムは、ある時期からきらわれた。しかし、この物語類型をかがやかせるためには、刀や血の匂いもかかせない。女装者が剣をあやつる。あるいは、敵をさす。その場面がなければ、最後のしあげは完了しない。画竜点睛《がりょうてんせい》をかくということではなかったか。

明治以後に語られた牛若の伝説は、五条橋の話も弁慶との剣戟をともなった。ヤマトタケルのそれも、クマソのリーダーを剣でさしている。小学生が読む国語の教科書でも、その形はたもたれた。近代へ生きのびるためには、刀剣という要素がかかせなかったようである。

かつて、保田與重郎は言いきった。美しい少女をよそおい、強敵をうちまかす。そんなヤマトタケルの姿に、日本人は拍手をおくってきた。だからこそ、ヤマトタケル伝説は楊貴妃の熱田神化身説を派生する。こういう物語をよびおこすところに、日本人の民族性はある、と。

前にも指摘したが、私はこの解釈を卓見であったと思う。学界が見ようとしなかったところをついている点でも、共感をよせてきた。くりかえし、評価をしておきたいと考える。

それでも、近代以後の日本人は熱田神の楊貴妃変身説を、ほぼ忘却した。小学生用の読み物や教科書が、とりあげなかっただけではない。成人むきの本が、この話を収録するケースも、いちじるしくへっている。言葉をかえれば、大人もかえりみなくなった。

主人公の男が美女になって、敵をまどわし打倒する。こういう話を日本人はよろこぶと、保田は言う。なるほど、室町末期にはその民族性が、熱田神の楊貴妃転生説をもたらしたのだろう。そして、江戸期までは、これをおもしろがる人びとも、おおぜいいた。保田の見方は、この現象をほどよく説明する。

しかし、明治以後にそれがわすれられていく事態は、解説してくれない。じっさい、保田の理解が正しければ、近代化以後も変化はなかったはずである。あいかわらず、玄宗をふぬけにしたのは熱田神だったと、語られつづけたにちがいない。だが、そのようにはなっていかなかった。

やはり、刀剣の物語を欠いた点は、明治期への延命をはばませたのだろう。美しい英雄が女にばけて敵の好き心をあおり、相手の野望をうちくだく。それだけだと、時代をこえて生きのこる力はもちにくい。女装者が色仕掛けで敵をとりこにする。この話は、刺殺の語りをともなったほうが、共感をよびやすかったのだと考える。

ただ、江戸期には血と刀のエピソードがない楊貴妃と熱田神の話も、喝采をあびた。多くの読み物や舞台が、これを反復している。そこには、江戸的な特殊事情もあったろう。

じっさい、江戸期のフィクションは、さまざまな女装者をとりあげた。

さきに私は、『南総里見八犬伝』の犬坂毛野を、殺戮の女装者として紹介している。しかし、滝沢馬琴は、人を斬らない女装者もえがいていた。『墨田川梅柳新書《すみだがわばいりゅうしんしょ》』（一八〇七年）の梅稚《うめわか》が、たとえばそうである。『八犬伝』の犬塚信乃《いぬづかしの》も、女装をしていたころは殺人に手をそめていない。

鶴屋南北は、笹野権三という女装の殺人者を、『三賀荘曽我嶋台』に登場させていた。そのいっぽうで、女装者としては凶事へおよばない白井権八《しらいごんぱち》も、舞台にだしている（『御国入曽我中村《おくにいりそがなかむら》』一八二五年）。

江戸期の文芸や芝居は、女装者の多様なありかたをおもしろがった。前に紹介した乳あらための場面も、そういう趣向の一例にあげてよい。歌舞伎の女形が一般化したせいもあるのだろうか。女装描写のひろがりでは、ほかの時代よりきわだっていた。だからこそ、剣戟がない楊貴妃を熱田神の化身とする話も、歓迎されたのだと考える。

4　近代の幕明けに

騒乱の美少年

江戸時代の、いわゆる打毀《うちこわし》を語りたい。凶作や飢饉のもたらす食糧危機が、しばしば民衆を暴動へかりたてる。米屋や酒屋、あるいは質屋などのおそわれる騒擾《そうじょう》が、しばしば都市では発生した。とくに、十八世紀以後は規模の大きい打毀がふえている。

なかでも、一七八七（天明七）年には、ひろい範囲で人民の破壊活動がくりひろげられた。五年前からつづいた飢饉が、大きな被害をもたらしたせいである。全国の主要都市で、民衆が暴徒化した。江戸の街も、一時的には無政府状態へおちいっている。いわゆる天明の打毀である。

このさわぎについては、多くの人が記録や回想を書きとめた。さいわい、それらはおおむね『東京市史稿産業編　第三十一』（一九八七年）に収録されている。

読んでいくと、いやおうなくあることに気づかされる。多くの見聞記が、街の噂として書いているのである。打毀のさわぎは、まだ若い少年にひきいられていた、と。

「前髪のある十四五の若衆」が、力を発揮している（『津田信弘見聞続集附録』）。「中ニ十七八之前髪之若者有〻之、殊之外《ことのほか》するとく大力」（『森山孝盛日記』）。つまり、元服前の少年が活躍していたというのである。

これが実景であったのかどうかは、よくわからない。あれくるう民衆を見た人びとの、脳裏にうかぶ幻影だった可能性はある。もちろん、やんちゃな若い人の活躍が、めだっていたのかもしれない。いずれにせよ、少年像の浮上は世間の話題になっていた。少なからぬ人びとが、「若衆」や「若者」を見たような気になったのである。

この少年語りは、十九世紀にしるされた回想のなかで変容する。ただの少年が、打毀をひきいたのではない。それは美しい少年であったと、言われるようになる。

たとえば、「其《その》働き飛鳥《あすか》のごとし、しかも美童にてありし」、と（『武江年表《ぶこうねんぴょう》』一八七八年成稿）、と。氏家幹人によれば、このイメージを定着させたのは山東京山《さんとうきょうざん》であったらしい（『江戸の少年』一九八九年）。『蜘蛛《くも》の糸巻《いとまき》』（一八四六年）にある、つぎのような指摘が最初だったろうと言う。

「打こはしの中に、美少年一人、大入道一人まじりて、少年は飛鳥の如く飛び廻り、入道は金剛力士の如くにて、目も綾なしと、見たる人語りき」

じっさいには、少年がリーダーとして奮闘していたかどうかも、さだかでない。ましてや、それが美少年であったとは、とうていきめつけられないだろう。しかし、天明の打毀を数十年後にふりかえる人たちは、美少年を想いうかべたのである。

民衆をひきい、先頭にたって騒動をもりあげる。そういう役目は少年にこそふさわしい。いや、できれば美少年であってほしいという観念が、当時はあったようである。

ドラクロワというフランスの画家を、ごぞんじだろう。いわゆるロマン主義の作家である。代表作のひとつに、「民衆をみちびく自由の女神」（一八三〇年）がある。上半身をあらわにした女性が、蜂起した人民をひきいる図柄になっている。日本では、ながらく歴史の教科書でなじまれてきた。一八三〇年の七月革命を舞台とする絵である。

もちろん、こういう女性が実在したわけではない。彼女は、民衆の想像力が生みだした幻想の女性である。それを、ドラクロワが絵にえがいた。のちには、巨大な立体造形となって、ニューヨークのハドソン河口へあらわれる。自由をねがう人びとがもたらした、空想的なキャラクターにほかならない。

いずれにせよ、フランスではその象徴的な人物が、若い女性として幻視された。同じようなシンボル効果が、日本の民衆蜂起では「若衆」に期待されている。人びとが懐古的に想いえがく幻想のなかでは、「美童」になった。

6-3　ドラクロワ「民衆を導く自由の女神」

イメージ上の性別役割が、フランスとはちがう。このジェンダー差が、日欧の文化背景にねざしているのかどうかは、わからない。いちど、検討してみたいものだと思っている。

美少年メシア

さて、『蜘蛛の糸巻』では、「美少年」のほかに「大入道《おおにゅうどう》」もふりかえられた。「美少年」に「大入道」というこのくみあわせは、牛若と弁慶を想起させる。打毀をしのぶ想像力は、悲運におわった源氏の武将をも、よびよせていたらしい。

作家の滝沢馬琴もこの騒動へ、想いをはせている。あの時は、「年十五六の大わらは」が「いつも衆人に先きだ」っていた。そのすばやい行動を見て、人びとは「牛若小僧と唱へ」あったものである。『兎園小説《とえんしょうせつ》』（一八二五年）という文集に、そうしるした（前掲『東京市史稿産業編』）。天明の打毀は牛若のような少年がみちびいたと、ひろく想われたようである。

馬琴は『南総里見八犬伝』で、犬坂毛野による対牛楼の復讐劇をえがいていた。毛野が女田楽の演者になりすまし、宿敵である馬加大記をうちはたす場面である。想いだしてほしい。斬りおとした大記の首をもち、垣根をのりこえかけぬける。そんな毛野の様子を、馬琴は「飛鳥の如く」とあらわした。

この形容は、天明の打毀を回想する十九世紀の文献ともつうじあう。あの時、少年は「飛鳥の如く飛び廻」った（『蜘蛛の糸巻』）。彼の活躍は「飛鳥のごとし」（『武江年表』）。そんな記録とかさなりあう。馬琴も、俊敏な毛野を描写しつつ、打毀の美少年を想いえがいていたのだろうか。

近世文学の研究者である松田《まつだ》修《おさむ》は、馬琴の文学に打毀の影があることを強調した。そのうえで、つぎのように喝破する。

『八犬伝』では、美少年が不当な体制の打倒にたちあがった。やはり馬琴の作品である『近世説美少年録』も、その点はかわらない。どちらも、「美少年をヒーローと」し、彼らに「メシアをイメージした文学」である、と（「幕末のアンドロギュヌスたち——馬琴論の試み」『闇のユートピア』一九七五年）。

天明の打毀では、少なからぬ人びとが少年の姿を幻視する。のちには、それが美少年の活躍という回想へ昇華した。民衆蜂起の共同幻想ともいうべきこのイメージを、馬琴は自分の文芸にすくいあげている。美少年がメシアとなる、世なおしの物語をなりたたせた。

たいへん魅力的な見取図である。のみならず、あるていどは妥当な指摘でもあると考える。とりわけ、『美少年録』のクライマックスには、その気配を強く感じる。この物語では、侠客と美少年が力をあわせ、正義のためにたちあがった。打毀にかいま見えたという美少年の幻影は、馬琴のロマンにとどいていただろう。

さらに、松田は書く。『美少年録』がえがく「革命の形態」は、打毀の暴動を「投影している」、と（同前）。

しかし、馬琴が革命を表現していたとは考えにくい。『美少年録』のヒーローたちは、旧体制の回復をめざしていた。革命ではない。みだれた世をただし、うしなわれた秩序をとりもどそうとしていたのである。『八犬伝』の剣士たちも、正統的な支配の再生、つまり里見家の復旧をねがっていた。

女装の犬坂毛野が馬加大記をうったのは、敵打ちのためである。革命への展望を、女田楽の一員となった毛野はいだいていない。

打毀で浮上した美少年像を、馬琴が自作にとりいれていた可能性はある。しかし、ああいう騒動じたいに共感をいだいていたかどうかは、わからない。ましてや、革命への期待が馬琴にあったとは、思えないのである。

江戸の文芸や芝居では、女装の貴人が、しばしばえがかれた。もともと、旧秩序の上層にいたが、身をやつし陋巷の女装者となる。そして、旧態の回復や新勢力の打倒をねがい、色仕掛けと殺しにうってでる。以上のような型をもつ物語が、江戸期には流布された。馬琴も『八犬伝』で、毛野の行動にこの類型をあてはめている。

ここまでは、すでに論じてきたとおりだが、新しい論点もくわえたい。女と見まがう自分の魅力で敵をのぼせあがらせ、そのゆだんにつけこみ殺害する。こういう振舞いは、古い秩序から遠ざけられた美少年のそれだとされてきた。あるいは、そこへの復帰をねがう美少年の行動である、と。民衆暴動のリーダーに似つかわしいとは、みなされていない。

天明の打毀で幻視された美少年も、女装者というイメージはいだかれていなかった。ハニートラップの伝説も、語られてはいない。彼らは「民衆をみちびく自由の女神」にもつうじる偶像として、浮上した。密室で事をはこぶ、隠密のような女装者ではない。民衆とともにたちあがる、街頭のアイドルだった。少なからぬ人びとに、屋外での活躍ぶりを見たと思いこませたヒーローなのである。

江戸文芸が愛好したハニートラップの女装者は、打毀の幻想とつながらない。対牛楼の毛野も、そこからは遠くへだたっていた。馬琴のえがく美少年は、民衆運動の追憶にねざさない部分をもつ。少なくとも、女装の少年と打毀をささえた「美童」のあいだには、溝がある。

前に、ヤマトタケルと新羅の花郎は、そのありかたがちがうことを強調した。女装の皇子は、夜陰にまぎれ、密室でその任務を完了させている。しかし、花郎たちは、陽のあたる場所で人びとをあおりたてていた。その差は決定的であったと、のべている。

同じ差違を、私は毛野と打毀で活躍したらしい「美童」のあいだにも感じる。天明の騒動と馬琴がえがく女装の美少年を、安易につなげるべきではない。くりかえし、そう書いておく。

蜂起のアイドルも宴席へ

さて、民衆の蜂起は明治維新のあとでも、しばしば発生した。一八七八（明治一一）年に神奈川でおこった真土村《しんどむら》の農民暴動も、そのひとつにあげられる。この事件を素材とし、作家の泉《いずみ》鏡花《きょうか》が、ある読み物をまとめている。デビュー作の『冠《かんむり》弥左衛門《やざえもん》』（一八九三年）が、それである。

　真土村の暴徒たちは、冠弥右衛門《やえもん》をその首魁《しゅかい》とした。悪徳地主とされた松木長右衛門《まつきちょうえもん》の家をおそい、火をはなっている。また、松木一家の人びとを殺害した。鏡花がまだおさなかったころに、このむごい出来事はおこっている。

　作家は実在した冠弥右衛門を、創作のなかで冠弥左衛門にあらためた。さらに、暴民たちの軍師めいた役をあてがっている。だが、指揮のすべてを彼にゆだねてはいない。あとひとり、霊山卯之助《りょうぜんうのすけ》という少年を、一味の、やや象徴的な大将として登場させている。

　卯之助の父は、かつて農民のためにたちあがり死罪をこうむった。そんな義人の遺児へ、蜂起の一党は期待をよせたという設定になっている。

　だが、かつぎあげられたのは、そのせいだけでもない。卯之助は群をぬく美少年としても、えがかれていた。「嬋娟《せんけん》たる嬢子《むすめ》と見紛ふばかりの少年なり」、と（『鏡花全集　巻二』一九四二年）。その美貌も、卯之助の人望を高めていた。美少年こそが、蜂起のアイドルとなる。天明の打毀などで浮上したこのイメージを、鏡花も作中にとりいれたのである。

6－4　泉鏡花

　弥左衛門は火薬を武器に、地主・石村五兵衛《いしむらごへえ》の屋敷を夜襲する。その同じ時間に、石村の仲間である相模のボス・

岩永《いわなが》武蔵《むさし》を、卯之助がおそう。ふたりは、そんな計画をたてた。

　某日の夜、岩永の別荘で宴会がひらかれるという情報を、一揆側は耳にする。彼らは、その当夜を襲撃決行の時とした。以後、卯之助は、岩永の別荘へ潜入する手立てをさぐりだす。宴席へまねかれる芸者衆に、たのみこみもした。自分も姐《ねえ》さんたちといっしょに、岩永の宴会へ参加したい。何か、いい手はないのか、と。

　そのけっか、卯之助は女装をして芸者になりすますこととなる。ためしに、女姿となった卯之助をながめて、芸者たちは賛嘆した。美しい。どう見ても女だ。これなら、あつまる者も、みなだませよう、と。

　じっさい、宴会の場で岩永は、女装の卯之助にときめいた。そばへよびよせ、「後刻《のち》に抱いて寝る」と、直接つげてもいる。そのまま「接吻《キス》も仕兼《しか》ねまじきでれ塩梅《あんばい》」にもなった（同前）。

　ほどなく、近くの石村邸で火薬の爆裂音がなりひびく。弥左衛門らが、予定どおり地主の館を攻撃した。そう判断した卯之助は豹変し、岩永に斬りかかる。

「少女刹那《せつな》に変生《へんじやう》せる、此好男子脱兎《だつと》の如く〔中略〕懐裡の短刀、金光ひらりと一躍して、武蔵の喉に突懸くる〔中略〕抜かむとして手間取る岩永。飛鳥の如く飛附く霊山」（同前）

　ハニートラップで敵をだました女装者が、刀で相手におそいかかっていた。ここには、ヤマトタケル以来の型がとどいている。その点は、『南総里見八犬伝』の犬坂毛野がなしとげた復讐とも、つうじあう。

注目すべきは、そんな女装者が、人民蜂起の精神的支柱にもなっている点である。打毀の美少年像と同じように、「飛鳥の如く」とびつくという描写も、見おとせない。

じゅうらい、色仕掛けの暗殺にふみきる女装者は、民衆の輿望をになってこなかった。日本文芸史は、彼らにそういう立場をあたえていない。人民がむらがりえない屋内や夜陰で、ことをなしとげさせてきた。少なくとも、馬琴や南北らのいた江戸期までは。

だが、鏡花のえがく卯之助は、蜂起の徒党におされ彼らの大将となっている。暗がりの色仕掛けをはまり役としてきた女装者が、陽のあたるリーダーにもなっていた。そこに私は、江戸期までだとありえない新機軸を読む。夜の宴席で女となって敵を斬るだけではなく、人民のためにたちあがる。そんな美少年像をひねりだした点で、鏡花は画期的だったと考える。

ただ、民衆をひきいる卯之助は、女装をしていない。彼らの前では、女と見まがう美少年だが、男としての素顔をたもっている。女のふりをしたのは、酒席で刃を敵につきつける時だけであった。

打毀につうじる美少年像と、ヤマトタケル以来の女装者像は、カテゴリーがちがう。それを鏡花は、卯之助というひとつの人格に、あわせもたせた。しかし、それぞれの出番は、えがきわけている。少年指導者としては徒党の前へ、そして女装姿は夜の宴席に登場させていた。その区分けでは、日本文芸史の常套にしたがったのだと、みなせよう。

第7章　大日本帝国の軍人たち

1　女を演じた軍人たち

レイテ島の演芸会

大岡昇平《おおおかしょうへい》に『俘虜記《ふりょき》』（一九五二年）という作品がある。大岡は一九四五（昭和二〇）年一月二五日に、フィリピンでアメリカ軍の捕虜となった。レイテ島の収容施設で、同年一一月二二日まですごすことをしいられている。『俘虜記』はその体験記である。

日本の敗戦は、レイテの捕虜たちにもつたえられた。多くの日本兵は、この知らせで生活態度をかえだしたらしい。みだりがましい振舞いも、ふえたという。たとえば、兵たちのもよおす演芸大会に、女装者が登場しはじめた。そして、喝采をあびている。

なかでも、進藤という補充兵の女装は、きわだっていたらしい。大岡は、彼が演芸会の楽屋へはいっていくところを、目撃した。日がおちる前であったという。そして、そこで見かけた進藤の立居振舞いに、衝撃をうけている。その印象を、作家はこうつづる。

「私は自分の眼を疑った。私は無論これが単に女の服装をした男にすぎないのを知っている。しかし私が見る髪、顔、胸（彼は当今の女性並に贋の乳房を入れていた）、腰はどうしても女なのである。歩き方まで、私のようにジロジロ眺める俘虜の視線を意識した、つまり完全に女の動作なのである」（『大岡昇平全集　I』一九八三年）

7-1　大岡昇平

この進藤には魅了された男たちも、おおぜいいた。演芸大会の芝居では、花形になっていたという。

俘虜たちが、最初からこういう演芸会をもよおしたわけではない。彼らは角力《すもう》に興じることから、収容所での無聊《ぶりょう》をなぐさめだしている。当初は、マッチョな姿勢をたもっていた。

しかし、彼らは少しずつ、受け身の娯楽をたのしむようになる。また、より享楽的で艶っぽい方向へすすんでいった。

たとえば、喉自慢の会が、しばしばもよおされるようになる。各部隊からは、部隊を代表する唄い手があらわれた。それ以外の隊員たちは、唄声を聞く側に、まわっている。角力の時とはちがい、演じ手と聞き手が、はっきりわかれるようになった。

さらに、歌手たちは、自分の声を女っぽくひびかせるようつとめだす。進藤補充兵の登場をうながす気運は、そのころから醸成されていた。

終戦もせまったころからであったという。毎週のようにひらかれた歌唱の場で、進藤は頭角をあらわした。あでやかな唄声の持ち主として、評判を高めていく。その嬌名《きょうめい》は、所属部隊という枠をこえ、とどろいた。

敗戦後には、演芸会の規模が拡大する。収容所全体へおよぶ、総合的なイベントへと発展した。この時であったという。演芸会の世話人たちが、彼にはじめて女装をさせたのは。進藤を舞台へあげるなら、女の格好をさせたほうがいい。観客のうける感銘も、よりふかくなると運営側は判断した。

女物の衣類を、捕虜たちがもっていたわけではない。だが、彼らのなかには洋服の仕立職人もいた。進藤のために、ブラウスやスカートをあつらえたのは、この職人である。クリームやパウダーは、大隊長が収容所長にかけあい入手した。進藤の女装には、捕虜たちの集団的な期待も、こめられていたようである。

女を演じきった進藤の周囲には、男たちがむらがった。その気をひくため、きそいあったという。恋のさやあてめいたいさかいも、くりひろげられた。色っぽい女装者の出現で、男心をそそられた者は少なくなかったようである。

演芸会は、その後も肥大化した。芝居の上演も、こころみられるようになる。そして、舞台には女の役をつとめる複数の男たち、女形が登場した。進藤の女ぶりに刺激をうけ、あやかろうとした兵も、けっこういたのである。

女を演じた捕虜たちは、芝居以外の機会でも女装をつづけだす。進藤にならい、同じ収容所の仲間を、女の姿で誘惑するようにもなる。その様子を、大岡はつぎのように書きとめた。

「進藤は普段でも夜は女子の服装を着用していたが、そういう女形達も出演によって得た様々の衣装をまとって、酒宴の席では嬌声を発して酒を注ぎ、隣人の膝に凭《もた》れかかった〔中略〕この風習は復員列車の中まで持ち越された」(同前)

女服に身をつつんだ捕虜が、同輩たちの宴席にはべる。彼らに体をあずけ、なまめかしい声をあげた。女装パブの従業員をほうふつとする振舞いに、およんでいる。大日本帝国の軍隊には、こういう一面もあったということか。

武装解除の、その前も

レイテ島には、京都を本拠とする第一六師団の兵たちが、多く収容されていた。つまり、京都の男たちが多数をしめていたことになる。大岡のしるす女装兵の増大を、上方ならではの軟弱ぶりとみなすむきもおられようか。旧帝国軍としては例外的な現象だったのだ、と。

あるいは、敗戦がきまったあとのたるみによると、思われるかもしれない。軍人精神がまだ弛緩しない戦時下に、女装者たちの座興はありえない、と。

こうした想像への反証となりそうな写真がある。一九四三（昭和一八）年のことであった。東茨城の長岡に駐屯していた東部第一〇三部隊の中野隊が、壮行会をひらいている。その写真を見ると、女装で余興にのぞむ兵士の、複数いたことが見てとれる。（『ふるさとの想い出 188 写真集 明治大正昭和 岩井』一九八一年）。

7-2　女装の日本軍兵士

一九四三年だから、まだ戦時である。東茨城の部隊は、関東のつわものたちで構成されていた。それでも、外地への出征を、女装もふくむ演芸会で景気づけている。のみならず、その記念写真もとっていた。女装をたのしんだのは、敗戦後の上方《かみがた》兵にかぎらない。

日中戦争は、一九三七年にはじまっている。以後、中華民国と日本は戦争状態におちいった。日本軍は、陝西《せんせい》省の延安《えんあん》を拠点とする中国共産党の軍隊とも、たたかっている。日本兵のなかには、この延安で捕虜となった者も、おおぜいいた。

一九四四（昭和一九）年に、ここをアメリカの視察団がおとずれている。対日戦争における共闘の可能性をさぐるためである。と同時に、共産党の内情もしらべていたらしい。そして、延安へやってきた視察団は、日本人捕虜のあつかいに感心した。敵兵への人道的な処遇におどろき、また好感をいだいている。

その様子をとらえた記録がある。さいきん、これがNHKで放映された（「中国〝革命〟の血と涙」『映像の世紀』二〇二一年八月一四日）。そこには、娯楽で女装をたのしむ日本兵の姿が、おさめられている。和装の女服でおどる軍人たちが、動画の形でうつしだされていた。

ながめて、私はその装束に感心する。画面の和服は、仮装用の安ごしらえに見えない。内地から、演芸会用に、ほんものの女服をもちこんでいたのだろうか。いや、日本から派遣された慰問の芸能人に、ゆずられた可能性もある。あるいは、部隊のなかに、ありあわせの布で呉服をぬえる仕立職人がいたのか。いろいろ、想いをめぐらせた。

いずれにせよ、大日本帝国の軍隊は女装を拒絶していない。少なくとも、演芸をたのしむ時は、うけいれていた。その点は、うたがえない。

ついでに書く。内地の兵にかぎれば、女服の調達は、わりあいかんたんにできた。この点について、作家で軍隊経験のある棟田博《むねたひろし》が、回想文を書いている。いわく、旧帝国陸軍では、各連隊が隊ごとに、毎年軍旗祭をおこなった。そこでは、仮装行列もくりだされたという。さらに、棟田の文章は、こうつづく。

「風俗紊乱はいけない。が、仮装行列の女装は許されるから、市内に家のある兵隊は『公用外出』の名目で、わが家に帰って、姉や妹のキモノ、帯、腰巻までも借り出してくる。さらには鬘《かつら》店にいってカツラを借用する。むろん、白粉、口紅、眉墨なども購入する」（『陸軍よもやま物語』一九八〇年）

ニューギニア島の舞台でも

『南の島に雪が降る』（東京映画、一九六一年）という映画を、ごぞんじだろうか。太平洋戦争をふりかえる映画である。舞台は一九四三（昭和一八）年末のニューギニア島。南方での挽回をはかり、日本軍は多くの部隊を同島のマノクワリへおくりこむ。だが、作戦は失敗した。多くの犠牲者をだし、残存兵たちも孤立する。映画は、そんな軍隊の窮状にせまっている。

戦術的な活路は、見いだせない。食料も枯渇する。士気は低下した。じり貧のなかで、島に残された軍隊は、演芸会の開催にうってでる。八方ふさがりのなか、せめて歌や演劇で憂さをはらそうとしたのである。

さっそく、舞台がつくられた。芝居の出し物や配役もきめられる。

なかには、もちろん女の役もある。そして、観客たちの好き心をかきたてたのは彼ら、女形であった。ステージをつとめる女装者は、圧倒的な人気者になっていく。特定の者だけがもてるのは不公平じゃないか。だから、女の役はみんなへ順番にわりふろう。そんな声さえ、一座のなかではわきおこる。

とび入りで舞台へあがった軍人もいた。某部隊の隊長である。明日は死を覚悟の戦闘へむかう。そんな兵士たちのリーダーが、ステージに登場した。そして、子守り娘の役を演じている。くだんの隊長は死出の旅路に、女装姿の披露へおよんだのである。

映画の筋立ては、実話にもとづいている。出演した俳優の加東大介《かとうだいすけ》が、じっさいに体験したできごとであるという。だが、話をおもしろくするために、脚色をほどこしたところはあろう。すべてをリアルな描写だと言いきるつもりはない。

とはいえ、演芸会での女装は、大岡の『俘虜記』ともつうじあう。女装を買ってでる兵士は、じっさいにも、少なからずいたのだろう。それが、軍人たちに慰安をもたらしたことも、まちがいのない事実だと考える。

2　女装艦隊、出撃せよ

上野の男娼たち

敗戦後の東京・上野に多くの街娼がたったことは、よく知られる。とおりすがりの男たちへ買春をさそう者が、あのあたりでは数百人におよび出没した。そして、春をひさごうとする側には、男もいなかったわけではない。街娼の約一割ほどは、男に同衾をせまる男、いわゆる男《だん》娼《しょう》だったのである。

もちろん、彼らも見かけは女をよそおっている。女装で自らを女に見せかけ、ほしがる男をごまかした。なかには、事をおえたあとでも、女だと思わせつづけられた達人がいたらしい。また、はじめから男娼とわかったうえで声をかける客も、あったという。

往時の上野を作家の角達也《すみたつや》が、『男娼の森』という小説にまとめている。これを信じれば、上野の女装男娼には、三つのタイプがあった。戦前は浅草かいわいにいた男色の芸人、芝居の女形、軍隊がえりの復員兵。この三類型に、彼らはわけられるらしい。そして、最初に上野へむらがった男娼は、元軍人たちであったと角は言う。

「十四、五人の復員者の成功をみて、流し芸人たちも女装をして加わって来た〔中略〕その噂を聞いて、舞台では生活のできなくなった演劇界の二流の女形《おやま》たちも、舞台を捨てゝ加わって来た」（一九四九年）

この小説には、ひとりの劇作家が登場する。彼の書いたある脚本は、南方の軍隊と男娼の発生を関連づけていた。戦地のアトラクションで女の役をつとめた兵士が、将校や士官に見そめられる。同衾をせまられことわれず、言いなりになってしまう。従軍慰安男子にさせられた兵士の人生を、劇作家の台本はたどっていた。戦地からもどって男娼になった男たちは、この作品を読み感激する。

「本当の芝居じゃないの……」

「私達の人に話せなかった口惜しさが、そのまま出ているわ」

「世の中に初めて理解されるのよ」

それは復員くずれの男娼たちの声であった。（同前）

敗戦後の上野に女装の男娼を登場させたのは、大日本帝国の軍隊である。外地の好色な上官が、演芸会の女装者をその途へおいこんだ。『男娼の森』は男娼の由来を、以上のように読みといている。

ほんとうに、そうなのか。なんと言っても、小説の記述である。そのまま信じるわけにはいかない。しかし、角もまた、敗戦の虚脱感で身をもちくずした作家である。一時は、上野で浮浪者となってもいた。その上野観察にも、なにほどかのリアリティはあったと考えたい。

もちろん、すべての部隊に、余興の女装者をねらう上官がいたわけではないだろう。大岡昇平の『俘虜記』は、女っぽい男子をめぐる色恋沙汰のあったことを、書いている。しかし、誰も肛門性交にまではいたらなかったという。「一般に記録文学で誇張されているような『おかま』沙汰は、私の知る限りなかった」、と（前掲『大岡昇平全集　I』）。

海軍の作戦にも

とはいえ、旧軍に女装との親和性があったことは、いなめない。じっさい、兵士に女をよそおわせる軍事行動も、海軍では実施されたことがある。

以前に、NHKがこの事実をつきとめ、視聴者へつたえていた。さいわい、放送内容は書籍にまとめられている。『歴史への招待　23　昭和編』（一九八二年）が、それである。当該部分は「女装艦隊　敵商船を撃沈せよ　昭和十六年」と題して、記載されていた。書き手は山本七平、NHKでは黒木隆男がその文責をおっている。以下、これにしたがい話をすすめたい。

一九四一（昭和一六）年九月のことであった。海軍は、二隻の商船を民間から徴用する。大阪商船がつかっていた貨客船を、とりあげた。報国丸と愛国丸である。そして、この二隻を通商破壊に活用した。敵となるアメリカの物資運搬船に近づき、攻撃する。そして、その補給路をたちきる作戦が、採用されている。

二隻の船には、火砲がとりつけられた。実質的には、どちらも軍船へ改造されている。だが、その部分はおおいかくされた。戦闘以外の航行中は、民間の貨客船に見えるよう、擬装がほどこされたのである。

それだけではない。乗船する水兵たちは、一般人の衣服を身にまとった。軍用船ではないと、服装でもとりつくろっている。

二隻の船は、呉《くれ》の軍港から出発した。その前に、乗組員は呉の問屋から婦人服を、二百着ほど買いとっている。そして、それらを船につみこんだ。のみならず、航行中には、しばしばはおっている。水兵らは、女装をこころみたのである。

洋上の訓練では、連日のように号令がかけられた。「敵船発見、距離一万。非番直員女装用意」、と。一般女性もおおぜいのっているから、軍の船ではない。民間の商船である。そう敵をごまかすため、女になりすます練習がくりかえされた。

船にのりこんだ伊藤春樹少佐（当時）は、船上の様子を、こうふりかえる。

「兵隊さんたちは茶目っ気が多いんですね。単調な艦内の殺風景な生活ですから、そういうことを大変喜ぶというか、女のかっこうをするのをおもしろがるんですよ。それで非常にはりきってやりましてて」（『歴史への招待　23』）

兵士が、軍の司令で、しぶしぶ女装をしたわけではない。たいていの者は、はしゃいでいたという。さらに、伊藤少佐の回想は、こうつづく。彼らが自分たちの女装に自信たっぷりだった様子も、うかがえよう。

「私たちブリッジで先任参謀の新谷と話して、これは近ごろのいなかの女よりもよっぽどいけるねえなんて冗談に話していたこともあるんですけどね」（同前）

女装で敵をゆだんさせ、近づき、いきなりおそいかかる。記紀のヤマトタケルがクマソ討滅のさいにとった手段を、ほうふつとさせる戦法である。それは、どうやら海軍の作戦にも、いかされていたらしい。

伝説のヤマトタケルは、貴種流離とよばれる遍歴を余儀なくされた。その変奏とみなしうる室町期以後の活劇も、似たような展開をたどっている。

報国丸や愛国丸の水兵たちを、貴種であったとは言いにくい。しかし、彼らは偉大な使命をせおっていると、思いこんでいた。われわれは、天皇陛下の御命令で出撃する。大日本帝国の興亡は、自分たちの双肩にかかっている。いさんで女装をした兵も、そうみずからに言いきかせていたはずである。

ヤマトタケルは景行天皇に命じられ、クマソ征伐へおもむいた。現地では、女装の機略により敵をほろぼしている。この話は、国語の教科書にものっていた。小学三年の時におそわっている。多くの水兵は、これを想いうかべただろう。貴種の物語は、この時彼らにも共有されていた。帝国の臣民にまでゆきわたっている。あるいは、国民化されていたと考えたい。

近代でも生きのびて

戦時下の一九四四（昭和一九）年に、評論家の亀井勝一郎《かめいかついちろう》が『日本人の死』を刊行した。のちには、いくらかの修正をほどこし『古典的人物』と改題されている。なかに、「日本武尊」という一文がある。ヤマトタケルの英雄的な行動とその最期を、れいれいしくつづった文章である。

もちろん、女の姿でクマソをたいらげた話にも言及した。亀井はこの物語に、ヤマトタケルの「勇猛心」と「柔軟心」を、読みとっている。両者の「見事な融合」が、この伝説にはあると言う。そして、「柔軟」さを象徴する女装については、こうのべた。

「尊が女装しておいでになつたことは有名な物語であるが〔中略〕徳川時代の儒教的形式主義に凝り固つた武士や、昭和の偏狭な軍人にはたうてい考へられもしないことだ。女装は柔軟心の象徴に他ならぬ〔中略〕近代においてはすでに消滅したところのものである」（『亀井勝一郎全集　第十五巻』一九七一年）

たしかに、江戸期の儒者はヤマトタケルの女装を、しばしば黙殺した。公的な歴史叙述では、にぎりつぶしやすくなる。しかし、「昭和」の「軍人」は、しばしば女装をうけいれた。近代になっても、ヤマトタケルの女装は、英雄的な振舞いだとみなされつづけている。

亀井と同じような女装観をいだく現代人は、少なくないだろう。大日本帝国の軍隊に、女装の活用はありえない。また、近代社会もこういう振舞いを否定した、と。その誤解をただしたくて、女装艦隊の話は書きそえた。

この女装艦を、「帝国海軍始まって以来の珍風景」と評した本がある。商船の軍事転用史をまとめた野間恒が、そう書いている（『商船が語る太平洋戦争――商船三井戦時船史』二〇〇二年）。たしかに、海軍としても例外的な作戦ではあったのだろう。しかし、こういう戦法も当時の軍隊なら、じゅうぶんありえたのだと考える。

旧軍の全体に、女装への志がみなぎっていたと言うつもりはない。伏流のようにただよっていただけだと思う。

しかし、とにかく、武装状態を女装兵でごまかす軍隊が、近代の日本にはあった。二十世紀ともなれば、あまり他国に類例を見ないような気がする。女装男娼の少なからぬ部分が復員軍人でしめられる国も、めずらしいと考える。日本文化の一傾向として、検討されていい特性ではなかろうか。

7－3　高射砲をあやつる女装の英軍兵士　イングランド南部、ケント州グレーブゼント近郊のショーンミード要塞、1940年

ねんのため、ひとことことわっておく。欧米の軍隊にも、女装という娯楽がなかったわけではない。たとえば、イギリスである。第二次世界大戦の英軍には、女装の映像記録がある。スカートをはおった男の兵士たちが、大砲をあやつる。そんな写真を、私は見たことがある。

一九四〇年、クリスマスの時であった。ドイツの爆撃機が、イギリスの東南端あたりをおそっている。その時、多くの英軍兵はクリスマスの催しで、女装に興じていた。だが、ドイツ軍の接近は急である。スカートなどをぬぐ余裕はない。そのため、女装姿のまま沿岸防衛軍は、高射砲をあやつることになった。私が見たのは、その光景をとらえた写真である。

兵役のつらさを一時的にわすれるため、おおぜいで女の衣服へ身をとおす。クリスマスは、そんな気ばらしの機会にもなったのだろう。ミュージックホールのカンカンめかして、女装の兵士たちが列をくむ記念写真もある。たのしげなその様子は、彼らのかかえる鬱憤の大きさも暗示する。

イギリスの情報当局は、こういう写真の公開をゆるさなかった。ただ、軍人のひそかな女装は、大目に見ていたようである。

宴席や余興で女をよそおい、同僚にしなだれかかる兵士がいたかどうかは、わからない。英軍にはいなかったと想像するが、詳細は不明である。ここでは、言及をひかえる。

しかし、水兵の女装で民間船になりすます海軍の艦艇は、なかったろう。こうした作戦を、さきの大戦でひねりだし、実行させたのは日本の軍隊だけだと考える。じっさい、日本の旧軍は、兵士の女装をかくそうとしなかった。彼らが、姉や妹から女服をかりることも、おおっぴらにみとめている。やはり、日本のほうが、こういう点では寛大だったのだと考える。

女装によるだましうちを、英雄的な振舞いだとみなしてきた。建国史の公的な記録に、そういう物語が、どうどうと記載されている。ヤマトタケルの話を語りつぎ、同種の英雄伝もつむぎだしてきた。そういう民族ならではの戦法ではなかったか。

終　章　多様な性と異性装

1　女装の言いわけ

LGBTQへの視線

自分は女として生まれたが、好きになったのは、もっぱら女である。結婚生活も、今つきあっている女といとなみたい。それをみとめてほしいという人は、けっこういる。もちろん、男どうしで同じように考えている人も、少なくない。

男として自分は生をうけた。だが、以前から女になりたいとねがってきたし、今もそう念じている。こういう人も、世の中には一定ていど存在する。男になりたいという女がいるのと同様に。

性別をかえたいとまでは思わない。だが、ちがう性のいでたちでくらすことは、のぞんでいる。男だが、女のようによそおって人生をおくりたい。女だが、男らしい身形《みなり》ですごせればいいいなとねがっている。いわゆる異性装に生きようとする人も、実在する。

あるいは、男女という区別へのこだわりじたいをいやがる人も、いないではない。男を好きになることはあるし、女を好きになったこともある。自分は人を愛してきたし、これからも愛するだろう。その相手が男か女かということには、とらわれたくないという人たちである。

平均値をはかれば、彼らは少数派ということになろう。多いのは異性愛に生き、自分の性別を信じきっている側だと思う。男は女を愛し、女は男を愛する。女に生まれた者は女として生き、男に生まれた者は男として生きていく。そちらのほうが、多数派をしめている。

その多数者は、ながらく社会の価値観をたばねてきた。少数者をおさえつけ、社会の片隅へおいやっている。多数派には、少数派を矯正の対象とみなすむきさえ、いなくはない。

もっとも、このごろは、そんな考えをあらためようとする気運も、高まりだしている。少数派の権利もみとめられるべきだとする声を、よく聞くようになった。だが、じゅうらいの価値観をまもろうとする勢力も、まだのこっている。法改正などにさいしては、彼らが高い壁となり、たちはだかってきた。

いっぱんに、こういう人たちは守旧派、保守派とみなされる。古い考えかたにとらわれていると、位置づけられやすい。それもあってのことだろう。性的な少数者をうけいれようとする側は、新しい人たちだと思われがちである。進歩派、あるいはリベラルだ、と。

さらに、こんな物言いも、よく耳にする。今、欧米の先進国では、少数者の存在が肯定されている。たとえば、同性婚も公認されてきた。くらべて、日本はおくれている。西洋はすすんでいる、と。

だが、ヨーロッパは、ながらく同性愛者や異性装の人びとを、しいたげてきた。キリスト教的な価値観による、迫害の歴史をもっている。アメリカの性道徳も、その延長上にとらえうる。欧米の世論が少数者への配慮を考えだしたのは、ごく最近の現象である。ようやく、二十世紀の後半、おそらく一九七〇年代になってからだろう。

そんな西洋でも、ルネッサンスのころまでは、異性装を否定しきってはいない。カーニバルにさいしては、ずいぶん後になるまで、うけいれている。読者のなかには、男装で活躍したジャンヌ・ダルクを想起するむきもおられよう。ただ、彼女はその男装が仇となり、処刑されている。いずれにせよ、近代化をむかえてからは、異性装などをとがめる度合いも強まっていく。

欧米の社会は、とりわけ近代化以後、性的な少数者を冷遇してきた。彼らの存在をゆるさないことに、文明人としての矜持をいだいてきたのである。そして、彼らのそんな理念は、西洋化を国是としてめざした近代日本にも、つたわった。

同性愛などを、あってはならないと考える。日本にそういう認識がとどいたのは、二十世紀になってからである。変態よばわりがはじまったのは、一九一〇年代以降の現象であった。本格的に普及したのは、二十世紀のなかばから。アメリカを中心とする連合国の、その占領をへてからではないか。

それ以前の日本社会が、同性どうしの恋情を全面的にうけいれていたとは言うまい。異性装にたいしても、ネガティブな評価はあった。しかし、欧米社会とくらべれば、よほど寛容であったろう。たとえば、女装の英雄像も、おおっぴらにおもしろがられてきたのである。

同性愛や異性装を嫌悪する。日本社会がその度合いを強めたのは、欧米にならったせいである。社会の西洋化をおしすすめたために、それらは白眼視されだした。同性愛をにくむ人たちは、その意味で、けっこう近代的であり西洋的なのである。

ただ、性的な少数者をきらってきた西洋は、近年自分たちのモラルをかえだした。かつての抑圧的な姿勢を、あらためるようになっている。だが、日本には、まだこちらの新しい潮流がとどききっていない。あいかわらず、古い西洋の価値観を温存させようとする一派がいる。

彼らは保守的だとされてきた。だが、古い日本の性道徳や慣習に執着しているわけではない。彼らがしがみついているのは、西洋化され近代的になりおおせた日本の姿である。より古い、同性への恋情や異性装に寛大であった日本を、まもろうとはしていない。

こういうことをくわしく知りたい人には、三橋順子の本をすすめよう。本書とのかかわりでは、『歴史の中の多様な「性」』（二〇二二年）が参考になる。日本史のなかに、ＬＧＢＴＱの実情をさぐった本である。私じしん、これには多くの刺激をうけた。

女になるのはいや

性的な少数者にたいする認識のありようは、流動的である。日本のなかでも、時代ごとにうつりかわってきた。そして、この変化は英雄的な女装者の語り方にも、影をおとしている。たとえば、牛若やヤマトタケルの記述を、けっこう左右させてきた。

まずは、牛若のほうから見ていこう。

『新・平家物語』は、作家・吉川英治《よしかわえいじ》の代表作である。一九五〇（昭和二五）年から、七年の歳月をかけて書きあげられた。平安末期にくりひろげられた平家の盛衰が、主題となっている。

もちろん、作中には源義経、牛若が登場する。室町期に『義経記』がこしらえた若いころの女装伝説も、そこでは踏襲されている。鞍馬山から下山した牛若は、京都の市中で、しばしば女をよそおった。そんな設定で話はすすめられている。じゅうらいの牛若語りと同じように。

ただ、吉川は牛若が女のふりをした背景について、新しい解釈をほどこした。それまでの牛若伝承にはない理解を、もちだしている。

終－1　吉川英治

いっしょに、奥州へいこう。そう牛若をさそった金売り吉次は、とりあえず堀川のある屋敷へ彼をかくまった。白拍子《しらびょうし》の姉妹がくらす館に、ひそませている。そして、牛若にはつげた。

「念のため、お姿を女にお粧《つく》り遊ばして、この家《や》に隠れておいでなさい。いや、女のお身装《みなり》に馴れさえすれば、まれ

に、町をお出歩きなされようと、たれも、鞍馬の遮那王とは、気づく惧《おそ》れはありません」(『吉川英治全集 33』一九八一年)

正体をかくすために、女装をすすめられた牛若は、まずあらがう。「女になぞなるのはいやだ」、と。だが、まわりからの説得もあり、しぶしぶうけいれた。こうして、牛若は「髪も女風に。袂や袴も、艶《あで》な女《め》童《わらべ》姿に」変装する。「龍胆《りんどう》」という名ももらい、「可憐な白拍子の雛《ひな》」になりおおせた(同前)。

京中は平家の管理下にある。源氏の御曹司が、そのまま外を歩くのはあぶない。だから、女になりすます。吉川は女装の理由を、そう合理的に説明する。身をまもるために、やむをえなかったのだ、と。

さらに、牛若じしんはいやがっていたという話まで、つけくわえた。ねっからの女装者ではない。ほんらいは、そういうことを不快がる男児であったと強調した。この叙述で、吉川は牛若像を刷新する。異性装の愛好者めいてうつりかねない部分を、にぎりつぶしたのである。

吉川がこれを書いたころ、女装を好む男は変態だとみなされやすくなっていた。性的な指向性の少数者をアブノーマルだとする観念が、二十世紀には浮上する。そして、一九五〇年代には、すっかり定着した。吉川は、そういう同時代のまなざしから牛若をすくいだそうとしたのである。

へたをすれば、牛若は変質者だと思われる。それは、さけたい。牛若の女装には、セクシュアリティとかかわらない理由をあたえる必要がある。こうした思考をへて、作家は妙案をさがしあてた。平家の探索をかいくぐって、京都にとどまりつづける。そのために、好きでもない女装へふみきったという話を創作したのである。

その手があったのか

同じアイデアは、しばしばのちの歴史小説にもとりいれられた。永岡慶之助《ながおかけいのすけ》の作品（一九八五年）を、その一例にあげておく。これから、金売り吉次と牛若が奥州へ旅立つという場面を、見てみよう。

吉次は牛若と、粟田口《あわたぐち》でまちあわせた。しかし、約束の時刻がきても、牛若はあらわれない。まだ、こないのか。まさか、平家の追手につかまったのではあるまいな。吉次は、そう不安をつのらせる。

その時、近くにいた美少女から会釈をされた。見れば、牛若である。吉次はおどろくと同時に、胸をなでおろす。また、感心した。「そうか、この手があったか」。「女装とは、よくぞ考えたものよ！」。これなら、平家も「眼を胡麻化されて当然」だ、と（『源義経』）。

やはり、女装を京都で潜伏するための手段として、あつかっている。牛若が女装好きの少年としてながめられることをさける。その手だてがこうじられたのだと、判断する。

もちろん、『新・平家物語』以後の牛若語りが、みなこれにならったわけではない。女装を合理化しない読み物も、少なからずあった。たとえば、司馬遼太郎の『義経』（一九六八年）も、そういう細工はほどこしていない。ただ、京中では「女装をした」と書くにとどめている（前掲文庫）。

なお、司馬は牛若に鞍馬の僧侶とも、同衾をさせていた。肛門で師僧の寵愛をうける様子も、おくさずえがいている。同時代の読者が、牛若を男色の稚児とみなすだろうことを、ためらっていない。

だが、二十世紀後半の作家には、そういう牛若像を否定する者もいた。邦光史郎《くにみつしろう》の歴史小説を、その例にあげておく。

作中、牛若はある武人の前で自己紹介をした。「鞍馬のお山で稚児を」していた、と。これに相手は、「僧の夜伽《よとぎ》を勤め」ていたのだなと、応答する。言われて、牛若は否定した。「夜伽など致した覚えはありませぬ」、と（『源九郎義経』一九八〇年）。

さらに、その武人をにくみ、自らへ言い聞かせる。「おのれ、わしを衆道の徒と勝手にきめ込みおって」。「金輪際、鞍馬山で稚児をしていたなどと人には告げるまい」。邦光は牛若の心情を、以上のように書きしるす。会話や独白などで、男色者ではなかったことを強調した。

牛若を倒錯的な性愛経験者だと、読者に思わせない。その配慮が、小説のなかに、ほどこされている。二十世紀前半までの牛若語りに、こういう書き方はありえない。異性装を、セクシュアリティとは無縁な状態に、位置づける。あるいは、稚児時代の男色を否定してかかる。そんな説明がうかびあがるのは、二十世紀のなかばをすぎてからである。

女装や男色にふける男を、否定的に評価する。その度合いは、二十世紀の前半より強まったのだと言うしかない。少なくとも、歴史小説の叙述がかわりだしたのは、同世紀後半からの現象であった。やはり、一九五〇年前後に、認識の転換点があったようである。

2　伝説は、よみがえる？

「変態」というレッテル

同性への性的指向や異性装に生きる人びとを、どううけとめるか。彼らをながめる、そのまなざしは時代ごとにことなる。日本へは、二十世紀になって否定的な見方が、西洋からつたわった。その勢いはしだいに高まっていく。一九五〇年代からは、よほど強くなった。

一九三五（昭和一〇）年に、風俗史家の江馬務《えまつとむ》が、異性装の歴史を論じている。男が女をよそおい、女が男のなりをする。そんな振舞いは、「金箔付変態性」のように見えるし、昔からよくあった、と（「男の女装・女の男装の歴史」『江馬務著作集　第九巻』一九七七年）。

「変態」だと思われても、しかたがないと言う。こういう指摘を歴史や伝説の説明にほどこした文章を、私は江馬以前に見いだせない。ようやく、一九三〇年代に、変態よばわりは歴史語りの世界へ浮上したということか。

江馬の一文は、ヤマトタケルの女装にもふれている。そのなかで、これを「已《や》むに已《や》まれぬ」ケースであったと、位置づけた。「せなくてもよいのに好んで」したわけではない。「策略的変装であっ」た、と（同前）。

英雄ヤマトタケルに、「変態」のレッテルははりたくない。可能なかぎり、そのニュアンスはとりのぞこう。以上のような配慮がうかがえる。ヤマトタケルの女装は、ストレートに語りづらい。そう考える論じ手もあらわれる時代に、一九三〇年代はなったようである。

しかし、まだヤマトタケルの女装をあやしむ声は、世の大勢をしめていない。少女のふりをして敵将をたぶらかし、殺害した。なんのわだかまりもいだかず、そうのべた文章のほうが、当時は多い。江馬のしめした気づかいは、けっこう時代にさきがけていた。

大日本帝国時代の小学生を相手にした国語教育を、想いだしてみよう。かつての教科書は、ヤマトタケルの女装を、英雄の作戦として書きたてた。それこそがハイライトであるかのように、学童たちへおしえている。

また、歴史家の中村孝也も、紹介ずみだが一九三五年にのべていた。「女装の麗人」となって、敵をほうむりさる。この話は、「正しく児童心理に適合せる教材」である、と。こうした情操教育のおかげもあり、女装の皇子は国民的な英雄でありつづけた。

中村は東大に籍をおく研究者でもある。同じ東大の歴史家で、中村より十六歳若い坂本太郎が、一九六八（昭和四三）年に書いている。ヤマトタケルの話には、「女装してだまし討ちするなど、おかしなところが多い」、と（『日本歴史全集　2　国家の誕生』）。どうやら、先輩とはおりあえないヤマトタケル観を、いだいていたらしい。

ただ、ふたりの人となりだけに、この差が由来するわけではないだろう。両者がそれぞれの見解をしめした時代のちがいも、考慮しておく必要はある。二十世紀のなかばごろから、異性装をめぐる世の考えかたは逆転した。女装などは、より否定的に見られだす。その趨勢は、両歴史家の語りかたにもおよんだのだと、みなしたい。

三船敏郎の女装劇

二十一世紀には、心理学者たちが、ヤマトタケルの英雄性に疑問符をつけだした。たとえば、河合隼雄が『神話と日本人の心』（二〇〇三年）でのべている。ヤマトタケルは、「『英雄』と言いつつ、トリックスター性をもっている」、と。トリックスターという言葉は、秩序をみだすいたずら者をさしている。つまり、かけねなしの英雄ではないというのである。

林道義《はやしみちよし》も、ヤマトタケルをトリックスター的だとみなしていた。のみならず、つぎのような評価もくだしている。ヤマトタケルは女装でクマソの兄弟をたぶらかしながら、凶行におよんだ。それは、「われわれの英雄のイメージとはずいぶんかけ離れた振る舞い」だ、と（『日本神話の英雄たち』二〇〇三年）。

ヤマトタケルは英雄的に見えない。「われわれの」英雄像にはそぐわないと言う。河合の場合は、消極的であっても、英雄としての認定をくずしていない。だが、林はそこをうたがうところまで、話をすすめていた。女装の英雄語りが、しだいにむずかしくなりだしている様子を、見てとれよう。

牛若を登場させる文芸は、二十世紀のなかばをさかいに変化した。多くの書き手が女装の理由を、セクシュアリティとはちがうどこかにさぐりだしている。ただの女装では、変態だとみなされかねない。それをさけるための説明が、二十世紀後半の牛若語りでは、散見されるようになる。前に、私はそうのべた。

じつは、ヤマトタケルのあらわしかたも、同じように推移する。その転機を、私は『日本誕生』(一九五九年)という東宝映画に見る。記紀にしるされた神話などを、映画化した作品である。東宝にとっては、千本目にあたる記念作でもあった。

作中には、ヤマトタケルも登場する。西征でクマソをほろぼすエピソードも、おさめられている。女装でクマソの族長をのぼせあがらせる場面も、もちろんある。そして、東宝はそのヤマトタケル役を、三船敏郎にわりあてた。

ととのった顔立ちの俳優ではある。ただ、女装むきの面相とは言いがたい。女をよそおうには、目鼻立ちがいかめしすぎる。クマソのリーダーをうっとりさせる役には、むいていない。『日本誕生』の制作者たちも、そう思ったのだろう。ヤマトタケルの女装場面では、三船の顔にベールをかぶせていた。外からは、目とその周辺しかうかがえない。鼻と口は見とおしにくい装束で、女をよそおわせている。三船の男くささが、いくらかはかくせる工夫をほどこしたのである。

クマソの族長は、なみいる踊り子のなかから、女装のヤマトタケルを指名した。おまえが、いちばん美しい、こちらへこい、と。しかし、三船のヤマトタケルでは、この選択が説得力をもちにくい。そもそも、あのベール姿では美貌の判定じたいが困難である。もっとほかに、フェミニンな面ざしの俳優をえらぶ手は、なかったのかと思う。

とはいえ、ヤマトタケルの物語には、たけだけしい活躍の場面もある。りりしい皇子の姿が、もとめられていないわけではない。そして、そちらに関しては、三船も破綻なく演じきった。この映画はヤマトタケルのいさましい描写を、より重んじたのだと言うしかない。

終－2　ヤマトタケルになった三船敏郎
私じしんが鉛筆でえがいた。論旨をおしとおすため、男らしく描写しすぎたかもしれないことを、おそれる。

記紀には、女装の場面がある。このシーンは、国民的にも知られている。ヤマトタケルをとりあげる以上、そこははぶけない。だから、やむをえず挿入する。しかし、全体としては勇猛な皇子像を、おしだした。そのため、女装の場面は、不自然にあしらわざるをえなかったのだと考える。

再生はありうるか

漫画家の手塚治虫も、『火の鳥　ヤマト編』でヤマトタケル伝説をとりあげた。一九六八（昭和四三）年から翌年にかけての作品である。女装をアブノーマルな逸脱ととらえやすくなった時代の漫画だと、言いかえてもいい。

作中のヤマトタケルは、女になりすました。そのいでたちで川上タケルへ近づき、殺害にふみきっている。だが、彼を女の姿で悩殺してはいない。ハニートラップは、しかけもしなかった。まわりからあやしまれることなく、川上タケルへ接近する。女装は、ただそのためだけに、こころみられている。変態的と見られかねない要素は、表現からはぶかれた。

これから、女の衣服に身をとおす。クマソへおもむく途上、皇子は二人の従者へ、そうつげた。彼らはおどろき、内心の不安を口にする。「とうとう気がふれたァ」、と（『手塚治虫漫画全集　204』一九八〇年）。女のかっこうをしたいと言えば、精神的な変調がうたがわれる。そんな時代背景が、この科白《せりふ》に読みとれよう。

もういちど、ふりかえってほしい。武者小路実篤の『日本武尊』（一九一七年）にも、従者らと語りあう場面があった。だが、皇子の精神状態をうたがう文句はない。この戯曲で、女装をしたヤマトタケルは部下たちに問うていた。自分は魅力ある女に見えるか、と。これに従者たちはこたえている。ほれぼれする。ほんとうの女にしか見えない、と。皇子がおかしくなったなどという心配は、まったくしめさずに。

武者小路の時代に、女装皇子の物語は、大手をふってまかりとおることができた。だが、手塚の時代には、それがむずかしくなっている。女をよそおう振舞いにも、釈明をほどこすことがもとめられた。女装者のハニートラップでは、話をおしきりにくくなってきたのである。

そう言えば、安彦良和《やすひこよしかず》の『ヤマトタケル』という漫画にも、同じことを感じる。二〇一二年から連載のはじまった作品である。このなかでも、ヤマトタケルは女の姿でクマソの川上タケルに、たちむかった。

だが、はじめから女装作戦を考えていたわけではない。たまたま、川上タケルの娘とであえたから、それは想いつけた。また、川上タケルは女装の皇子を見ても、まったくときめかない。すぐに、あやしいやつだと見やぶっている。敵をとりこにする女装皇子という記紀以来の設定は、かえりみられなかった。

もちろん、女装者のハニートラップでおしとおす物語も、あいかわらず書かれている。梅原《うめはら》猛《たけし》の『ヤマトタケル』（一九八六年）は、皇子を女装の誘惑者としてあらわした。八木荘司《やぎそうじ》の『古代からの伝言　日本建国』（二〇〇三年）も、その線をたもっている。この伝統は、とだえていない。

しかし、女装による色仕掛けを前面へおしだす語りは、まちがいなくへっている。その側面をおおいかくす叙述は、あきらかにふえてきた。二十世紀後半の精神史は、後者をあとおししたのだと言うしかない。

平安期以後の歴史記述は、ヤマトタケルの女装を隠蔽しつづけた。だが、室町時代には、熱田神の楊貴妃変身譚へ形をかえ、息をふきかえす。江戸時代の文芸や芸能は、女装皇子の物語を、本格的によみがえらせた。明治以降は、国民的な伝説になっている。

そのいっぽう、二十世紀後半のヤマトタケル像は、ハニートラップ色を弱めている。大衆娯楽の世界でも、そちらの印象はうすめられるようになってきた。異性装への違和感は、ポップな世界にもおよびだしたということか。

しかし、二十一世紀には、性的少数者の人権を擁護する動きが、もりあがりだしている。今後のヤマトタケル像は、反転していくかもしれない。

あとがき

少年時代の源義経、牛若は弁慶と五条の橋でむきあい、たたかった。この話を、私はおさないころから知っている。親からおしえられたのか、絵本で知ったのか。最初がどちらだったのかは、さだかでない。親が絵本を読んでくれた可能性もある。そのあたりの記憶はあいまいである。

ただ、五条橋の牛若が女児のかっこうをしていたことは、強く脳裏にきざまれた。女の子めいたいでたちで、少年が橋の欄干から欄干へとびうつる。その図を絵本などでくりかえしながめたことは、はっきりおぼえている。

いっぽう、ヤマトタケルは女の姿で敵将をのぼせあがらせ、殺害した。この伝説と遭遇したのは、もう思春期をすぎたころであったろう。やはり、印象はあざやかであった。私は女をよそおう美貌の皇子像に、うっとりしたものである。

私のなかに、性別越境へのあこがれがあったのだろうか。しかし、思春期以後、私の性欲は、うたがう余地もなく異性をもとめだした。面喰いの女好きになっている。男としてはありきたりと言うしかない性指向の途を、歩みだした。

ただ、牛若やヤマトタケルへのときめきじたいは、うしなわない。大人になっても、いだきつづけてきた。

現実の女装者に傾倒したことは、いちどもない。しかし、虚構世界の彼らへむかう私の幻想は、かわらなかった。言葉をかえて、説明をつづけよう。性別越境への憧憬は、私のなかで、もっぱらフィクションを対象としつつ、温存された。そこが、現実にはいだかない想いの、限定的な捌《は》け口となっていたようである。

長じて、私は人文学の世界へ身をおいた。いわゆる国史学や国文学の研究成果とも、なじむようになっている。そして、学習したのである。ヤマトタケルの女装を、たんなる女装と思ってはいけない。あの場面には、上代の神学的な寓意がこめられている。一種の霊験譚として、くだんの伝説は構築されていた。そこを読みとらなければならない、と。

ヤマトタケルの女装をおもしろがるような読解は、幼稚にすぎる。学問的には未熟である。そう日本の上代研究がきめつけていることも、痛感させられた。おわかりだろうか。国文学や国史学は、私が子どものころからいだいてきたあこがれを、冷笑したのである。

やむをえない。いっときは、私も学界の一般通念をうけいれた。ヤマトタケルのまとった衣服は、神慮にまもられている。魅力的なだけの女装束としては、うけとるまい。以上のように、自分じしんへ言い聞かせたこともあった。

しかし、数年前から、私はこの認識をあらためだしている。きっかけは、室町時代の義経像を知ってからである。あと、江戸時代以後のヤマトタケル像に気づけたことも、私の考えをかえている。

室町期の文芸や芸能は、義経、牛若の人生に女装というエピソードをつけたした。少女のよそおいで弁慶をあしらう。女と見まがう美貌で盗賊をゆだんさせ、隙をつき討ちはたす。そんな脚色が義経像にほどこされだしたのは、室町期になってからである。

そのいきおいは、江戸期以後ヤマトタケルをあつかう文芸などにも、およんでいく。女をよそおって敵を魅了し、亡き者とする。この部分を、江戸期のヤマトタケル語りは、大きくふくらませた。明治以後になっても、その傾向はかわらず継承されている。

以上のような歴史をふりかえり、私は確信した。子どものころから私がいだいてきた想いは、日本の文芸的な伝統とともにある。私のなかには、民族の情感が、少なくとも室町以後のそれがながれている、と。

また、学問的なヤマトタケル分析にたいしても、見方をかえだした。国文学や国史学は、もっともらしい解釈を女装伝説にほどこしている。しかし、学界臭のただようその読み解きは、民族精神にねざさない。背をむけているというふうに。

そう言えば、江戸期以後の学者たちは、義経の美貌説をことごとく否定した。美形であったとする巷間の義経語りを、しばしばこれ見よがしにはねつけている。俗説にはながされない姿勢を、しめしてきた。

もちろん、歴史へよせる民族の夢や願望が学問的になりたたないケースは、多々ある。しかし、学界の主流をなす判断だって、まちがうことがないではない。斯界の片隅に生息する私は、不遜な物言いになるが、そのあやうさもわきまえている。

室町以後の文芸類は、美貌の義経が活躍する話をよろこんだ。江戸以後には、女装者として敵をほろぼすヤマトタケルの伝説が、脚光をあびている。そして、国文学や国史学は、こうした義経像やヤマトタケル像になびかない。ひややかに、あしらった。

しかし、じっさいはどうだったのか。平安末期を生きた牛若、義経は、どのような面立《おもだ》ちをしていたのだろう。上代の語部《かたりべ》たちは、ヤマトタケルの女装譚に何を投影していたのか。私はそんなことを、じっさいにさぐりだした。学界の通説などにはおかまいなく、自分の手で。

この作業をへて、私は自分なりの結論をみちびきだしている。ヤマトタケルのはおった女服に神霊の加護を読む解釈は、実証的な根拠をもたない。上代を研究する人たちの通念は、たしかな検証をへずに下されている。そう判断せざるをえなかった。

義経の容姿も同じである。残存する史料に、そのルックスがおしはかれる記録はない。美形だったという俗間の評価は、なるほど空想のたまものである。しかし、否定説もなりたたない。義経の美形説にあらがってきた江戸以来の学者たちは、まちがっている。歴史的な判定を下すさいにとるべき手続きをへていないと、私は結論づけた。

けっきょく、研究者たちは俗説との野合をいやがったのだろう。女装もする英雄という民族的な幻想には、加担したくない。世間がもてはやすヤマトタケル像や義経像とは、一線をかくしたく思う。そんな選良意識で、民間にでまわった夢を見下してきたのではないか。

いずれにせよ、日本では女装の英雄像が喝采をあびてきた。女になりすまして敵を誘惑する。見ほれて自制心のなくなった相手を、あやめてしまう。そんなヒーローが、さまざまな物語でもてはやされてきた。この本で私がのべたのは、その歴史的な系譜と見取図である。

室町期より前の時代に、こういう英雄観がどれだけでまわっていたのかはわからない。記紀にヤマトタケルの伝説がおさめられたのは、八世紀のはじめごろであった。そして、それ以後、鎌倉時代の末にいたるまで、顕著な類似例は見いだせない。だから、上代の英雄伝は一度影をひそめ、室町以後によみがえったと思える。

しかし、記紀より後にそれが潜在化したのか消滅したのかは、さぐれない。室町以後の文芸などが、これを顕在化させたのか再創造したのかも、不明である。その解明へいどむ余力が、今の私にはない。

ついでに書くが、古典をさばく私の手際は、つたないと思う。古典学の専門家は、たどたどしい私の扱いぶりにあきれてしまうだろう。この分野には不案内な者が、やむにやまれず古典の海へのりだした。そして、素人なりに海図をえがきたがっている。そういうものとして、この本はうけとめてもらえれば、さいわいである。

いわゆるLGBTQ、性的なマイノリティをめぐる分析にも、私はつうじていない。その人権擁護をねがう世論に、私の執筆はあとをおされていると思う。だから、そちら方面のことも勉強しようとこころみた。すすめられて、いくつか関連する理論書を手にとっている。しかし、理解はしきれなかった。

私の叙述は、どこかで少数者とよばれる人たちを傷つけているかもしれない。あるいは、弱い立場のかたがたも。気をつけたつもりだが、配慮の不足はありえよう。

知人のなかには、今回の著述をあやぶむ者もいた。性とかかわるデリケートな問題に、とりわけ今は、ふれないほうがいい。地雷をふむぞ。炎上するんじゃないか、などなどと。

しかし、女装者が色仕掛けと殺しへおよぶ物語は、民族のなかに生きている。室町時代から今にいたるまで、多くの日本人をたのしませてきた。しかも、英雄の伝説として、一部の学者はともかく、民衆の娯楽になっている。

やはり、この現象は特筆にあたいする。こういう伝承をわれわれがいつくしんできたことは、あらがえない。だが、大学の学問は直視をさけてきた。ここは、私の出番だ。私がやらなければ、誰がやる。自分をそう鼓舞しつつ、この一冊は書ききったしだいである。

二〇二四年一月

井上章一

主要参考文献

『補訂版　国書総目録』（全八巻・著者別索引）岩波書店、一九八九〜九一年
『縮刷普及版　古事類苑』（全五一冊）吉川弘文館、一九八一〜八五年
『個人全集――作品名綜覧』（全四冊）日外アソシエーツ、一九八五年
太田為三郎編『日本随筆索引』（正・続）岩波書店、一九六三年
法政大学文学部史学研究室編『日本人物文献目録』平凡社、一九七四年
物集高見・物集高量『覆刻版　群書索引』（全三冊）名著普及会、一九七五年

『新装復刊　演劇百科大事典』（全六巻）平凡社、一九八三年
『国史大辞典』（全一五巻）吉川弘文館、一九七九〜九七年
大隅和雄ほか編『日本架空伝承人名事典』平凡社、一九八六年
『日本古典文学大辞典』（全六巻）岩波書店、一九八三年〜八五年
乾克己ほか編『日本伝奇伝説大事典』角川書店、一九八六年

磯前順一『記紀神話のメタヒストリー』吉川弘文館、一九九八年
井上章一「ヤマトタケル研究の新しい可能性――同性愛と性別越境の比較をめぐって」（倉本一宏編『説話研究を拓く――説話文学と歴史史料の間に』思文閣出版、二〇一九年）
上田正昭『大王の世紀』（『日本の歴史　第二巻』小学館、一九七三年）
氏家幹人『江戸の少年』平凡社、一九八九年

氏家幹人『武士道とエロス』講談社現代新書、一九九五年
及川智早『日本神話はいかに描かれてきたか――近代国家が求めたイメージ』新潮選書、二〇一七年
角川源義・高田実『源義経』角川新書、一九六六年
近藤春雄『長恨歌・琵琶行の研究』明治書院、一九八一年
佐伯順子『「女装と男装」の文化史』講談社選書メチエ、二〇〇九年
島津久基『義経伝説と文学』大学堂書店、一九七七年
須永朝彦『美少年日本史』国書刊行会、二〇〇二年
高崎正秀「草薙剣考」(『高崎正秀著作集　第一巻　神剣考』桜楓社、一九七一年)
高崎正秀「続草薙剣考(上、下)」(同前)
高田衛「怪異の江戸文学――世の中は地獄の上の花見かな(一茶)」(『新編　江戸幻想文学誌』ちくま学芸文庫、二〇〇〇年)
高田衛「稗史と美少年――馬琴の童子神信仰」(同前)
高橋富雄『義経伝説――歴史の虚実』中公新書、一九六六年
原田実『日本の神々をサブカル世界に大追跡――古代史ブーム・データブック』ビイング・ネット・プレス、二〇〇八年
増田正造・観世清和・半藤一利「謡曲の義経」(半藤一利編著『日本史が楽しい』文春文庫、二〇〇〇年)
松田修「幕末のアンドロギュヌスたち――馬琴論の試み」一九七二年(『華文字の死想――日本における少年愛の精神史』ペヨトル工房、一九八八年)
松田修「透谷・鉄幹――微熱の季節に」一九七八年(同前)
三谷茉沙夫『奇の日本史』評伝社、一九九二年
三田村鳶魚「幸若舞の見物」(『三田村鳶魚全集　第二一巻』中央公論社、一九七七年)
三田村鳶魚「同性愛の異性化」(同前第一四巻、一九七五年)

三橋順子『女装と日本人』講談社現代新書、二〇〇八年
三橋順子『歴史の中の多様な「性」——日本とアジア　変幻するセクシュアリティ』岩波書店、二〇二二年
南方熊楠「神の男女を誤る」（『南方熊楠全集　第六巻』平凡社、一九七三年）
村山吉広『楊貴妃——大唐帝国の栄華と暗転』中公新書、一九九七年
保田與重郎「尾張国熱田太神宮縁記のこと　並びに　日本武尊楊貴妃になり給ふ伝説の研究」一九三九年（『保田與重郎全集　第八巻』講談社、一九八六年）
保田與重郎『日本の文学史』（同前第三二巻、一九八八年）
横田健一「『皇太神宮儀式帳』と『日本書紀』」（『日本古代神話と氏族伝承』塙書房、一九八二年）
和歌森太郎『判官びいきと日本人』木耳社、一九九一年

図版出典

表紙　風雲児義経　山口将吉郎、扉絵、『少年クラブ』1954年4月号、講談社
1－1　牛若、五条橋にて　東京国立博物館／ColBase　https://colbase.nich.go.jp/collection_items/tnm/A-307?locale=ja
1－2　弁慶と牛若　東京国立博物館／ColBase　https://colbase.nich.go.jp/collection_items/tnm/H-874?locale=ja
1－3　五条橋　筆者　ケー・アイ・プランニング作成
1－4　牛若、大天狗のもとで　東京国立博物館／ColBase　https://colbase.nich.go.jp/collection_items/tnm/A-10569-4924?locale=ja
1－5　瀬田の位置　筆者　ケー・アイ・プランニング作成
1－6　二宮金次郎　伊藤幾久造「二宮金次郎」紙本彩色、額装、41.8cm×120cm
1－7　市川団十郎　New York Public Library　https://digitalcollections.nypl.org/items/30bbddc0-17c2-0135-b825-4b22fc6d6d80
1－8・表紙　五条橋の義経　Library of Congress　https://www.loc.gov/resource/jpd.01503/
2－1　川上タケルの胸をさしぬくオウスノミコト　国立国会図書館デジタルコレクション https://dl.ndl.go.jp/pid/1302752/1/1
2－2・表紙　英雄・ヤマトタケル　東京国立博物館／ColBase　https://colbase.nich.go.jp/collection_items/tnm/A-11260?locale=ja
2－3　ヤマトタケルの東征　栗山周一著『少年三種の神器の歴史』大同館書店、1939年／国立国会図書館デジタルコレクション https://dl.ndl.go.jp/pid/1720725/1/67
3－1　川上タケルをあやめるオウスノミコト　杉谷代水著『日本武尊』久遠堂、1908年
3－3　熊谷直実を魅了した平敦盛　東京国立博物館／ColBase　https://colbase.nich.go.jp/collection_items/tnm/A-10569-1386?locale=ja
3－5　国語教科書のヤマトタケル　海後宗臣他編『日本教科書大系　近代編　第七巻　国語　四』講談社、1963年
4－2　上代のミズラ　東京国立博物館／ColBase　https://colbase.nich.go.jp/collection_items/tnm/A-9208?locale=ja
5－2　玄宗が転生したとされる熱田八剣宮　東京国立博物館／ColBase　https://colbase.nich.go.jp/collection_items/tnm/R-1444?locale=ja
5－3　住吉神　東京国立博物館／ColBase　https://colbase.nich.go.jp/collection_items/tnm/A-10443?locale=ja
5－6　保田與重郎　『保田與重郎全集　第1巻』講談社、1985年
7－1　大岡昇平　大岡昇平著『昭和文学全集 15　別冊付録　大岡昇平アルバム』角川書店、1963年
7－2　女装の日本軍兵士　長命豊編『ふるさとの想い出　188　写真集　明治大正昭和　岩井』国書刊行会、1981年
7－3　高射砲をあやつる女装の英軍兵士　TopFoto / Mirror UK
終－2　ヤマトタケルになった三船敏郎　筆者画

＊注記のない画像は public domain である

井上章一（いのうえ・しょういち）

1955年京都府生まれ。国際日本文化研究センター所長。京都大学工学部建築学科卒、同大学大学院修士課程修了。同大学人文科学研究所助手、国際日本文化研究センター助教授、同教授を経て、2020年より現職。専門の建築史・意匠論のほか、日本文化や美人論、関西文化論など、研究分野は多岐にわたる。著書『つくられた桂離宮神話』（サントリー学芸賞）、『美人論』、『狂気と王権』、『南蛮幻想』（芸術選奨文部大臣賞）、『キリスト教と日本人』、『京都ぎらい』（新書大賞2016）など。共著『日本史のミカタ』、『歴史のミカタ』など。

ヤマトタケルの日本史《にほんし》
——女《おんな》になった英雄《えいゆう》たち

2024年2月25日　初版発行

著　者　井《いの》上《うえ》章《しょう》一《いち》

発行者　安部順一

発行所　中央公論新社

〒100-8152　東京都千代田区大手町 1-7-1
電話　販売 03-5299-1730　編集 03-5299-1740
URL https://www.chuko.co.jp/

ＤＴＰ　市川真樹子
印　刷　大日本印刷
製　本　小泉製本

©2024 Shoichi INOUE
Published by CHUOKORON-SHINSHA, INC.
Printed in Japan　ISBN978-4-12-005754-0 C0021

定価はカバーに表示してあります。落丁本・乱丁本はお手数ですが小社販売部宛お送り下さい。送料小社負担にてお取り替えいたします。

●本書の無断複製（コピー）は著作権法上での例外を除き禁じられています。また、代行業者等に依頼してスキャンやデジタル化を行うことは、たとえ個人や家庭内の利用を目的とする場合でも著作権法違反です。